Kerstin Reichl

Praktische Spiritualität für Fortgeschrittene

Bitte fordern Sie unser kostenloses Verlagsverzeichnis an:

Smaragd Verlag
In der Steubach 1
57614 Woldert (Ww.)
Tel.: 02684-97848-10
Fax: 02684-97848-20
E-Mail: info@smaragd-verlag.de
www.smaragd-verlag.de

Oder besuchen Sie uns im Internet unter der obigen Adresse und melden Sie sich für unseren Newsletter an.

Deutsche Erstausgabe: August 2014

Umschlaggestaltung: preData
Satz: preData
Printed in Czech Republic
ISBN 978-3-95531-058-5

Kerstin Reichl

Praktische Spiritualität für Fortgeschrittene

Smaragd Verlag

Über die Autorin

Kerstin Reichl ist Jahrgang 1966, hat drei Kinder und lebt in der Nähe von Nürnberg. Sie ist hellhörig und nutzt diese Fähigkeit, um Menschen hinsichtlich ihrer Möglichkeiten und Potenziale, aber auch bezüglich ihrer Probleme und Herausforderungen zu beraten.

Mit Hilfe von Atem-, Aufstellungsarbeit, Akasha-Key-System Rückführungen und angewandter Kinesiologie unterstützt Kerstin Reichl zudem ihre Klienten, damit diese ihre neu gewonnenen Erkenntnisse auch im Alltag integrieren und umsetzen können.

Inhalt

In Liebe und Dankbarkeit für

Sylvia Engel,
meine MUSE,
meine Familie,
meine Freunde,
die Geistige Welt.

Öffne dein Herz

Liebe dein Leben.
Liebe dich selbst.
Liebe deine Freiheit.
Liebe deinen Körper.
Liebe deine Kreativität.
Liebe die Erde und den Himmel.
Liebe Menschen, Tiere und Pflanzen.

Deine Liebe transformiert alles.

Sie nimmt die Angst.
Sie heilt den Zweifel.
Sie überwindet die Trennung.

Sei du selbst.
Spüre deinen Körper.
Erfreue dich am Sein.
Lebe deine Kreativität.
Fühle die Verbindung.
Genieße den Augenblick.
Sei frei zum Tun und Denken.

Liebe dich selbst.
So, wie ich dich liebe.
B e d i n g u n g s l o s.

ÖFFNE DEIN HERZ!

Vorwort von Sylvia Engel

Mit ihrem ersten Buch „Praktische Spiritualität für Ungeduldige" hat Kerstin Reichl die Grundlagen für ein tiefer gehendes Verständnis spiritueller Zusammenhänge geschaffen, die ihr selbst auf ihrem langen spirituellen Weg klar geworden sind.

Nun wendet sich die Autorin an „Fortgeschrittene", Menschen, die in ihrer Weltanschauung, ihrer Lebens- und Denkweise bereits einen wichtigen Schritt vorwärts gewagt haben und weitergehen wollen; an Aufgeschlossene, Lernbereite, die Sinn und Zweck einer Bewusstheitserweiterung als nutzbringend für die Bewältigung ihres Alltags und zur Steigerung ihrer Lebensqualität erkannt und womöglich „am eigenen Leib" erfahren haben.

Das Buch ist die Quintessenz ihrer Studien und Erfahrungen. Kerstin Reichl bezeugt darin ihre Fähigkeit, das ihr durch Lehre und Gespräche, Anleitung und Meditation, Studium und praktische Einweisung vermittelte Wissen zum Wohl aller annehmen, vertiefen und weitergeben zu können.

Das Entscheidende, was die Autorin anstrebt und hier auf klare, durchgängig gut verständliche Weise darlegt, ist, den interessierten Leserinnen und Lesern die Einsicht zu vermitteln, wie sehr es von ihnen selbst abhängt, wie ihr Erdenleben verläuft.

Sie gibt Beispiele, Methoden und Techniken, wie man sich aus der „Opferfalle" befreien und tatkräftig sein Leben in die Hand nehmen kann.

Ferner beschreibt und erklärt sie Prägungen, Altlasten, Resonanzen und entscheidende Faktoren, die das irdische Dasein vieler Menschen erschweren und es im schlimmsten Fall sogar als nicht lebenswert erscheinen lassen.

Durch Selbsterkenntnis eigenverantwortlich und authentisch leben zu lernen, dazu will sie hier Hilfestellung geben.

Wendelstein, im März 2014
Sylvia Engel

Einleitung

„Demut ist die Tugend, die den Menschen vor ungeordneter Selbstüberhebung bewahrt.“

(Thomas von Aquin)

Seit einigen Jahren arbeite ich mit Menschen, die auf der Suche nach ihrem wahren Selbst sind und rational fassbare Erklärungen brauchen, um zu verstehen, warum die Dinge in ihrem Leben so sind, wie sie sind; die aus der Opferrolle aussteigen wollen und bereit sind, Eigenverantwortung zu übernehmen. So unterschiedlich die Lebensthemen, Lebensumstände und Bedingungen eines jeden Einzelnen auch sein mögen, letztlich gibt es doch einen gemeinsamen Nenner: Jeder Mensch sehnt sich grundsätzlich nach Liebe, Anerkennung, Geborgenheit und Wertschätzung. Und jeder wird von seinen aufgeprägten Mustern und karmischen Altlasten ferngesteuert und kann nur bedingt seinen „freien Willen“ leben. Themen, die für den einen von größter Wichtigkeit sind, lassen den anderen kalt, und umgekehrt. Grundsätzlich hat jeder Mensch seine ureigenen Themen, die er bearbeiten muss, und zwar allein, egal, wie weit seine seelische Reife entwickelt ist.

Jeder Mensch leidet, quält sich, grübelt, weint, zweifelt und verzweifelt irgendwann einmal in seinem Leben. Jeder von uns hat Ängste: vor Liebesentzug, Zurückweisung, Verantwortung, Ablehnung, um die eigene Existenz und davor, Fehler zu machen; krank zu werden, Schuld auf sich zu laden oder etwas Wichtiges zu versäumen. Und wir alle haben Angst vor der Angst, vor der Sinnlosigkeit unserer Existenz, vor dem Alleinsein.

Die Gedanken, dass wir allein und getrennt sind, werden von unserem Ego erzeugt. Es reduziert uns auf ein statisches „Ich“, das sich über Aussehen, körperliche Befindlichkeit, Familienstand, sozialen Status und Beruf definiert. Ein „Ich“, das sich nur dadurch erkennen kann, dass es die eigenen Qualitäten bewertet und sich auf dieser Grundlage mit anderen Menschen vergleicht. Mit dem Vergleich geht geradezu zwangsläufig die Beurteilung einher, mehr oder weniger wert zu sein als andere. Als Bewertungsgrundlage dienen uns in der Regel anerzogene Wertvorstellungen.

Aber mit jeder Bewertung und jedem Urteil, das wir über einen Menschen fällen, liegen wir garantiert daneben, denn durch die Rasterbrille unseres Egos können wir nur den für uns wahrnehmbaren Teil seiner Persönlichkeit sehen. Und weil die Facetten unseres menschlichen Daseins äußerst vielschichtig sind, ist das mit Sicherheit nur ein Bruchteil des Ganzen. Ähnlich verhält es sich auch, wenn wir uns selbst verurteilen, denn die meisten Menschen haben kaum Zugang zu allen Teilen ihrer Persönlichkeit, sie sind sich fremd und wundern sich, was alles in ihnen steckt, wenn es die Situation erfordert.

Wir leben in der Dualität, und jeder Mensch trägt sowohl das Gute als auch das Schlechte in sich; nur die Ausprägungen der einzelnen Aspekte sind bei jedem unterschiedlich. Genau das macht uns einerseits so verschieden und andererseits so gleichartig. Und jeder Mensch tut das, was er tut, zu jedem Zeitpunkt genauso gut, wie es ihm entsprechend seiner Bewusstheit möglich ist. Jede Form von Arroganz, Hochmut oder Minderwertigkeitsdenken wird überflüssig, wenn wir uns darüber im Klaren sind. Wir sollten stattdessen Hochachtung entwickeln für jede Kreatur, die bereit ist, sich auf dem „Übungsplaneten“ Erde zu erfahren; die alles Erdenkliche auf sich nimmt, um das, was es zu erleben gibt, zu leben. Menschliche Wesen, die – bewusst oder unbewusst – wachsen, erkennen, durchdringen und verstehen wollen. Hochachtung also auch für unsere Existenz und unseren Mut, dass wir erneut auf diesem Planeten inkarniert haben.

Der eigentliche Zweck dieses Buches besteht darin, Ihnen Impulse zu geben und Sie zum Nachdenken anzuregen. Es bietet Erklärungen, die Ihnen helfen mögen zu verstehen, was Ihnen bislang unverständlich erschien. Es will Sinn vermitteln, wenn Ihnen alles sinnlos erscheint, Sie trösten, wenn Sie sich unverstanden oder hilflos fühlen, und Sie in die Einheit führen, wenn Sie sich allein und von allem getrennt wahrnehmen. Es möchte Ihnen Ihr persönliches seelisches Wachstum durch die Erkenntnisse über Hintergründe und Gesetzmäßigkeiten erleichtern. Wenn es schafft, wozu es geschrieben wurde, dann empfehlen Sie es weiter, damit auch andere daraus das ziehen können, was für sie gerade von Wichtigkeit ist.

„Praktische Spiritualität für Fortgeschrittene" ist wie der erste Band „Praktische Spiritualität für Ungeduldige" in kurze Passagen gegliedert, die Sie nicht zwingend hintereinander lesen müssen. Sie können genauso gut nach einem Stichwort im Inhaltsverzeichnis suchen oder das Buch aufschlagen und irgendwo mit dem Lesen beginnen. So ist es auch für Menschen, die wenig Zeit oder Lust zum Lesen haben, geeignet.

Es wäre sinnvoll, sich ein Heft anzulegen, in dem Sie alle Aufgaben und Fragen, die es im Zuge des Lesens zu bearbeiten gilt, notieren. Wann immer Sie Zeit und Muße haben, können Sie sich mit diesen auseinandersetzen und Ihre Lösungen beziehungsweise Antworten aufschreiben. Zum einen haben Sie so eine Dokumentation Ihres eigenen Fortschritts, und zweitens ist es hilfreich, die eigenen Antworten immer wieder einmal anzuschauen und zu prüfen, ob Sie zum jetzigen Zeitpunkt noch in derselben Weise antworten würden, oder ob Sie zu neuen Erkenntnissen gelangt sind, die Ihre Haltung oder Position zu einer bestimmten Frage verändert haben.

Bitte haben Sie Verständnis dafür, dass ich in dem folgenden Text nicht gleichzeitig die feminine und maskuline Form benutze, also nicht Partner/Partnerin, Freund/Freundin usw., sondern einmal „Partner" und einmal „Freundin" schreibe. Natürlich sind immer beide Geschlechter angesprochen.

Bevor Sie weiterlesen, hier noch ein Bild, das Sie beim Lesen begleiten sollte:

Viele Menschen leben in Armut, nicht nur finanziell, sondern auch seelisch, sozial, spirituell, in Bezug auf ihren Selbstausdruck oder ihre Herzensqualitäten. Nicht wenige von ihnen tragen in beiden Händen je einen schweren Koffer voller Gold. Und der Schlüssel zu diesen Koffern befindet sich in ihrer Hosentasche. Um an das Gold heranzukommen, müssten sie also nur stehenbleiben, die Koffer absetzen und loslassen, den Schlüssel in ihrer Hosentasche suchen, ihn finden und herausnehmen, die Koffer aufsperren, und schon hätten sie alles, was sie brauchen, um ihrer Armut schlagartig ein Ende zu setzen.

Aber was tun die meisten Menschen? Sie schleppen sich mit ihren Koffern ab, beklagen ihr Schicksal, so schwer tragen zu müssen, ruinieren sich den Rücken und die Gelenke und denken nicht im Traum daran, sich einmal „in die eigene Tasche zu fassen", um an ihren Schlüssel für Glück, Zufriedenheit und Gesundheit zu gelangen. Sie können es nicht glauben, dass sie den Schlüssel längst besitzen und sonst niemand. So weigern sie sich beharrlich, auch nur den Versuch zu unternehmen, die Koffer loszulassen, um den Schlüssel zu finden.

Aber es kommt der Tag, da haben sich die Kofferträger

durch das schwere Tragen so verausgabt, dass sie gezwungen sind, die Koffer abzustellen. Vielleicht fasst sich der eine oder andere unter ihnen – auf der Suche nach einem Taschentuch, um sich den Schweiß abzuwischen – nun in seine Hosentasche und findet so doch noch den für ihn entscheidenden Schlüssel, den er schon so lange mit sich herumgetragen hat.

Entscheiden Sie selbst, ob auch Sie weiterhin zu den „Kofferträgern" gehören oder sich lieber an Ihrem Goldschatz erfreuen wollen. Sie haben die freie Wahl.

☆☆☆

Wie wirken die geistigen Gesetze?

Ich werde immer wieder auf die geistigen Gesetze und ihre Wirkungsweise eingehen, damit Sie diese kennenlernen und verinnerlichen können. Durch das Wissen um die geistigen Gesetze, das Erkennen der Auswirkungen derselben auf Ihr Leben und die praktische Umsetzung Ihrer Erkenntnisse wächst Ihre Bewusstheit. Diese ermöglicht es Ihnen, Eigenverantwortung für Ihre Existenz zu übernehmen und ein freies, selbstbestimmtes Leben zu führen. Bewusst zu sein hilft Ihnen, aus der Rolle des Opfers herauszutreten und selbst der Kapitän auf dem Schiff Ihres Lebens zu werden.

Die Kenntnis und Anerkenntnis der geistigen Gesetze sowie die Auseinandersetzung mit ihrer unausweichlichen Wirkung auf unser Leben gehören zu den Hauptaufgaben eines jeden Menschen, der an seiner Vervollkommnung und seinem seelischen Wachstum arbeitet. Deswegen lautet eine der zentralen Fragen, die wir uns stellen sollten: Welche Auswirkungen haben die geistigen Gesetze auf mein Leben?

Wenn Ihnen ein Stift aus der Hand gleitet, fällt er zu Boden. Dieses Naturgesetz, nämlich das im Jahr 1686 von Isaac Newton formulierte Gravitationsgesetz, bedarf keiner weiterführenden, mathematischen Erklärung. Die Auswirkungen dieses Naturgesetzes sind jedem Menschen klar, denn jeder von uns hat schon hinreichende Erfahrungen gemacht mit aufgeschlagenen Knien, zerbrochenen Gläsern und kaputten Handy-Displays. Wir alle unterliegen in jedem Moment unseres Daseins den Naturgesetzen, und selbst wenn wir sie nicht alle unmittelbar mental oder sinnlich erfassen können, sind sie doch garantiert wirksam und nehmen Einfluss auf unser Leben. Das ist eine unzweifelhafte Tatsache, die von kaum einem Menschen bestritten wird.

Genau wie die Naturgesetze nehmen auch die geistigen Gesetze Einfluss auf unser Leben. Leider sind diese, im Gegensatz zu den Naturgesetzen, nicht Teil des Lehrplans an unseren Schulen, obwohl das Wissen um diese Gesetze das Leben des Einzelnen und den Zustand unseres Planeten immens verbessern könnte. Ebenso wie die Naturgesetze nehmen sie entscheidenden Einfluss auf unser Leben, unseren Alltag, unsere Erfahrungen. Durch mangelnde Kenntnis der geistigen, energetischen Gesetze können wir die Gesetzmäßigkeiten, nach denen wir unsere Erfahrungen selbst erschaffen, meistens nicht erkennen. Wir sehen uns als Opfer dessen, was passiert, glauben an göttliche Bestimmung oder auch an „Gott Zufall" und weisen den Umständen oder unseren Mitmenschen die Schuld zu für das, was uns geschieht. Könnten Sie sich jedoch vorstellen, dass Sie das Gravitationsgesetz dafür verantwortlich machen, dass Sie gerade Ihren Laptop ruiniert haben, weil er Ihnen aus einer Unachtsamkeit heraus heruntergefallen ist?

(Weitere Informationen und entsprechende Literatur finden Sie im Buchhandel oder im Internet.)

☆☆☆

Warum wir an uns selbst arbeiten sollten

Eigentlich wissen wir genau, dass wir „an uns arbeiten sollen“. Aber schon die Worte „sollen“ und „Arbeit“ verhindern in der Regel, dass wir dieser grundsätzlich sehr sinnvollen Aufforderung Folge leisten. Das Wort „sollen“ weckt in uns die Erinnerung an unsere Kindheit, in der wir still sitzen, nicht in der Nase bohren oder uns benehmen sollten. „Sollen“ heißt für uns, dass wir etwas tun müssen, was wir nicht tun wollen. Schon als Kind wollten wir lieber herumspringen, statt still zu sitzen, oder den Finger in den Pudding stecken, statt uns zu benehmen. Mit Arbeit verbinden wir häufig die zwingende Verpflichtung, für unseren Lebensunterhalt zu sorgen. Wir denken dabei an frühes Aufstehen, überfüllte Straßen oder Menschenmassen in engen U-Bahn-Zügen, griesgrämige Kollegen, einen dominanten Chef und unangemessene Entlohnung für unseren täglichen, zeitaufwändigen Einsatz. Selbst wenn wir Freude an unserer Arbeit haben, fühlen wir uns häufig von ihr überfordert und leiden darunter, zu wenig Zeit für uns zu haben.

Und dann kommt noch jemand daher und erzählt Ihnen, dass Sie an sich arbeiten sollen? Kein Wunder, dass Sie keinerlei Verlangen danach verspüren und lieber die Zeit, die Ihnen in Ihrem so hektischen Alltag bleibt, mit Ablenkung und Vergnügen verbringen wollen.

Arbeit kann aber auch etwas anderes sein, schaut man sich zum Beispiel die Definition an, die Gerald Hüther, Neurobiologe, in seinem Buch „Männer – Das schwache Geschlecht und sein Gehirn“ anführt.

Seiner Auffassung nach besteht der Sinn der Arbeit darin, „nicht nur den bisher erreichten Stand der kulturellen Entwicklung des Menschen zu sichern, sondern auch die weitere Entfaltung der dem Menschen innewohnenden Potenziale zu ermöglichen". [...] Jede körperliche oder geistige Anstrengung [...], ist so gesehen „Arbeit" in einem selbstbestimmten, dem Menschen gemäßen Sinn". Hüther führt dazu weiter aus: „[...] das Ergebnis dieser Arbeit ist nicht ein Produkt oder eine Dienstleistung, das Ergebnis dieser Arbeit ist die eigene Weiterentwicklung, die weitere Vervollkommnung, die Entfaltung bis dahin nicht sichtbarer, noch nicht entfalteter Potenziale bei demjenigen, der in diesem Sinn arbeitet."

Wenn wir uns Gerald Hüthers Ausführungen anschließen, erkennen wir, dass es bei der Arbeit an uns darum geht, uns zu dem hin zu entwickeln, der wir wirklich sind. Entwicklung heißt ja, alles, in das wir „eingewickelt" sind – also gesellschaftliche Prägungen, eingefahrene Verhaltensmuster, schlechte Erfahrungen, negative Erinnerungen usw. –, Schicht für Schicht abzutragen, um letztlich zu unserem „Netto-Wesen" vorzudringen und so unsere ureigentliche Persönlichkeit zu entfalten und zu erleben. Wir müssen uns vom „Werden" hin zum „Sein" entwickeln. Und dafür müssen wir bereit sein, uns anregen und bewegen zu lassen, Herausforderungen zu meistern, neue Lösungen zu suchen, unser Verhalten zu reflektieren und Kritik anzunehmen.

Diese Bereitschaft wiederum werden wir nur entwickeln, wenn wir davon ausgehen, dass unser ganzes Leben auf diese Entwicklung hin ausgerichtet ist, dass der Sinn unserer Existenz darauf zielt, uns selbst zu erkennen und im steten Wandel zu entwickeln. Wenn wir einen Sinn darin erkennen können, warum wir nicht nur zeitlich begrenzt körperlich, sondern auch stets geistig und seelisch wachsen sollen, dann sind wir bereit, an uns zu arbeiten.

Das Wort „Arbeit“ ist in diesem Zusammenhang sehr passend. Denn die Auseinandersetzung mit den eigenen Themen und das Durchleben unserer persönlichen Wachstums- und Ablösungsprozesse ist in der Tat, auch auf körperlicher Ebene, sehr anstrengend. In Folge einer Aufstellung oder einer Rückführung berichten viele Menschen, dass sie sich fühlen, als wären sie einen Marathon gelaufen, obwohl sie doch nur still auf einer Liege gelegen oder auf einem Stuhl gesessen haben. Dafür gibt es eine Erklärung:

Im Laufe der ersten sieben Lebensjahre durchdringen die in der letzten Inkarnation im Mental- und Emotionalkörper abgespeicherten Inhalte unseren physischen Körper. Unsere Körperzellen enthalten in ihren zellulären, atomaren und molekularen Strukturen also nicht nur unsere genetische, sondern auch unsere gesamte karmische Information (und werden zudem ständig durch unser Denken und Fühlen beeinflusst). Das wird auch als das „Zellgedächtnis“ bezeichnet. Lösen wir nun über Rückführungen, Aufstellungen, Meditationen, Readings oder ähnliche Arbeiten diese karmischen Altlasten energetisch auf, löst sich die Information auch aus dem Zellgedächtnis, also aus den Zellen unseres physischen Körpers. Diesen Prozess nennt man Dekodierung. Dekodierungen sind also sehr anstrengend und bringen häufig ein vorübergehendes Schwächegefühl oder ein erhöhtes Schlafbedürfnis mit sich. Es kann in Folge einer Dekodierung in einzelnen Chakren, in denen die Blockaden besonders stark waren, auch noch einmal zu heftigen körperlichen Beschwerden kommen, die, wenn das dahinterliegende, die Beschwerden verursachende Thema entsprechend bearbeitet und energetisch aufgelöst wurde, nie wieder in dieser Intensität auftreten.

Haben wir einen entscheidenden Schritt in Richtung unserer persönlichen Entwicklung geschafft, tritt der Effekt von

Leichtigkeit und Befreiung meistens nicht unmittelbar danach auf. Wir fühlen uns eher so, als wenn gerade unser volljähriges Kind ausgezogen wäre: Wir sind erleichtert, nun die Verantwortung ablegen zu können, und einverstanden, dass unser Kind nun seinen eigenen Weg geht und unser Haus verlässt. Gleichzeitig spüren wir eine innere Leere, die erst einmal durch neue, positive Erlebnisse und Erfahrungen gefüllt werden muss.

Verzagen Sie also nicht, wenn sich der Erfolg Ihrer Arbeit nicht sofort einstellt, sondern machen Sie sich bewusst, dass Sie Ihrem Körper – und letztlich sich selbst – ersparen, die zu bearbeitenden Themen über entsprechende Krankheiten aufzulösen. Und seien Sie gewiss, dass der Tag kommt, an dem Sie sich befreit und erleichtert fühlen, so, als hätten Sie einige große Koffer abgestellt, deren Existenz und Inhalt Ihnen zwar mental nicht bewusst war, die Sie aber ständig unbewusst mit sich herumgeschleppt haben. Da alle Formen von Ängsten und Blockaden von niederschwingender Frequenz und somit „grobstofflich" sind (Materie hat eine noch viel niedrigere Schwingung und wird gerade dadurch erst fassbar beziehungsweise sichtbar), wird unser gesamtes System nach deren Auflösung feinstofflicher. Die sich durch unsere Arbeit an uns einstellende Leichtigkeit kann somit nicht nur gefühlt werden, sondern nimmt entscheidend Einfluss auf unseren Organismus und unsere Gesundheit.

Bildlich kann man sich den Prozess vielleicht vorstellen wie ein Wasserglas, in dem sich auf dem Boden eine dicke Schlammschicht befindet. Versucht man mit einem Löffel, den Schlamm aus dem Glas zu entfernen, wirbelt er auf, sodass das Wasser trüb wird. Obwohl wir nun erfreulicherweise einen Teil des Schlamms entfernt haben, dauert es eine Zeit, bis sich das Sediment abgesetzt hat und das Wasser wieder klar wird.

Das Leben ist ein Billardspiel

Was halten Sie von dieser Aussage? Tatsächlich bietet dieses Spiel passende Analogien, um aufzuzeigen, welche Spielregeln wir in unserem Leben beachten sollten, um dem zu folgen, was unserer eigenen Seelenplanung entspricht, nämlich Lebensfreude zu erfahren und an unserem seelischen Wachstum zu arbeiten.

Stellen Sie sich also bitte vor, Sie spielen Billard. Grundsätzlich muss dazu erst einmal Ihre Bereitschaft gegeben sein, sich dem Spiel zu stellen. Natürlich können Sie auch, und das tun ziemlich viele Menschen im realen Leben, den Queue stehen lassen, die Arme verschränken und sich selbst bemitleiden, dass Sie sowieso keine Chance haben, weil Ihr Gegner viel besser spielt, Sie heute einen schlechten Tag haben oder die Qualität des Queue Ihnen nicht zusagt. Sie geben Ihrem möglichen Sieg somit erst gar keine Chance, sich realisieren zu können, sondern verharren passiv in der Opferrolle.

Stellen wir uns weiter vor, Sie nehmen den Queue in die Hand. Sie betrachten prüfenden Blickes den Billardtisch, klären für sich die Lage, also wie die Kugeln liegen, welche Möglichkeiten sich für Sie daraus ergeben und wie Sie spielen müssen, damit Sie Ihr Ziel erreichen. Sie zielen und stoßen auf die weiße Kugel, sodass auch die anderen Kugeln in Bewegung kommen. Einige von diesen Kugeln verhalten sich genauso, wie Sie es sich vorgestellt haben. Doch die eine oder andere wird auch von den sich bewegenden Kugeln angestoßen und rollt in eine Position, die Ihrer Planung möglicherweise zuwider läuft.

Erste Möglichkeit: Sie haben die anvisierte Kugel versenkt und sind noch einmal dran. Wie im realen Leben: Wenn uns etwas gelingt, schaffen wir uns damit den Freiraum, es noch einmal zu tun, oder wir gewinnen an Selbstsicherheit, etwas Neues zu wagen. Die ungeplant mitbewegten Kugeln können für Ihre Lage nun ein Hindernis darstellen, oder sie sind gerade so liegengeblieben, dass es Ihnen beim nächsten Stoß zum Vorteil gereicht.

Zweite Möglichkeit: Es gelingt Ihnen nicht, die Kugel zu versenken, und nun ist Ihr Gegenspieler am Zug. Er spielt entsprechend seiner eigenen Ziele und bringt damit schlagartig Ihr Konzept durcheinander. Nun haben Sie wieder zwei Möglichkeiten: Sie können jammern und wehklagen oder gar Ihren Mitspieler beschimpfen, dass er Ihnen so übel mitgespielt hat. Oder aber Sie konzentrieren sich ganz auf die neu geschaffene, aktuelle Situation und realisieren für sich, welche Möglichkeiten sich Ihnen nun bieten, greifen zum Queue und versuchen Ihr Glück.

Genauso ist es im Spiel des Lebens: Wir müssen zuerst einmal die Bereitschaft besitzen, es selbst gestalten zu wollen. Wir müssen den Mut aufbringen, aktiv zu handeln und dabei unser Ziel fokussieren, ohne uns dabei zu stark darauf zu fixieren. Dabei sollten wir immer flexibel bleiben, die Freude am Spiel behalten, jede neue Situation in Ruhe überdenken und die Herausforderungen annehmen. Wenn wir all das schaffen, steigen die Chancen, in unserem Leben als Gewinner dazustehen. Falls wir verlieren, gewinnen wir immerhin eine schöne Zeit und die Freude am Spiel.

☆☆☆

Fortschritt und Lebensalter

Die Erde ist ein „Übungsplanet“, denn sie bietet uns Menschen unendliche Möglichkeiten der Selbsterfahrung. Im Gegensatz zu allen anderen Lebewesen, die innerhalb ihrer Spezies über einen sehr begrenzten Erfahrungshorizont verfügen, ist der Mensch ein kreatives Wesen, das sich mit Hilfe seiner einzigartigen Fähigkeiten seiner Umwelt anpassen und sie gemäß seinen Vorstellungen gestalten kann. Dank unserer intellektuellen Geistesgaben verändern wir beständig den Raum, in dem wir uns erfahren können. Ob Steinzeit, vorchristliche Hochkultur, Mittelalter oder Neuzeit: Jedes Zeitalter bot und bietet dem Menschen verschiedene Bedingungen, Möglichkeiten und Herausforderungen. Durch den technischen und naturwissenschaftlichen Fortschritt und die sich daraus ergebenden Veränderungen unserer Umwelt sorgen wir Menschen selbst dafür, dass wir immer Neues lernen und erfahren können. Wir bewegen uns dabei im Spannungsfeld der Polarität, zum Beispiel dann, wenn wir einerseits dank des medizinischen Fortschritts Leben retten, welches wir andererseits durch Waffen und Umweltgifte zerstören. Wir erfüllen mit unserem Verhalten somit genau den tieferen Sinn, der hinter unserer gesamten Existenz steht: alles zu erleben, zu erkennen, zu erforschen und zu durchdringen, was erfahrbar und möglich ist.

Sicherlich steht auch die Tatsache, dass wir immer älter werden, nicht nur mit dem medizinischen Fortschritt in Zusammenhang. In der Steinzeit zum Beispiel war der Erfahrungshorizont eines Menschen beschränkt, es brauchte nicht sehr viele Lebensjahre, damit ein eingekörperter Seelenteil alle möglichen Erfahrungen machte, und so endete das Leben dieser Menschen meist zwischen dem 30. und 35. Lebensjahr. Heutzutage sind die Erfahrungsmöglichkeiten nahezu unbegrenzt, sodass wir eine längere Lebensdauer brauchen, um auch nur annähernd die Erfahrungen zu machen, die uns geboten werden.

Zudem haben die alten Seelen, die sich in ihrer geplanten letzten Inkarnation befinden, die Aufgabe, die noch ungeklärten Themen ihrer vergangenen Leben zu erlösen, also weder an ihnen zu hängen, noch mit ihnen zu hadern. Um diese Aufgabe bewältigen zu können, benötigen sie, von Ausnahmen abgesehen, ebenfalls eine längere Lebenszeit.

☆☆☆

Erfahrungen

Erfahrungen zu machen ist die Grundlage unserer Existenz. Aber was heißt es denn genau, wenn wir eine „Erfahrung" machen? Wir können etwas erleben oder erleiden, ohne zwingend dabei etwas „erfahren" zu haben. Erst wenn wir ein Erlebnis oder eine Angst vollständig verarbeiten, wird das Erfahrene zur Erfahrung. Wenn wir die Botschaft, die dieses gelebte Stück Leben uns mitteilen wollte, gefühlsmäßig durchdringen und mental verstehen, sind wir in der Lage, eine altbekannte Situation aus einem veränderten Blickwinkel heraus zu betrachten, sie neu zu bewerten und dadurch eine neue Schlussfolgerung aus ihr zu ziehen. Wir reagieren dann folglich nicht mehr in derselben Weise wie bisher, gehen anders mit der Situation um und lassen so eine neue Erfahrung zu.

Ich möchte das an einem Beispiel veranschaulichen.

Stellen Sie sich vor, Sie sind unglücklich verliebt, da das Objekt Ihrer Begierde Ihre Liebe nicht erwidert. Möglicherweise speichern Sie dieses emotional schmerzliche Erlebnis autoaggressiv ab. Sie fühlen sich zurückgewiesen, glauben, dass Sie es nicht wert sind, geliebt zu werden und somit auch nichts anderes verdient haben als die Absage Ihres Traumpartners. Vielleicht bilden Sie sich auch ein, Sie seien unattraktiv, nicht ausreichend gebildet, zu alt oder zu jung, als dass das Objekt Ihrer Verliebtheit Gefallen an Ihnen finden könnte. Genau betrachtet ist es so, dass Sie einfach keine Resonanz bilden, also nicht dieselbe Schwingungsfrequenz aussenden wie derjenige, in den Sie sich verliebt haben, und es deshalb nicht zu der von Ihnen ersehnten Beziehung kommen kann. Eine Resonanz zwischen Ihnen und dem Wunschpartner ist nur vorhanden, wenn ein gewisses Wachstums- oder auch Heilungspotenzial in der potenziellen Beziehung steckt. Durch entsprechende Reibung der Partner wird Wachstum durch Ergänzung der eigenen Energien mit denen des Partners und Heilung ermöglicht. Fehlt dieses Potenzial, ist es nahezu ausgeschlossen, dass zwei Menschen eine Partnerschaft eingehen.

Wenn Sie sich im Laufe Ihres Lebens erneut verlieben, Ihr Gegenüber jetzt aber Ihre Liebe erwidert, haben Sie damit die vorangegangene Zurückweisung noch nicht verarbeitet, sondern etwas Neues, Eigenständiges erlebt. Nämlich den erhebenden Zustand, glücklich verliebt zu sein.

Werden Sie jetzt erneut zurückgewiesen, da auch dieses Mal die Verliebtheit nur von Ihnen ausgeht, sind sich jetzt aber der Tatsache bewusst, dass es nicht an Ihrer Minderwertigkeit oder Ihrem Mangel liegt, sondern Sie nicht die passende Resonanz erzeugen, haben Sie eine echte Erfahrung gemacht. Denn obwohl sich die Situation grundsätzlich nicht von der schon einmal erlittenen unterscheidet, sind Sie nun zu einem neuen Ergebnis und zu einer veränderten Betrachtungsweise gelangt. Diese erlaubt es Ihnen, besser mit der Tatsache umzugehen, dass Ihre Liebe nicht erwidert wird. Nun stellen Sie nicht mehr Ihren eigenen Wert in Bezug auf die geliebte Person infrage, sie beurteilen also das Erlebte nicht mehr autoaggressiv.

Sie können nun Ihrem Ego dabei zusehen, wie es sich sträubt, diese neue Erfahrung anzuerkennen, wie es versucht, Ihre Minderwertigkeitsgefühle erneut zu aktivieren oder einen Schuldigen im Außen zu suchen.

Unglücklich verliebt zu sein dient sogar Ihrem persönlichen Wachstum, indem es Ihnen Gelegenheit bietet, sich in Urvertrauen, Widerstandslosigkeit und Einverstanden-Sein zu üben. Verfügen Sie über ein gut entwickeltes Urvertrauen, hilft Ihnen dieses, die schmerzliche und enttäuschende Situation besser zu ertragen. Haben Sie zudem einen klaren Zugang zu Ihrer geistigen Führung, ist Ihnen mental schnell klar, dass es gute Gründe gibt, warum die Beziehung nicht zustande kommt. Gründe, die Sie zwar nicht offensichtlich erkennen und durchschauen können, die aber sicherlich Ihrem Seelenplan entsprechen.

Natürlich werden Sie noch immer einen emotionalen Schmerz spüren, aber dieser wird sich nicht mehr gegen Sie richten. Sicher bleibt auch eine Zeit lang eine gewisse unerfüllte Sehnsucht in Ihrem Herzen zurück. Aber da Sie in dieser schwierigen Situation an Ihrer Eigenliebe, Ihrer Selbstwertschätzung und Ihrem bedingungslosem Urvertrauen festgehalten haben, statt sich wie bisher mit des-truktiven Selbstvorwürfen und Schuldzuweisungen aufzuhalten, verbessern Sie gemäß dem Resonanzgesetz für sich die Möglichkeit, einen Partner anzuziehen, der ebenfalls über Eigenliebe verfügt und dadurch erst in der Lage ist, wahrhaft zu lieben.

Etwas Entscheidendes möchte ich in diesem Zusammenhang herausstellen: Um in einer gleichartigen Situation ein verändertes Verhalten an den Tag legen zu können, muss sich die Situation als solche emotional ebenso schmerzlich präsentieren wie die vorherigen Situationen. Gefühle wie Angst, Wut, Schmerz, Trauer, Zweifel und Sinnlosigkeit, die durch diese Erlebnisse entstanden sind und durch jede Wiederholung verstärkt wurden, müssen noch einmal gespürt, durchlitten und dann losgelassen werden. Stellen Sie es sich so vor: Wenn die Gefühle im 5. Stock Ihres Hauses wohnen und nun endlich ausziehen, müssen sie auf jeden Fall noch einmal durch die Haustür gehen. Und wenn Sie ihnen bereitwillig die Tür aufhalten, kann es vorkommen, dass Ihnen dabei das eine oder andere Gefühl noch einmal ordentlich „auf die Zehen tritt".

An diesem Punkt ist es wichtig, auf seine Gedankenhygiene

zu achten. Machen Sie sich bitte klar, dass jeder Widerstand gegen diese Gefühle, jede rationale Erklärung, warum Sie diese Gefühle eigentlich gar nicht mehr haben dürften oder sollten, und jeder Versuch, diese Gefühle zu unterdrücken, dazu führt, dass Sie – gemäß dem kosmischen Gesetz des Denkens „die Energie folgt der Aufmerksamkeit" – genau in der Situation steckenbleiben. Spüren Sie diese Gefühle, aber grübeln Sie nicht. Fragen Sie sich nicht, woher sie kommen, ob sie berechtigt oder unberechtigt sind oder wie Sie sie wieder loswerden können. Verurteilen Sie sich auch nicht dafür, wenn Sie diese Gefühle übermannen. Lassen Sie die Emotionen, die in Ihnen aufsteigen, zu, und lenken Sie sich ab, indem Sie etwas tun, das Ihnen Freude bereitet. Haben Sie dabei aber bitte kein schlechtes Gewissen, nach dem Motto: „Jetzt geht es mir doch so gut, und ich kann es gar nicht genießen", sondern seien Sie damit einverstanden, dass Ihnen der Eisbecher im Straßenkaffee nur halb so gut schmeckt wie sonst, wenn Sie nicht gerade dabei sind, alte, nicht mehr benötigte Gefühle loszulassen. Es ist immer noch besser, sich nur halb zu freuen, als den Gefühlen durch destruktives Grübeln die „Haustür zuzuhalten" und sie so am „Ausziehen" zu hindern.

Hilfreich ist auch zu wissen, dass gerade in den Zeiten des Aufstiegs bestimmte Menschen in unserem Leben als „Katalysator" fungieren. Sie bringen in uns Prozesse in Gang und fördern Emotionen zutage, die sehr tief liegen und unter Umständen schon sehr alt sind; vielleicht so alt, dass sie nicht einmal in diesem Leben entstanden sind. Mental ist es uns dann unerklärlich, warum eine Person eine so große Wirkung auf uns hat. Häufig steckt auf seelischer Ebene eine Verabredung zur Impulsgebung dahinter. Auf der Astralebene haben also zwei Seelen, die sich gut kennen und sich in Liebe zugetan sind, verabredet, sich in der gegenwärtigen Inkarnation gegenseitig „die

Knöpfe zu drücken", damit jeder erkennen kann, wie viel Ladung sich noch unter diesen befindet. Beide Seelen haben den dringenden Wunsch, diese Ladungen aufzulösen. Dazu müssen sie, wie beschrieben, noch einmal aktiviert und durch ein verändertes Verhalten – das die alte, negative Erfahrung durch die neue, positive Erfahrung ersetzt – neutralisiert werden.

Auch in diesem Fall ist Gedankenhygiene gefragt, denn das angestrengte Nachdenken über eine bestimmte Person und die Frage, warum gerade sie so tiefe, schmerzliche Gefühle in uns weckt, nährt gedankliche Elementale und behindert uns dabei, die Gefühle, die wir befreien möchten, loszulassen. Da aber alle alten, durch diese bestimmte Person erneut aktivierten Gefühle (Zorn, Angst, Schuld usw.) niederschwingend sind, müssen wir sie in den Zeiten des Aufstiegs loslassen, um unseren Energiekörper der Frequenzerhöhung anpassen zu können. Grundsätzlich ist dieser leidvolle, teils schmerzliche Reinigungsprozess, der von großen Stimmungsschwankungen begleitet ist, also grundsätzlich äußerst sinnvoll. Und genau das sollten wir uns immer wieder vergegenwärtigen, wenn wir feststellen, dass wir in den Widerstand gehen oder versuchen, diesem Prozess auszuweichen oder ihn gar zu unterdrücken.

☆☆☆

Zwei Schritte vor und einer zurück

Auf ihrem spirituellen Weg vorwärtszukommen ist für reife Seelen ein „Kann", für alte Seelen ein „Muss". Alte Seelen spüren in sich eine treibende Kraft, die sie zur Verarbeitung ihrer gemachten Erfahrungen nötigt und sie nach Erkenntnissen streben lässt; eine Kraft, die ständig neue Fragen aufwirft und nicht eher ruht, bis sie eine Antwort darauf gefunden hat. Sie ist es, die in uns die Bereitschaft weckt, unsere Schatten anzuschauen, auch wenn die Bearbeitung unserer unerlösten Gefühle in Form von Prägungen, karmischen Altlasten und festgefahrenen Mustern mit Mühe, Anstrengung und auch Kosten verbunden ist.

Dank der Resonanz, die diese Kraft aussendet, begegnen wir Menschen in unserem Leben, die als Erfüllungsgehilfen unsere Altlasten aktivieren, damit wir diese bearbeiten können, oder uns als Freunde in schwierigen Zeiten zur Seite stehen. Wir stoßen genau auf die Bücher, in denen wir Antworten auf die Fragen finden, die uns gerade beschäftigen. Diese Kraft verleitet aber auch unser Ego dazu, immer wieder Vergleiche zu ziehen und zu fragen, wie weit wir bereits auf unserem Weg fortgeschritten sind. Vergleiche mit anderen Menschen sind zur Beantwortung dieser Frage grundsätzlich nicht förderlich, da jeder Mensch seine eigene seelische Zielsetzung und sein ureigenes Tempo zur Bearbeitung seiner Lebensthemen hat.

Orientieren wir uns aber an uns selbst, stellen wir immer wieder fest, dass wir mit Themen konfrontiert werden, von denen wir angenommen hatten, sie längst verarbeitet und abgeschlossen zu haben. Manchmal kommt es uns so vor, als machten wir zwei Schritte vor und einen zurück. Vielleicht kennen Sie ja auch das Gefühl, als würden Sie sich auf einem „spirituellen Rundwanderweg" befinden und genau dort wieder ankommen, wo Ihr Weg begonnen hat. Natürlich ist es nicht so. Der Weg unserer seelischen Entwicklung ähnelt eher einer Spirale, die sich langsam nach oben bewegt. Wenn wir aber beginnen zu zweifeln, schlägt gnadenlos unser vergleichendes Ego zu und redet uns ein, dass alles vergebens ist und wir uns die Zeit und das Geld für Bücher, Seminare, Readings, Rückführungen, Workshops usw. sparen sollten, anstatt uns ständig, scheinbar erfolglos, um Selbsterkenntnis und Klärung unserer Lebensthemen zu sorgen.

Bemühen Sie sich um Gedankenhygiene, wenn Sie an diesen Punkt kommen. Denn wir werden immer wieder in aktuellen Lebenssituationen geprüft, ob die Erkenntnisse, die wir auf unserem Weg gewonnen haben, tragfähig sind, also auch wirklich von uns gelebt und umgesetzt werden können, oder ob es sich um reine Lippenbekenntnisse handelt. Also werden wir erneut mit altbekannten Situationen oder menschlichen Eigenarten konfrontiert, an denen wir beweisen können, ob wir nun in der Lage sind, anders auf sie zu reagieren, oder ob wir uns doch noch in alten Mustern bewegen.

Müssen wir uns dann eingestehen, dass unsere Gedanken- und Verhaltensmuster wieder einmal stärker waren als unser Bewusstsein, neigen wir dazu, uns autoaggressiv Selbstvorwürfe zu machen. Bitte verdeutlichen Sie sich, dass Sie bereits einen „Fuß in der Tür der Selbsterkenntnis“ haben, sonst hätte es Ihnen nicht auffallen können, dass Ihre Reaktion aus tief verwurzelten Glaubenssätzen, Prägungen oder Mustern heraus resultiert.

Analysieren Sie also das Geschehen sachlich, ohne überzogene Selbstkritik oder Schuldzuweisungen. Das ermöglicht es Ihnen, sich in der nächsten gleichartigen Situation anders zu verhalten und eine neue Erfahrung zu machen, die die bisherige

„überschreibt". Akzeptieren Sie, dass jede Begegnung, jede Erfahrung, jedes Erleiden oder auch jede Freude einzelne Steine Ihres ureigenen gepflasterten Lebenswegs sind und sich nicht ein einziger Stein ohne Grund oder Sinn genau an der Stelle Ihres Weges befindet, an dem er liegt. Auch dann, wenn Sie über einen dieser Steine stolpern und sich die Zehen aufschlagen.

☆☆☆

Der Sinn des Lebens

Jeder von uns kennt das Gefühl von Sinnlosigkeit, das gerade in den Momenten auftritt, in denen wir eigentlich Muße und Ruhe hätten, uns am Leben zu erfreuen. Kaum ist es um uns herum einmal still geworden, drängt unsere innere Stimme ins Bewusstsein und fragt: „Wofür das alles? Was ist der Sinn meines Lebens? Was mache ich hier überhaupt?“

Könnten Sie auf die Frage: „Worin sehen Sie den Sinn Ihres Lebens?“ spontan eine Antwort geben? Was glauben Sie, würde Ihnen als Erstes einfallen? „Meine Karriere vorantreiben, meine Kinder erziehen, meine Familie ernähren, meine Ausbildung abschließen, in einem lukrativen Beruf arbeiten ...“, könnte Ihre Antwort lauten.

Fällt Ihnen etwas auf?

Alle diese Punkte haben nicht wirklich mit Ihnen persönlich, mit Ihrem seelischen Bedürfnis nach Sinnhaftigkeit zu tun. Der Sinn unseres Daseins wird von unserem Ego gerne ins Außen verlagert, weil er dort greifbar scheint. Er wurde häufig noch nicht einmal von uns selbst als sinnvoll definiert, sondern entspricht dem, was uns durch Erziehung und Gesellschaft eingeprägt wurde. Auf dieser Grundlage sind wir ständig damit beschäftigt, immer wieder einen neuen Lebenssinn zu (er)finden, sobald der alte sich erfüllt oder ausgedient hat. Werden wir arbeitslos, sind am Ende unserer Karriereleiter, gehen die Kinder aus dem Haus oder wir in Rente, tut sich plötzlich eine große Sinnlosigkeit in uns auf, weil die äußeren Anlässe oder Umstände, die unser Leben erfüllt und ihm scheinbar Sinn verliehen haben, nun wegfallen.

Auch wenn Sie sich zu den spirituellen Menschen zählen, die ihren Lebenssinn darin sehen, ihr persönliches Wachstum voranzutreiben, sind Sie vor Sinnkrisen nicht geschützt. Denn Sie werden irgendwann feststellen, dass alle Seminare und Workshops, die Sie besuchen, sämtliche Ausbildungen, die Sie machen, alle Bücher, die Sie lesen, Sie zwar Ihrem Ziel und somit dem Sinn Ihres Lebens ein Stück näherbringen, aber Ihnen gleichzeitig klar machen, wie weit Sie noch davon entfernt sind. So, als ob Sie vom Tal aus zu einem Berg hinaufschauen. Erklimmen Sie aber den Berg und sind auf seinem Gipfel angelangt, stellen Sie fest, dass sich dahinter ein noch viel höherer Berg verbirgt, der vom Tal aus nicht sichtbar war.

Vielleicht gehören Sie aber auch zu den Menschen, die ihren Mitmenschen helfen, ins Bewusstsein zu kommen, sodass diese lernen, sich selbst zu lieben und Eigenverantwortung zu übernehmen. Definieren Sie den Sinn Ihrer Existenz womöglich darüber, wie erfolgreich Sie mit Ihrem Tun sind, kommen Sie schnell an einen Punkt, an dem sich die Sinnsuche durch Ihre Zweifel in Sinnlosigkeit verwandelt, nämlich dann, wenn Ihre Mitmenschen es vorziehen, lieber unbewusst bleiben zu wollen, oder sich Ihre Schüler – sofern Sie kein manipulativer Machtmensch, sondern ein guter Lehrer sind – von Ihnen abwenden, um nun ihren eigenen Weg zu gehen.

Was also ist der eigentliche Sinn unserer Existenz? Die Antwort ist so einfach, dass sie unseren Verstand und unser Ego kaum befriedigt:

Es geht ausschließlich darum, zu sein. Uns selbst in jedem Moment zu erfahren, mit allem, was wir fühlen, denken und tun, mit allem, was durch dieses Fühlen, Denken und Tun von uns erschaffen wird. Es geht darum, im Hier und Jetzt präsent zu sein, achtsam für jeden Augenblick; das Leben in Kenntnis der

Spielregeln als das „Spiel-des-Lebens“ zu spielen, die Mitspieler im Blick, die Strategie im Kopf und mit der Flexibilität, diese jederzeit zu verändern, sobald ein Mitspieler einen Zug gemacht hat, der unsere Ausgangslage verändert.

Der Sinn des Lebens besteht darin, es zu bejahen, sich ihm zu öffnen, sich ihm ganz hinzugeben, ihm zu vertrauen und sich von ihm führen zu lassen; sich selbst in seinem Leben zu erfahren und zu erkennen.

Der Sinn des Lebens besteht darin, jede Erfahrung willkommen zu heißen, als Möglichkeit, unser Bewusstsein zu erweitern und unser Wachstum zu forcieren, immer in dem Wissen, dass wir stets mit allem verbunden sind und durch jede Tat, jeden Gedanken und jedes Gefühl auch die Erfahrungsgrundlage für unsere Mitmenschen schaffen, die diese benötigen, um zu reifen.

Um wirklich SEIN zu können, müssen wir lernen zu vertrauen: uns, unseren Kräften, den in uns angelegten Potenzialen, unserer Liebesfähigkeit, den Menschen, die uns umgeben, und unserem Leben als solches, dem Göttlichen, gleich welchen Namen wir ihm geben. Wir müssen Urvertrauen entwickeln, darauf vertrauen, dass alles, was passiert, in einem größeren, sinnvollen Zusammenhang steht, der für keinen von uns im Moment des Erlebens durchschaubar ist, sich uns aber häufig in der Rückschau, der Retrospektive, eröffnet und von uns letztlich sicher erst nach unserem irdischen Ableben auf der dritten Astralebene ganz erfasst werden kann. Und wir dürfen nie vergessen, dass wir selbst diesen unseren Seelenplan geschrieben haben; dass wir freiwillig und absichtlich die Verträge mit den Seelen geschlossen haben, die uns in unserem Leben begegnen, um uns in unseren Wachstumsprozessen zu unterstützen oder diese anzuregen. Wir sollten stets im Bewusstsein haben, dass wir es gut mit uns gemeint haben, als wir uns diesen Seelenplan geschrieben haben, nach dessen Vorgaben wir versuchen, unser Leben hier und heute auszurichten. Auch dann, wenn wir unser seelisches Wachstum, das erst durch unsere Erfahrungen ermöglicht wird, in der Dreidimensionalität immer wieder auch als sehr schmerzhaft für Körper und Psyche empfinden.

Um wirklich SEIN zu können, müssen wir alle unsere Sinne schärfen, ganz genau, konzentriert und intensiv hinsehen, hinhören, schmecken, riechen, spüren, unserer Intuition und unseren Gefühlen Raum geben und uns durch nichts davon ablenken lassen. Wir müssen den Strom unserer Gedanken anhalten und sie durch die Informationen, Intuitionen und Gefühle, die im Moment auf uns einströmen, ersetzen; müssen wahrnehmen, im Sinne der ursprünglichen Wortbedeutung „wahr-nehmen", also annehmen und erkennen, was wahr ist. Wir müssen unser Herz öffnen, bedingungslose Liebe verschenken und spüren, wie uns diese in jedem Moment unseres Daseins von Seiten der Geistigen Welt, unserer Seelenfamilie, und den Menschen, die uns lieben, zufließt.

Dazu müssen wir unsere Widerstände überwinden. Aber wie geht das?

☆☆☆

Vom Widerstand zur Widerstandslosigkeit

Betrachten wir das Wort „Widerstand“ einmal in seiner eigentlichen Wortbedeutung. Das Wort „wider“ heißt so viel wie „gegen“, „stand“ kommt von „stehen“. Widerstand zu leisten, sich also gegen etwas zu stellen, kann durchaus wichtig und richtig sein, zum Beispiel wenn wir Widerstand leisten gegen Unterdrückung, Willkür oder Ungerechtigkeit. Wir sollten dabei allerdings beachten, dass wir unsere Energien grundsätzlich in den positiven Pol investieren, uns also, um bei diesem Beispiel zu bleiben, für Freiheit und Gerechtigkeit einsetzen und keinesfalls Gewalt mit Gegengewalt beantworten. Denn hier wirkt das geistige Gesetz des Denkens: „Die Energie folgt der Aufmerksamkeit.“ Richten wir unsere Aufmerksamkeit auf den negativen Pol, die Unterdrückung, die Willkür, die Ungerechtigkeit, nähren und energetisieren wir diesen, führen ihm also noch mehr Kraft zu, stärken ihn, obwohl wir doch das Gegenteil erreichen wollten.

Meistens richtet sich unser Widerstand allerdings gegen Menschen und Situationen, die nicht unseren Erwartungen und Wünschen entsprechen. Dieser „Wider-stand“ bewirkt, dass wir stehenbleiben, uns nicht mehr bewegen, dass es kein Fortkommen auf unserem Weg gibt. Von unserem „Stand-punkt“ aus ist uns nur noch eine Perspektive möglich, sodass wir den Überblick verlieren und die Gesamtsituation nicht mehr mit all ihren Aspekten erfassen können. Wir stagnieren und erstarren in einer Haltung, die uns nicht dienlich ist, weil wir dagegen sind, dass die Dinge so sind, wie sie sind; dass sich die Angelegenheit nicht so entwickelt, wie wir es uns erhofft, oder die Menschen in unserem Umfeld anders reagieren, als wir es erwartet haben. Aber gerade Flexibilität wäre in dieser Situation nötig, um einen neuen Standpunkt einnehmen zu können, der einen

Perspektivenwechsel in unserem Denken ermöglicht. Oder um geschmeidig dem ausweichen zu können, was wir nicht wollen. Unser Widerstand bewirkt zudem, dass wir entsprechend dem geistigen Gesetz des Denkens mit jedem unkontrollierten, destruktiven Gedanken Energie in genau die Dinge geben, die wir in unserem Leben nicht haben möchten. Mit unserem Widerstand schaffen wir selbst die Grundlage dafür, dass sich diese manifestieren oder gar verfestigen.

Wenn Sie bei sich feststellen, dass es Umstände gibt, die in Ihnen Widerstand erzeugen, empfehle ich Ihnen ein einfaches Mittel, das Ihren Blickwinkel auf die Situation beträchtlich erweitern kann:

Nehmen Sie ein großes Blatt Papier und malen Sie einen Kreis darauf. Auf der 3-Uhr-Position notieren Sie in kurzen Worten alles, was Ihnen missfällt, was Ihnen Kummer oder Sorge bereitet. Auf der 9-Uhr-Position notieren Sie alle positiven Aspekte, die genau diese Umstände mit sich bringen. Es mag Sie vielleicht wundern, dass negative Umstände auch positive Aspekte beinhalten, aber genau hier stoßen wir auf das Gesetz der Harmonie, das besagt, dass alles immer wieder ausgeglichen werden muss, damit langfristig kein Ungleichgewicht entsteht. Ein Mensch, der arbeitslos ist, was ihm höchstwahrscheinlich als negativer Umstand erscheint, hat viel Zeit für sich, was ein durchaus positiver Umstand sein kann. Ein Mensch, dem es an Geld mangelt, hat keine Sorgen, dass er Verluste an der Börse erleiden oder der Euro an Wert verlieren könnte. Ein Kranker kann die unfreiwillige Ruhephase dazu nutzen, intensiv Innenschau zu betreiben, sich mit sich und der Symbolik seiner Krankheit auseinanderzusetzen oder sich durch das Lesen von Büchern inspirieren zu lassen, da er ja nicht durch ein alltägliches Pensum davon abgehalten wird.

Ich höre Sie schon „Ja, aber…“ sagen. Etwas in Ihnen weigert sich, Ihrer Situation auch etwas Positives abzugewinnen.

Versuchen Sie trotzdem, für jeden negativen Aspekt auch einen positiven zu formulieren, damit sich die Energien ausgleichen können. Auf der 12-Uhr-Position und der 6-Uhr-Position können Sie alle Effekte und Auswirkungen notieren, die nicht eindeutig als positiv oder negativ zu bewerten sind, die aber mit dieser Angelegenheit in Zusammenhang stehen.

Wenn Sie fertig sind, lesen Sie sich nacheinander jede einzelne Position vor, indem Sie laut sagen: „Ich bin damit einverstanden, dass…“. Ihre Worte wirken als Affirmation, denn „der Geist beherrscht die Materie“, wie der berühmte Hermes Trismegistos (auch Thoth genannt) sagte. Hier stoßen wir erneut auf das „Gesetz des Denkens“, das besagt, dass sich nicht das realisiert, was wir denken, sondern das, was wir glauben. Wichtig ist also in diesem Zusammenhang, dass Sie nicht nur vordergründig, mental einverstanden sind, sondern versuchen, diese Haltung auch emotional einzunehmen. Gelingt Ihnen das nicht sofort, spüren Sie Widerstand oder nagende Zweifel in sich, dann nähren Sie diese bitte nicht mit Ihrer Aufmerksamkeit. Seien Sie auch mit dem Widerstand und den Zweifeln einverstanden und konzentrieren Sie sich weiter auf die positiven Gefühle, die das Annehmen einer bestimmten Situation oder eines Umstands mit sich bringen könnte.

Probieren Sie es aus, und Sie werden sehen, welche erstaunlich positive Wirkung diese „Bestandsaufnahme“, die alle erdenklichen Perspektiven enthält, auf Sie und Ihre Beurteilung der Situation hat. Vielleicht spüren Sie, wie Ihr Widerstand der Widerstandslosigkeit weicht und Platz macht für Ihr Einverständnis, nun genau diese Erfahrungen mit all ihren Aspekten zu machen, um das zu erleben, was Sie erleben wollen und müssen.

Die vorgenannte Art der Aufarbeitung problematischer Themen in Ihrem Leben ist eine hilfreiche Übung zur Entwicklung Ihres Urvertrauens. Zudem ist sie sehr produktiv, da Sie mit ihrer Hilfe den negativen Elementalen die nährende Energie des Widerstands und der Aufmerksamkeit entziehen.

Widerstandslos zu sein heißt keinesfalls, passives Opfer zu sein! Von der Ausgangsposition der Widerstandslosigkeit aus können Sie die gesamte Bandbreite Ihrer Möglichkeiten und Lernerfahrungen erkennen und somit das Bestmögliche für sich erreichen, gleich, wie schwer oder unlösbar Ihnen die Situation, in der Sie sich gerade befinden, erscheint. Sie allein haben die Macht über Ihr Leben, denn auch Sie verfügen über den „freien Willen", der es Ihnen ermöglicht, Ihr Leben so zu leben, wie es Ihnen gefällt.

☆☆☆

Vom freien Willen und der freien Wahl

Über den „freien Willen“ des Menschen wird in der Psychologie, aber auch in der Philosophie gerne diskutiert. Aber wie frei ist unser Wille wirklich? Es scheint, als könnten wir uns jederzeit frei entscheiden, zum Beispiel ob wir Bier oder lieber Wasser trinken, nach Spanien oder Finnland in Urlaub fahren wollen, jemanden mögen oder nicht, und trotzdem gibt es immer wieder Zweifel daran, ob es wirklich freie Entscheidungen sind, die wir treffen.

Durch meine intensive Arbeit mit Menschen in Form von Chakrareadings und Rückführungen habe ich den Eindruck gewonnen, dass es mit unserem freien Willen nicht sehr weit her ist. Kindheitsprägungen, Gewohnheitsmuster und karmische Altlasten wirken stärker auf unser Denken und Verhalten, als wir es uns vorstellen können und eingestehen wollen. Erst wenn wir es schaffen, sie aufzulösen, erkennen wir, in wie vielen Bereichen unseres Lebens sich diese Blockaden ausgewirkt und unsere Entscheidungen beeinflusst haben. Unser Gehirn ist uns bei der Entwicklung unseres freien Willens nicht gerade behilflich: Immer gleiche Denkmuster verfestigen sich als Abbild der Synapsen in ihm zu „Datenautobahnen“, die wir automatisch unbewusst benutzen, da das Gehirn bestrebt ist, jederzeit den Informationsweg zu wählen, der am wenigsten Energie verbraucht und den schnellsten Zugriff ermöglicht.

Wenn wir auf der Astralebene unser nächstes Leben planen, haben wir grundsätzlich den freien Willen, bei welchen Eltern wir inkarnieren wollen. In der Regel gehen wir dabei allerdings in Resonanz mit den Themen der Eltern, die wir selbst bereits in unserem Mental- und Emotionalkörper aus anderen

Leben abgespeichert haben, und wir beschießen, uns genau bei ihnen zu inkarnieren, um diese zu bearbeiten.

Die Anziehungskraft, die die Eltern auf uns ausüben, wird also letztlich durch deren Schwingung erzeugt, die unserer eigenen entspricht. Haben wir Lektionen der letzten Inkarnation nicht gelernt, sorgen wir durch die Wahl der Eltern dafür, dass wir durch sie die zu bearbeitenden Themen in unserem Leben wieder präsentiert bekommen, mit dem Ziel, sie nochmals anzuschauen, zu durchdringen, die nötigen Lehren daraus zu ziehen und sie letztlich aufzulösen.

Dazu ein Beispiel:

Eine Frau verlor in ihrem letzten Leben ihren Ehemann. Er hatte sich, nachdem er beruflich gescheitert und dem Alkohol verfallen war, ertränkt und ließ sie mit den Kindern in Armut zurück. Diese Frau inkarnierte sich in diesem Leben in einer kinderreichen Familie, deren Familienvater seine Zeit vorwiegend in der Wirtschaft statt an seinem Arbeitsplatz zubrachte und die Familie dadurch in finanzielle Schwierigkeiten stürzte. Als Ehemann und Vater war auch er für seine Familie nicht präsent. Sie wählte für ihre Reinkarnation letztlich dieselben Verhältnisse, die sie in ihrem letzten Leben nicht verarbeitet hatte.

Führt man Menschen zurück, stellt man fest, dass sich bestimmte Themenkomplexe durch eine Vielzahl verschiedener Leben ziehen, in denen sie immer aufs Neue aktiviert werden. Dabei sind oft zwei Themen gekoppelt, die dafür sorgen, dass es ausreichend Gelegenheit gibt, erneut Erfahrungen mit ihnen zu machen. Zum Beispiel die Verbindung von Hilflosigkeit und Schuldgefühlen. Diese Kopplung wurde möglicherweise im Emotionalkörper gespeichert, als wir während eines Krieges hilflos mit ansehen mussten, wie geliebte Menschen verschleppt oder getötet wurden. Nach dem Gesetz der Resonanz ziehen wir in den folgenden Inkarnationen unweigerlich ähnliche Erfahrungen an. In unserem gegenwärtigen Leben zeigen sich die Auswirkungen dann nicht nur in den Erfahrungen, die wir machen, zum Beispiel indem wir einen Unfall mit ansehen müssen oder zusehen, wie unser Kind sich immer tiefer in seine Drogensucht verstrickt, sondern sie beeinflussen auch unser alltägliches Verhalten. Wir entwickeln ein erhöhtes Kontroll- und Sicherheitsbedürfnis oder versuchen, jedem zu helfen, was schlimmstenfalls in einem Helfersyndrom endet. Wir sind unfähig, uns klar abzugrenzen, fühlen uns für alles schuldig und sind nicht in der Lage zu unterscheiden, was in unseren Zuständigkeitsbereich und unsere Verantwortung fällt und was nicht.

Ein weiteres Beispiel:

Wenn im Mental- oder Emotionalkörper die Themen Einsamkeit und Hunger (Mangel) abgespeichert sind, hat auch das Auswirkungen auf unser jetziges Leben. Das Einsamkeitsgefühl schwingt subtil in unserem Erleben mit, auch wenn die äußeren Umstände keinerlei Anlass geben, sich einsam zu fühlen. Die Kopplung zwischen Einsamkeit und Hunger kann dazu führen, dass wir versuchen, dieses unterschwellige Einsamkeitsgefühl, das wir nicht abstellen können, so lange es uns nicht bewusst ist, durch Essen zu kompensieren. Unser Essverhalten wird letztlich also von unserer Angst gesteuert und nicht davon, ob wir ein Sättigungsgefühl verspüren oder nicht. Mit zunehmendem Körpergewicht wird das Gefühl, einsam und gesellschaftlich ausgeschlossen zu sein, immer größer, sodass der Drang, diese schmerzlichen Gefühle durch Essen zu kompensieren, zunimmt. Diesem Teufelskreis können wir nur entfliehen, indem wir die Angst aufdecken, die hinter unserem Verhalten steckt.

Es gibt eine Vielzahl an Themen, die wir vor Eintritt in unser nächstes verkörpertes Leben wählen, um uns durch sie zu erfahren. Wenn wir besonders mutig waren, haben wir uns auf der Astralebene bereiterklärt, uns in diesem Leben unseren Ängsten zu stellen und sie zu bearbeiten.

Sollten Sie mit Ängsten oder Angststörungen zu tun haben, machen Sie sich das Vorgenannte bitte klar und erkennen Sie, dass Ihre Ängste Sie nicht schwach und hilflos machen, sondern als Motor Ihrer Entwicklung und Ihres Bewusstwerdungsprozesses fungieren.

Wenn uns bewusst ist, dass jeder Mensch ein Teil einer Seele ist, der sich individuell erfahren will und spezielle Erfahrungsbereiche und Themen zu bearbeiten hat, verstehen wir auch, warum wir dieselben Themen durch viele Inkarnationen hindurch erleben und verarbeiten müssen. Sie können sich erst auflösen, wenn wir sie erkannt und verarbeitet haben. Erst dann sind wir in der Lage, anders mit den Gefühlen umzugehen, die in Verbindung mit diesen Themen in unserem Emotionalkörper abgespeichert sind. Eine Veränderung unseres Fühlens – und somit letztlich unseres Denkens und Verhaltens – bewirkt unweigerlich eine Veränderung unserer Resonanz, sodass wir nach dem Gesetz der Resonanz einmal verarbeitete Themen nicht mehr anziehen. Die Information wird durch den energetischen Ausgleich im Emotionalkörper gelöscht und dadurch nicht mehr in die nächste Inkarnation mit hineingenommen.

Durch die vielfältigen Möglichkeiten der Selbstreflektion mit Hilfe von Aufstellungs-, Rückführungs-, Hypnose- oder Trancearbeiten ist es heute leichter als je zuvor, an unsere abgekapselten Gefühle heranzukommen. Wenn wir gewillt sind, die schmerzlichen Erlebnisse, die unsere Blockaden erschaffen haben, noch einmal anzuschauen und loszulassen, können wir eine neue Grundlage für Freiheit und Gesundheit in unserem Leben schaffen.

Genau genommen können wir also erst vom „freien Willen" sprechen, wenn wir uns im Wesentlichen von allem gelöst haben, was unseren Willen unfrei macht. Bis wir so weit gediehen sind, ist unser Wille also nicht frei, sondern nur der willfährige Handlanger unserer Ängste, Muster und Prägungen, letztlich also unserer unerlösten, ungeklärten und unangenommenen Gefühle.

Auch wenn wir nicht immer einen „freien Willen" haben, verfügen wir jederzeit über die Entscheidungsfreiheit der Seele, denn wir haben immer die Wahl, uns dem Licht oder dem Schatten zuzuwenden, etwas zu tun oder zu lassen, etwas zu unterstützen oder zu boykottieren, uns zu- oder abzuwenden. Um diese Wahl haben zu können, muss es grundsätzlich zwei Pole geben, zwischen denen wir uns entscheiden müssen. Und gerade diese Polarität und unsere Entscheidungsfreiheit schaffen erst den Rahmen, in dem wir unsere Erfahrungen sammeln und uns seelisch entwickeln können.

☆☆☆

Das „Opfer-Täter-Spiel"

Wir alle erleben täglich Situationen, in denen wir in Beziehungen zu Menschen treten. Das können persönliche Beziehungen sein, zum Beispiel innerhalb unserer Partnerschaft oder Familie, oder auch weniger persönliche, zum Beispiel Beziehungen zu Nachbarn oder Kollegen. Wir interagieren oft auch mit Menschen, die wir nicht näher kennen, zum Beispiel solchen, die vor uns an der Kasse stehen, im Kino neben uns sitzen, oder auch mit dem Fahrer des Wagens, der neben uns fährt.

Mit all diesen Menschen ergeben sich zwangsläufig Situationen, in denen wir mit ihnen in irgendeiner Form in Kontakt treten. Nicht immer sind diese Kontakte frei von Konfliktpotenzial. Sei es, weil unser Nachbar die Hausordnung nicht einhält, ein Arbeitskollege schlecht über uns spricht, die Frau hinter uns an der Kasse drängelt, eine Mutter sich über unser Kind beschwert oder uns ein anderer Verkehrsteilnehmer mit seinem Auto schneidet.

In der Familie oder der Partnerschaft kommt es zwangsläufig durch die engen zwischenmenschlichen Beziehungen und die räumliche Nähe zu Reibereien und Auseinandersetzungen.

Und schon sind wir mitten im Opfer-Täter-Spiel. Seien wir ehrlich: Egal, was uns während dieser Begegnungen an Unangenehmem passiert, schuld sind eigentlich immer die anderen, also unsere Mitspieler. Das ist grundsätzlich erst einmal praktisch.

Auch unser Gehirn, das stets bemüht ist, Energie zu sparen, findet unser unbewusstes, immer wiederkehrendes Denkmuster äußerst effizient, weil energiesparend. Denn bei jedem bewussten Gedanken verbraucht unser Gehirn so viel Energie wie ein Muskel in Bewegung; jeder unbewusste Gedanke hingegen kostet wenig Kraft. Fällen wir also jedes Mal, wenn wir mit anderen Menschen in irgendeiner Form zu tun haben, gewohnheitsmäßig unser Urteil, dass wir an allem, was diese Situation an Schwierigkeiten mit sich gebracht hat, schuldlos sind, wird durch diese gleichartigen Gedanken in unserem Gehirn die „Datenautobahn der Schuldzuweisung" weiter ausgebaut. Und da das Gehirn bestrebt ist, jederzeit den schnellsten, energiesparenden Weg zu wählen, werden wir auch in allen kommenden Situationen immer wieder in derselben Weise reagieren und alle Schuld von uns weisen.

Opfer zu sein hat ja auch gewisse Vorteile: Wer nicht schuld ist, muss auch nichts ändern, weil sich schließlich zuerst einmal der andere verändern muss, der, der es falsch gemacht hat. Vielleicht ernten wir zudem auch noch das Mitleid unserer Mitmenschen.

Aber diese eingefahrene Denkweise hat einen entscheidenden Nachteil: Reflektieren wir uns und unser Verhalten nicht oder nicht ausreichend, können wir zu keinen neuen Erkenntnissen gelangen. Bleibt unser Denken und Handeln aber aufgrund mangelnder Selbstkritik unverändert, können wir die Hintergründe und Kausalitäten unserer Erfahrung nicht erkennen. Wir verhindern unser persönliches Wachstum und letztlich unsere eigene Entwicklung. Verweigern wir uns jedoch unserer seelischen Entwicklung, steuern wir mit unseren starren Verhaltensmustern langfristig erst auf Stagnation zu, dann auf Depression und letztendlich auf Krankheit. Genau das ist die „Karriere", die Menschen durchlaufen, die eine mangelnde Bereitschaft zur Veränderung im Allgemeinen, und im Speziellen zum eigenen Wachstum aufweisen.

Wenn wir aber jede Situation daraufhin untersuchen, was unser Anteil am Geschehen war, was wir hätten anders machen können, welche Motive wohl unser Gegenüber zu seinem Verhalten veranlasst haben und was wir beim nächsten Mal in einer ähnlichen Situation besser machen könnten, sind wir in einem sehr produktiven Prozess. Denn er ermöglicht es uns, jederzeit unser eigenes Verhalten zu optimieren, sodass wir unnötige Reibung im Außen vermeiden, dabei aber trotzdem klar unsere Position vertreten und uns abgrenzen können. Befreien wir uns durch unsere Bewusstheit von dem Täter-Opfer-Spiel, wird unser Verhalten anderen als Impuls dienen. Wir können zum Vorbild werden.

☆☆☆

Paradoxien

Wenn Sie sich den Knöchel verstaucht oder Zahnschmerzen haben, sind Sie in diesem Moment derjenige, der den Schmerz erfährt. Selbst der mitleidigste und empathischste Mensch, und wenn er Ihnen noch so nahesteht, kann Ihnen die Schmerzen nicht abnehmen. Das ist eine Erfahrung aus frühster Kindheit, die uns lehrt, dass wir allein und in unserem Körper „gefangen" sind. Vielleicht haben auch Sie schon einmal festgestellt, dass Sie sich allein im Wald geborgen, aber inmitten einer Menschenmenge alleingelassen fühlten. Vielleicht haben Sie erlebt, dass Sie trotz funktionierender Partnerschaft, eingebettet in den Schoß der Familie, von Einsamkeitsgefühlen heimgesucht wurden.

Obwohl wir das Gefühl der Einsamkeit und des Getrenntseins immer wieder spüren, wissen wir gleichzeitig, dass alles, seien es nun Materie, Gedanken oder Gefühle, aus Energie unterschiedlicher Schwingung und somit unterschiedlicher Dichte besteht und letztlich alles mit allem verbunden ist und ständig aufeinander einwirkt. Und dass wir Teil dieses Großen Ganzen sind, selbst durch unsere Eigenschwingung Einfluss nehmen und beeinflusst werden.

Genau darin liegt das Paradoxon: Wir sind grundsätzlich ALL-EIN, ohne jemals einsam zu sein, weil wir Teil des Großen Ganzen sind. Unsere Seelen sind, so lange wir auf der Erde leben, voneinander getrennt und dabei trotzdem auf das Engste miteinander verbunden. Dieses „Sowohl-als-Auch" ist nur für die Menschen verständlich, die diese Tatsache durchdrungen haben, indem sie ausreichend eigene Erfahrungen mit der Paradoxie gemacht und verarbeitet haben. Doch bis wir zu dieser Erkenntnis gereift sind, versuchen wir, diese Tatsache des Alleinseins – was nicht heißen muss, dass wir uns deswegen einsam fühlen – zu vergessen, indem wir eine feste Beziehung oder Ehe eingehen, eine Familie gründen, Freundschaften pflegen oder Mitglied in einem Verein werden. Doch dann kommt der Tag, an dem wir feststellen, dass wir das Leid, den Schmerz, die Trauer oder den Kummer, den wir erleben, zwar mitteilen, aber deswegen nicht an andere abgeben können, dass wir mit diesen Gefühlen zutiefst allein sind. Das ist der Scheidepunkt, an dem sich zeigt, wie gut unser Urvertrauen entwickelt ist: Ob wir uns einsam, verlassen oder gar gestraft vorkommen, oder ob wir es schaffen, uns auch in einer schwierigen oder leidvollen Situation behütet, geführt und mit etwas Größerem verbunden zu fühlen.

Erst wenn wir ohne Wenn und Aber akzeptiert haben, dass wir letztendlich alleine leben und auch alleine sterben werden, sind wir bereit für den „inneren Weg", der uns zum Urgrund unserer Existenz führt. Denn diesen Weg können wir nur alleine gehen, niemand kann uns begleiten. Zwar gibt es immer wieder Menschen und Situationen, die uns den Weg weisen, wenn wir nur bereit und ausreichend achtsam sind, die Zeichen zu erkennen, die uns begegnen. Allerdings neigen wir meistens dazu, die Zeichen zu ignorieren, uns wie die drei Affen zu verhalten, die glauben, wenn sie sich nur Augen, Mund und Ohren zuhalten, nicht wahrnehmen zu müssen, was tatsächlich ist.

Sind wir aber willens und in der Lage, unseren Weg nach innen anzutreten, passiert etwas ebenfalls Paradoxes: Je weiter wir uns der Welt mit all den uns umgebenden Menschen entziehen, zum Beispiel durch Meditation, schamanische oder astrale Reisen, Kontemplation oder einfach Zeiten der Stille und des Alleinseins, umso mehr verbinden wir uns mit der Geistigen Welt, fühlen uns geborgen, geleitet und beschützt. Wir spüren die Rückverbindung zu unserer geistigen Heimat, der wir ursprünglich entstammen. Der Satz „Lass los, und es füllet deine Hände“, passt auch in diesem Zusammenhang sehr gut. Je stiller es in uns wird, desto besser können wir unsere innere Stimme, die Stimme unserer Seele, vernehmen. Wir vertiefen den Zugang zu unserer Intuition und sind so in der Lage, Antworten auf die Fragen zu erhalten, die uns beschäftigen.

Eine weitere Paradoxie besteht darin, dass wir einerseits alle auf unserem Lebensweg stetig wachsen und vorankommen, es aber andererseits dafür keinen Bewertungsmaßstab gibt, der es uns erlaubt zu beurteilen, wie weit ein Mensch auf seinem Weg gediehen ist. Ein Vergleich ist unmöglich. Denn das Leben ist wie eine Wanderung: Am Anfang ist der Weg noch weit, aber wir sind im Besitz unserer vollen Kräfte, voller Motivation und Tatendrang. Doch je weiter wir gewandert sind, desto mehr schwinden unsere Kräfte, aber umso näher sind wir unserem eigentlichen Ziel. Und doch dürfen wir an keiner Stelle unseres Weges verharren, egal, wie weit das Ziel von uns entfernt ist. Denn zu jedem Zeitpunkt ist der Weg das Ziel. Wenn wir kurz vor dem Ziel aufgäben, nicht mehr bereit wären, den Rest unseres Weges zu gehen, dann könnten wir es nie erreichen, egal, wie nahe wir ihm bereits waren.

Hierzu ein Beispiel:

Eine junge Seele, die von den Themen Geld, Macht, Kontrolle und Materie bestimmt wird und das Thema „Gier“ bearbeitet, richtet ihre Gier auf materielle Güter. Eine alte Seele wird sich nicht mehr in Bezug auf die Materie mit dieser Angst vor Mangel auseinandersetzen müssen, sondern eher das Gefühl haben, dass es ihr an Zeit, Liebe, Freiheit usw. mangelt.

Eine junge Seele definiert ihren Selbstwert darüber, wie erfolgreich und angesehen sie in der Gesellschaft ist, eine alte Seele darüber, wie spirituell oder erleuchtet sie ist. Letztlich sind beide Definitionen grundsätzlich falsch, denn unser Selbstwert kann nur durch unsere Eigenliebe genährt werden, und diese ist, wenn sie wahrhaft ist, nicht von Äußerlichkeiten, welcher Art auch immer, abhängig.

Sind wir seelisch noch nicht so weit gereift, wird das Thema Hochmut als Arroganz ausgelebt; die erfahrene Seele wird das Thema als Angst vor dem Verletztwerden oder als spirituellen Hochmut zu bearbeiten haben.

Eine junge Seele, die von der Angst vor Stillstand zur Rastlosigkeit getrieben wird, ist häufig in Vereinen, Veranstaltungen, in der Politik oder bei sonstigen gesellschaftlichen Ereignissen anzutreffen. Die alte Seele hingegen, die von derselben Angst geplagt wird, findet man auf Seminaren, Workshops, Esoterikmessen, Friedensfestivals und ähnlichen Veranstaltungen. Sie ist damit möglicherweise genauso auf der Flucht vor der inneren Stimme und versucht sich abzulenken wie die junge Seele, die sich ins gesellschaftliche Leben stürzt.

Sie sehen, es sind nur verschiedene Ausprägungen der Themen, die in unterschiedlichen Seelenaltern gelebt und durchdrungen werden wollen, aber grundsätzlich ist die Basis dieselbe. Zudem vollzieht sich unsere seelische Entwicklung nicht linear, sodass wir auch als alte Seele noch leidvolle Erfahrungen machen und für andere erzeugen, wenn wir das in den von uns gelebten Inkarnationen bisher vermieden haben. Das erklärt, warum es niemandem zusteht, darüber zu urteilen, was besser oder wichtiger ist, wer weiter oder weniger weit auf seinem Weg gekommen ist. So lange wir auf dem Planeten Erde leben, haben wir noch etwas zu lernen. Sonst wären wir nicht mehr hier. Somit sind wir alle gleich viel wert. Diese wichtige Erkenntnis, hilft uns, unseren Hochmut oder unsere Minderwertigkeitsgefühle zu überwinden.

Paradox ist auch die Tatsache, dass wir etwas erst loslassen können, wenn wir es ganz verinnerlicht haben. So lange wir etwas nur mental verstanden haben, es aber noch nicht fühlen können, sucht unser Verstand permanent im Außen nach Bestätigung dessen, was er zu wissen meint. Dieses Bedürfnis nach Bestätigung führt dazu, dass wir Energie in Form von Aufmerksamkeit in die Angelegenheit investieren und sie somit nähren, statt uns von ihr zu befreien. Erst wenn dieses Thema bis tief in unser Gefühl gedrungen ist und wir fühlen können, was wir wissen, können wir einverstanden und widerstandslos sein, den Dingen ihren Lauf und die Angelegenheit loslassen.

Dazu ein Beispiel:

Angenommen, Sie wissen um die seelische Verbundenheit zu einem bestimmten Menschen. Ihnen ist bekannt, dass Sie sich über den Seelenplan miteinander verabredet haben, um sich gegenseitig Impulse zu geben oder Heilungsprozesse in Gang zu bringen. Sie sind sich bewusst, dass solche Verabredungen auf der Astralebene grundsätzlich nur zwischen zwei Seelenteilen getroffen werden, die sich in Liebe zugetan sind. Wenn nun genau dieser Mensch sich von Ihnen abwendet, empfinden Sie ein starkes, schmerzliches Trennungsgefühl, auch wenn Ihr Verstand um die untrennbare seelische Verbindung und die Liebe, die zwischen Ihnen fließt, weiß. Ihr Verstand ist nun bemüht, Sie zu einem Verhalten zu bewegen, das dazu führt, dass Sie eine mentale Bestätigung für Ihr Wissen erhalten, zum Beispiel, indem Sie der Person nachstellen und darauf drängen, in Kontakt zu bleiben. Die Reaktion des anderen wird höchstwahrscheinlich so ausfallen, dass Sie sich erst recht getrennt, lieblos behandelt und vielleicht sogar zurückgewiesen fühlen. Gelingt es Ihnen im Laufe der Zeit oder mit Hilfe innerer Arbeit, diese seelische Liebe wirklich zu spüren, vergeht Ihr Verlangen nach mentaler Bestätigung, und Sie sind einverstanden damit, dass die Situation zwischen Ihnen so ist, wie sie ist: äußerlich getrennt und doch seelisch verbunden. Auch das scheint paradox.

☆☆☆

Verschiedene Wege auf denselben Gipfel

Sicherlich ist Ihnen schon aufgefallen, dass die Möglichkeiten, sich in jedweder Weise esoterisch oder spirituell zu entfalten, so vielfältig sind wie nie zuvor. Allerdings muss man auch klar herausstellen, dass die Menge an purem Unsinn und Halbwahrheiten, die in diesem Zusammenhang großflächig über das Netz und die Printmedien verbreitet werden, ebenfalls nie größer war. So manches selbst ernannte Channelmedium hängt am „falschen Kanal". Unbestreitbar ist der Zugang zu den Informationen aus der Geistigen Welt über das Kronenchakra möglich, allerdings nur, wenn es ausreichend geöffnet und nicht verschmutzt ist.

Hellsichtige Menschen können klar erkennen, wie gut das Kronenchakra geöffnet und wie „sauber" der Kanal eines Mediums ist. Auch wenn es unattraktiv klingt: Bes-tenfalls eins von 100 Channelmedien ist überhaupt in der Lage, sein „Hohes Selbst" zu channeln, was immerhin schon eine übergeordnete Sicht der Dinge ermöglicht. Noch weniger Menschen sind in der Lage, über das Hohe Selbst hinaus noch tiefer in die Geistige Welt einzudringen, und so channeln die meisten aus den niederen Astralebenen Wesen, deren Bewusstsein nicht deutlich über oder sogar noch unter unserem Alltagsbewusstsein liegt. Oder sie erhalten Informationen aus anderen Ebenen unserer Galaxie, die mit der Erde faktisch nichts zu tun haben. Es ist also nicht so, dass diese niederfrequenten Medien keine Informationen abrufen könnten; die Frage ist eben nur, welche Qualität diese aufweisen. So wurden zum Beispiel großflächig mediale Aussagen verbreitet, die einige Menschen dazu veranlasst haben, am 21.12.2012 auf ein Ufo zu warten oder sich einen Bunker zu bauen...

Zweifellos gibt es medial veranlagte Menschen, deren Bewusstsein erweitert und deren Wahrnehmungsfähigkeit deutlich über der der meisten anderen Menschen liegt. Sie erhalten Informationen aus höheren Ebenen, die absolut wahr, logisch und der Menschheit durchaus nutzbringend sind. Dieser Zugang ist ihnen aber nur möglich, weil ihre Energiekörper sehr hochschwingend sind. Sie sind also weitestgehend von ihren niederfrequenten Mustern, Prägungen und karmischen Altlasten befreit und bereit, immer weiter an sich zu arbeiten, um diese hohe Schwingung zu halten. Zudem müssen sich alle ihre Chakren in gleichmäßig gut geöffnetem Zustand befinden. Ihr praktiziertes Urvertrauen weitet das Wurzelchakra, Hingabefähigkeit, Lebensfreude und das Vertrauen in Menschen öffnen ihnen das Sakralchakra, der gelebte Selbstausdruck und die weitestgehende Befreiung vom Ego lässt ihnen den Solarplexus aufgehen, die aktiv gelebten Herzqualitäten in Form von bedingungsloser Liebe, Mitgefühl und Eigenliebe wirken in ihrem Herzchakra, die klare emotionale und sachlich-fachliche Kommunikation weitet das Kehlkopfchakra, und der Zugang zur Intuition weitet ihr Stirnchakra. Ihr Kronenchakra öffnet sich durch die von unten nach oben ungehindert aufsteigenden Energien. Das wiederum ermöglicht ihnen den Zugang zur Akasha, der sogenannten „Weltenchronik".

Sämtliche, auf diesem Planeten verfügbaren Informationen, inklusive des Wissens um technische Erfindungen und medizinische Fortschritte, entspringen der Akasha. Die Akasha ist in Frequenzen aufgebaut, und ein Mensch kann umso tiefer in sie Einblick nehmen, je höher die Frequenz des eigenen Energiesystems ist. Der Zugang ist für die, deren Energiekörper aufgrund von Blockaden, Mustern und Prägungen auf niederschwingendem Niveau sind, nur begrenzt möglich; sie schaffen es nur bis in den „Keller". In diesem „Keller" halten sich Wesenheiten derselben Frequenz auf, die in Resonanz mit einem entsprechenden Channelmedium Halb- oder Unwahrheiten verkünden.

Ein Mensch mit Bewusstsein, dessen Energiekörper aufgrund seines energetischen Zustands bereits teilweise für hochschwingende Energien in Form von Liebe, Intuition (= Zugang zu altem Wissen) und geistiger Führung durchlässig ist, schafft es bereits bis in das „Erdgeschoss" der Akasha. Er kann schon „aus dem Fenster sehen", hat also schon einen gewissen Weitblick. Ein sehr bewusster, medial veranlagter oder gar erleuchteter Mensch hingegen kommt schon weit hinauf bis in die „oberen Stockwerke" und hat von dort einen anderen Überblick als der, der sich noch im Keller befindet. Er kann Zusammenhänge erkennen, die sich den anderen nicht erschließen, da es ihnen an „Weitblick" mangelt.

Der rapide technische Wandel im letzten Jahrhundert ist im Wesentlichen dadurch zustande gekommen, dass die Menschheit durch den Aufstieg und die damit einhergehende Frequenzerhöhung der Erde im Allgemeinen hochfrequenter geworden ist und dadurch entsprechende Details aus der Akasha freigesetzt wurden. Das erklärt auch, warum entscheidende Erfindungen, zum Beispiel die der Atombombe, zeitgleich von verschiedenen Forschern gemacht wurden, da diese über die gleiche Schwingung verfügten, die ihnen den Zugriff auf die technischen Details aus der Akasha ermöglichte.

Wie aber können wir auf unserem Weg nun erkennen, ob wir es bei unserem Guru oder Lehrer mit einer machtbesessenen, niederfrequenten Person oder mit einem weisen, hoch schwingenden Meister zu tun haben? Nachfolgend einige Kriterien, an denen Sie sich orientieren können:

Ein ungeeigneter Lehrer ist der, der seine Schüler in Abhängigkeit und Unselbstständigkeit hält. Energetisch gesehen, besitzen solche Menschen ein gut geöffnetes Stirnchakra (Drittes Auge), was davon zeugt, dass sie eine Vielzahl an spirituellen Erfahrungen in ihren vergangenen Inkarnationen gemacht haben, denn das Dritte Auge ist das einzige Chakra, das sich durch spirituelle Erfahrung weitet und sich – im Gegensatz zu allen anderen Chakren – durch unsere aktuelle Lebenssituation und Denkweise nicht wieder verkleinert. Das Kronenchakra, das den Zugang zur geistigen Führung ermöglicht, ist relativ klein, sodass ein manipulativ agierender Guru aus dem Ego und nicht aus der geistigen Führung heraus seine Schüler unterrichtet. Dementsprechend ist sein Solarplexus, der Auskunft über unsere Potenziale, aber auch über unsere egogesteuerten Machtgelüste und Bereitschaft zur Manipulation gibt, übermäßig vergrößert. Sein Ego ist nicht daran interessiert, dass seine Schüler zu Meistern werden, das würde Konkurrenz bedeuten. Nein, ein schlechter Lehrer oder Guru bindet seine Schüler so lange er kann an sich; er weiß und kann immer mehr als sie und sorgt dafür, dass sie nie Augenhöhe erreichen. Im Gegenteil, er bleibt immer unnahbar und unerreichbar. Häufig sind auch finanzielle Interessen mit im Spiel, sodass die Schüler in der Regel ihrem, sie in Abhängigkeit haltenden Guru mit Freuden einiges von ihrem Geld oder Besitz zukommen lassen. Falls dieser Lehrer auch noch direkte Energiearbeit an seinen Schülern vollzieht, zum Beispiel in Form von Reiki oder sonstigen Energieübertragungen, ist die Gefahr noch größer, einer Manipulation des eigenen Bewusstseins zum Opfer zu fallen. Gerade Spiritualisten, die so gerne glauben möchten, aber noch nicht die seelische Reife besitzen, wirklich zu wissen, sind gerne bereit, über Jahre und Jahrzehnte ihrem Meister bedingungs- und kritiklos zu folgen, immer in dem Glauben, dass nur der von ihm vorgegebene Weg der richtige ist.

Aber haben Sie schon einmal davon gehört, dass ein Lehrling fünfzehn Jahre in die Lehre geht, ohne selbst Meister geworden zu sein? Spiritualität ist praktisch und logisch, und einen Menschen in Abhängigkeit zu halten ist sicherlich ein Indiz dafür, dass wir es nicht mit einem Erleuchteten zu tun haben, sondern mit einem esoterischen Guru, der sich erneut in die Themen Geld, Macht, Kontrolle und Materie verstrickt hat. Ein Meister zeichnet sich dadurch aus, dass er seine Schüler auf dem schnellsten Weg zur Meisterschaft bringt und sie in die Welt entlässt, damit sie andere Menschen inspirieren und ihnen Impulse geben können. Außerdem sollte ein Meister so viel an seinen Schülern wie die Schüler von ihm lernen, denn nur so ist das Gesetz der Harmonie gewahrt.

Aber warum gibt es gerade heute diese Vielzahl an Möglichkeiten, zur Bewusstheit zu gelangen? Vielleicht fühlen gerade Sie sich von Yoga, Reiki, Tai Chi, Qi Gong, asiatischer Kampfkunst, Kontemplation, Zen, Magie oder Schamanismus angezogen oder gehen sogar einen der vorgenannten Wege. Vielleicht machen Sie Astralreisen, nehmen an Aufstellungsarbeiten, zum Beispiel in Form einer Familienaufstellung, teil, lassen sich zurückführen oder suchen einen Heiler auf, um so an Themen zu gelangen, die lange in Ihrem Unterbewusstsein verborgen waren. Möglicherweise gehen Sie aber auch einen anderen Weg, indem Sie sich einer kirchlichen Vereinigung oder einer Sekte zugehörig fühlen und dort ihr Heil suchen.

Tatsächlich ist es so, dass in der Zeit des Aufstiegs, die von uns verlangt, möglichst alle niederfrequenten Anteile unseres Energiekörpers loszulassen, sich jeder noch einmal mit der Thematik auseinandersetzen muss, die in seinem Emotional- oder

Mentalkörper in Form einer besonders guten oder schlechten Erfahrung gespeichert ist. Haben wir zum Beispiel in vorangegangenen Inkarnationen schlechte Erfahrungen mit Magie gemacht, weil wir sie manipulativ oder destruktiv gegen unsere Mitmenschen eingesetzt haben, wollen wir in diesem Leben noch einmal zum Wohl aller damit arbeiten, damit sich die gespeicherten negativen, niederfrequenten Informationen durch die positiven neutralisieren. Die Erfahrung gilt somit als abgeschlossen und löst sich aus dem Energiekörper. Oder aber wir haben einst besonders gute Erfahrungen gemacht, zum Beispiel mit dem Zen-Buddhismus, und wenden uns in diesem Leben der Lehre des Zen wieder zu, um über unsere Intuition an die bereits in unserem System gespeicherte alte Kraft ankoppeln und diese zu unserem Wohl nutzen zu können.

Es gibt hier also kein Richtig oder Falsch, Gut oder Schlecht. Je nach Seelenalter streben wir auf unserem Weg Führung durch andere Menschen oder auch Eigenverantwortung und geistige Führung an. Alle diese verschiedenen Wege, die wir gehen, ermöglichen es uns, eine Vielzahl individueller Erfahrungen zu machen, sodass sich auch diese, genau betrachtet, in der Wertigkeit nicht von jeder anderen zu machenden Erfahrung unterscheiden. Letztlich gehen wir alle auf verschiedenen Wegen zum selben Gipfel, und jeder Seelenteil wird ihn früher oder später erreichen.

☆☆☆

Spirituelle Arroganz

Auf dieses Thema möchte ich an dieser Stelle ausführlich eingehen, weil spirituelle Arroganz ein Thema ist, das gerade die alten Seelen fast ausnahmslos zu bearbeiten haben.

Alte Seelen verfügen aufgrund einer Vielzahl von Inkarnationen, in denen sie von der Babyseele zur alten Seele gereift sind, über einen großen Erfahrungsschatz. Sie haben sich als Opfer und Täter erlebt und auf meistens schmerzliche Weise alle in diesem Zusammenhang zu machenden Erfahrungen gesammelt. Auf Grundlage dieses Wissens verfügen sie heute über Moral, Ethik, Anstand und Empathie; menschliche Eigenschaften, die durch Erziehung und Gesellschaft geschliffen, aber nicht primär durch sie erschaffen beziehungsweise anerzogen werden konnten. In vielen Leben haben sie sooft Ursachen erzeugt und deren Wirkung am eigenen Leib erlebt und erlitten, dass sie in diesem Leben kausale Zusammenhänge, vor allem in Bezug auf ihr eigenes Denken und Handeln, klar erkennen können. So verfügen alte Seelen zum Beispiel über ein ausgeprägtes Gerechtigkeitsempfinden; sie haben ja die Verstrickungen der jungen Seele mit den Themen Geld, Macht, Kontrolle und Schuld bereits durchdrungen und erkannt, dass sie alleine nicht die Grundlage für Glück und Zufriedenheit im Leben eines Menschen bilden.

Ein Seelenteil in einem menschlichen Körper entwickelt sich in Jahrtausenden und häutet sich nicht wie eine Schlange. Wir sollten uns deshalb immer wieder vor Augen führen, dass unser heutiges Wissen, unsere Weitsicht, unsere Liebesfähigkeit, unsere Empathiefähigkeit und vielleicht sogar unsere Weisheit nur in uns heranreifen konnten, weil wir uns in vergangenen Inkarnationen schuldig gemacht, Verrat geübt, Hass gesät, Menschen gequält und ermordet und die Erde und ihre Bewohner geschändet haben. Wir haben das mit demselben Mangel an Bewusstheit, der Überzeugung von der Richtigkeit unserer Handlungen und der gleichen Verhaftung an unser Ego getan, von der auch die derzeit inkarnierten jungen Seelen getrieben sind. Und wir haben es getan, weil wir uns auf dem Übungsplaneten erfahren wollten, letztlich also, um unserer Inkarnation einen Sinn zu verleihen. Wir sollten uns also davor hüten, uns über die zu erheben und zu urteilen, die für ihre Verkörperung die Bearbeitung der Themen geplant haben, die wir bereits abgeschlossen und verarbeitet haben.

Egal, wie weit seelisch gereift und bewusst wir sind, auch wir sind Teil des Großen Ganzen und machen uns jederzeit schuldig: Mit jedem Salatkopf, der – was wissenschaftlich bewiesen wurde – leidet, wenn er von uns geerntet wird (wenn man die Frequenz, die er erzeugt, wenn er abgeschnitten wird, nach oben transponiert, kann man seine Schreie hörbar machen), mit jedem Käfer, den wir bei einem Spaziergang zertreten, mit jedem Liter Benzin, den wir verfahren, mit jedem Kleidungsstück, das mehr tut, als uns vor Sonne und Kälte zu schützen. Wir machen uns schuldig, indem wir lügen, nur die halbe Wahrheit sagen oder diese ganz verschweigen, indem wir JA sagen, wenn wir NEIN meinen, indem wir wegsehen statt einzugreifen, lieblos sind oder Menschen zurückweisen. Die Liste ließe sich endlos fortsetzen, selbst wenn wir im Bioladen einkaufen, Ökotextilien tragen, nicht mit dem Auto fahren und Nächstenliebe praktizieren. Wir leben in der Dualität, in der Polarität, und keiner von uns kann sich dem entziehen. Jeder hat das Recht darauf, sich auf diesem Planeten zu erfahren, so, wie auch wir uns erfahren haben, und all das, was wir heute vorfinden, ist nicht zuletzt auch Produkt unserer eigenen, vorangegangenen Inkarnationen, in denen wir unsere Gedanken materialisiert haben.

Grundsätzlich hat sich in den Jahrtausenden menschlicher Existenz immer nur die Form geändert, nie der Inhalt. Spionage, Kriege, Missbrauch, Gewalt, Folter und Willkür und auch alles andere gab es bereits lange vor Christus, und es gibt das alles noch heute, nur die Form hat sich verändert. Die Welt war zu keiner Zeit besser oder schlechter als zu einem anderen Zeitpunkt; sie war schon immer 100 Prozent Erfahrung und repräsentierte von jeher den Erfahrungspielraum für die Menschen, der zwischen null und 100 Prozent liegt.

Wir sollten nie vergessen, dass die Polarität den „Strom" unseres Lebens ausmacht, und dass es von Anbeginn an das Gute, das Schlechte und alles dazwischen gegeben hat und immer geben wird. Auch das Göttliche, Lichtvolle, hat einen dunklen Gegenspieler, denn nur so können wir das Licht wahrnehmen. Inwieweit wir den niedrigen Frequenzen Resonanz bieten, hängt alleine von unserer Bewusstheit, unserem Denken, Fühlen und Handeln ab.

Ich bin davon überzeugt, dass unser Ego mit jedem destruktiven, aggressiven Gedanken dunkle Kräfte nährt, die verständlicherweise sehr daran interessiert sind, dass sich daran nichts ändert. Aber wir brauchen die Schattenseite weder zu fürchten noch zu leugnen – weder die des Universums noch die unserer eigenen Existenz –, sondern müssen lernen, sie als Teil des Ganzen, das es zu erfahren gilt, zu akzeptieren, ohne über sie zu urteilen oder uns über sie zu erheben. Das Einzige, was wir tun können und sollten, um die Welt besser zu machen, ist, an uns zu arbeiten, unsere Schwingung zu erhöhen, indem wir uns von niederfrequenten Anteilen unserer Persönlichkeit in Form von Mustern, Ängsten, Prägungen und karmischen Altlasten befreien und dadurch unsere Resonanz verändern und unser Bewusstsein erweitern.

Liebe

Die Liebe beinhaltet ein enormes Reibungs- und somit Wachstumspotenzial. Sie offenbart uns das Wesen der Polarität wie kaum ein anderes Thema, denn der Liebe kann sich kein Mensch entziehen. Wir können sie nicht erzwingen, nicht verhindern, unterdrücken oder verdrängen. Sie wirkt auf uns wie die Gravitationskraft; es gibt keine Möglichkeit, sie abzuschirmen.

Liebe hat ihre eigenen Gesetze. Egal, ob wir Lieblosigkeit erleiden müssen oder glückselig auf Wolke 7 schweben, die Liebe ist eine der wenigen Kräfte, die es vermögen, unsere Ketten und Begrenzungen zu sprengen und unser Leben auf den Kopf zu stellen. Sie drängt unseren Verstand so weit ins Abseits, dass wir bereit sind, irrational neue Erfahrungen zuzulassen, die allerschönsten und die schrecklichsten.

Zu lieben zeigt uns, wie sehr wir mit unserem Körper verbunden sind. Wir erleben uns als sensibel und feinsinnig, wenn wir in Berührung und Sexualität aufgehen. Aber wir spüren auch, wie verletzlich wir sind, wenn wir gegen unseren Willen körperlich missbraucht werden. Zudem weiß jeder, der schon einmal Liebeskummer hatte, dass es keine bessere Diät gibt, weil dem unglücklich Verliebten der Hunger plötzlich „zugunsten einer sich in seinem Solarplexus drehenden Waschmaschine“ abhanden gekommen zu sein scheint.

Sich mit der Liebe eingehend zu befassen zählt zu den elementaren Lebensthemen jeder alten Seele, die danach strebt, sich selbst lieben zu lernen und ihr eigentliches Wesen zu erkennen. Nur auf dieser Grundlage kann sie zu wahrer Erkenntnis und somit zu einem Weltbild gelangen, in dem sie sich als Teil eines größeren Ganzen erkennt.

Liebe und Ego

Das Gesetz der Liebe lautet: „Die Liebe ist das Grundgesetz der einen Kraft, die wir Gott nennen. Wenn man gelernt hat zu lieben und das mit Weisheit verbindet, das heißt, bewusst zu lieben, dann ist man vollkommen.“

(Kurt Tepperwein)

„Ich liebe es“, heißt es in der Werbung einer weltweit führenden Fast-Food-Kette. Ist das Liebe? Die Liebe, nach der wir uns alle sehnen? Kann sie durch den Verzehr von Hamburgern mit Pommes und Cola gestillt werden? Wohl kaum. Oder: Schön wär´s! Denn dann wären wir sehr schnell fertig mit der Bearbeitung des elementarsten zentralen Themas in unserem Leben. Denn bedingungslos – also vom Ego befreit – lieben zu lernen, ist das eigentliche und gleichzeitig das am schwersten zu erreichende Entwicklungsziel unserer gesamten irdischen Existenz. Zu lieben stellt die größte Herausforderung für unser seelisches Wachstum dar, wobei es ein entscheidender Unterschied ist, ob wir mit offenem Herzen oder aus unserem Ego heraus einen Menschen lieben.

Liebe! Nichts gibt uns so viel Kraft und macht uns gleichzeitig so verletzlich. Nichts macht uns glücklicher und birgt gleichzeitig das Potenzial tiefster Qualen in sich. Nichts macht uns freier und gleichzeitig zu abhängigen Sklaven. Nichts schenkt uns mehr Mut und lässt uns gleichzeitig angstvoll erstarren. Nichts schenkt uns mehr Lebensfreude und lässt uns gleichzeitig an Selbstmord denken. Nichts lässt unser inneres Licht heller leuchten und gleichzeitig unsere dunkelsten Schatten klarer hervortreten. Und nichts wird sooft mit dem Ego verwechselt wie die Liebe.

Aber was ist denn nun eigentlich Liebe? Liebe ist die dem Menschen innewohnende, tiefe Sehnsucht nach Vollkommenheit. Nach der ungetrennten Einheit, dem Einssein. Liebe ist der Wunsch in uns, das Gefühl von Angenommen-Sein, von Zusammengehörigkeit, von Wertschätzung und Wärme zu erleben. Liebe ist Freude, Harmonie, Glückseligkeit, Leichtigkeit und Vertrautheit. Und Liebe ist existenziell. Ohne Liebe können wir nicht leben.

Um sich der Antwort auf die Frage zu nähern, was Liebe nun eigentlich ist, scheint es hilfreich, die Gegenfrage zu stellen, nämlich was Liebe nicht ist.

Nehmen wir an, Sie sind glücklich verliebt. Bitte machen Sie sich klar, was genau dazu führt, dass Sie gerade von diesem Menschen, in den Sie sich verliebt haben, immer geträumt haben. Was hat er oder tut sie, dass in Ihnen das Gefühl von Verliebt-Sein entsteht?

Imponiert Ihnen, dass Ihr Traumprinz einen guten Job, reichlich Geld, ein tolles Haus oder einen Sportwagen besitzt? Was „lieben“ Sie daran? Springt Ihr Sakralchakra mit den Themen Genussfähigkeit und Lebensfreude an, weil die Aussicht besteht, dass Sie nun ein großes Haus bewohnen und Sportwagen fahren können? Oder wird Ihr materielles Sicherheitsbedürfnis befriedigt, das mangels Urvertrauen bei Ihnen sehr ausgeprägt ist? Baut sich Ihr Ego an dem Gedanken auf, dank der Statussymbole nun endlich zur gesellschaftlichen Oberschicht zu zählen?

Vielleicht fühlen Sie sich ja auch magisch von dem hübschen Gesicht oder der tollen Figur Ihrer Freundin angezogen.

Was „lieben“ Sie daran? Dass andere Männer Sie beneiden und im Stillen davon ausgehen, dass Sie ein „toller Hecht“ sein müssen, wenn Sie es schaffen, sich so eine hübsche Frau zu angeln? Bläht sich bei diesen Gedanken Ihr Ego auf, weil gerade Sie die begehrte „Trophäe“ gewonnen haben? Oder interpretieren Sie in die „Kurven“ des Objekts Ihrer Begierde vielleicht weibliche Eigenschaften, die für Sie angenehm wären?

Möglicherweise fühlen Sie sich auch einfach in der Gegenwart Ihres Partners sehr wohl. Was „lieben“ Sie daran? Dass Sie von Ihrem Partner für Ihren Erfolg oder Ihr Geld bewundert werden, er Sie für Ihr gutes Aussehen lobt und Ihnen das Gefühl vermittelt, begehrenswert zu sein? Oder gibt er Ihnen das Gefühl, beschützt und behütet, befreit von Sorgen und Ängsten zu sein? Nimmt er Ihnen vielleicht alle Entscheidungen ab, sodass Sie keine Verantwortung mehr übernehmen müssen? Möchten Sie nur Zeit mit dem anderen verbringen, um sich dabei selbst gut zu fühlen? Auch in diesen Fällen ist mehr das Ego über den Verstand mit sich selbst, als das Herz über das Gefühl mit der Liebe beschäftigt.

Erhoffen Sie sich, wenn Sie an den Partner Ihrer Träume denken, dass dieser Sie glücklich macht, Ihren Hunger nach Liebe stillt, Sie auf Händen trägt? Wenn Sie diese Fragen mit „Ja“ beantworten, muss ich Ihnen sagen, dass Sie sich – wie wir alle schon sooft – leider wieder mit dem Ego verstrickt haben. Wenn wir einem Menschen gegenüber Erwartungen, Wünsche und Hoffnungen hegen, sind das eindeutige Indizien dafür, dass noch nicht bedingungslose Liebe aus unserem Herzen fließt. Die Grundlage dieser Liebe beruht mehr auf einer Art Handel: „Ich tue alles für dich, und du tust alles für mich, damit es uns zusammen besser geht, als wenn jeder alleine wäre.“

Im Laufe der Zeit werden – meistens ohne klare Absprachen und doch im beiderseitigen Einvernehmen – „Stillhalte-Abkommen" getroffen, die so oder ähnlich lauten: „Wenn du nicht alleine weggehst oder verreist, dann bleibe ich auch zu Hause. Wenn du anderen nicht hinterherschaust, dann tue ich das auch nicht. Wenn du deine Freunde vergisst, dann vergesse ich auch meine. Wenn du deine Bedürfnisse leugnest, dann ignoriere ich meine auch." Diese Abkommen scheinen Ruhe und Stabilität in eine Beziehung zu bringen. Sie führen aber unweigerlich dazu, dass wir uns gegenseitig die Freiheit beschneiden, uns um Lebensfreude, Spontanität und die Inspiration durch andere Menschen bringen. Wir bemühen uns um des lieben Friedens willen, innerhalb der Beziehung unsere eigenen Bedürfnisse zu vergessen und den Erwartungen unseres Gegenübers zu entsprechen – in der Hoffnung, dass dieser uns treu verbunden bleibt und sich niemand anderem zuwendet. Mangel an Selbstwert und Eigenliebe verstärken unser Verhalten.

Auch wenn wir unserem Partner sicherlich das Beste wünschen, zum Beispiel dass er beruflich erfolgreich ist oder gesund bleibt, steckt bei näherem Hinsehen meistens klar unser eigenes Bedürfnis dahinter, durch möglichst wenig Probleme von außen belastet zu werden und unsere eigene Existenz zu sichern. Unser Ego drängt sich in den Vordergrund, und unser Wunsch, dass das eintreten möge, was dem anderen guttut, tritt in den Hintergrund. Unser Ego wirft einen Schatten auf unsere Liebe.

Wenn wir bemerken, dass es uns Kraft kostet, wenn wir an unseren Liebsten oder die Liebste denken, wenn wir Wut, Trauer, Angst oder Widerstand spüren, sind wir garantiert unserem Ego auf den Leim gegangen. Lieben wir aus dem Ego heraus, gegen unsere inneren Widerstände, sind wir nicht über das Herz an die kosmische, unerschöpfliche Liebe angeschlossen, sondern müssen die Liebe aus unserem System nehmen, um sie einem Menschen geben zu können. Wenn dieses System aber aufgrund unseres geringen Selbstwerts, ausgeprägter Autoaggressionen oder einer schwierigen Lebenssituation nicht gut genährt ist, geht uns bald die Kraft aus, unser Gegenüber wirklich lieben zu können. Denn einen Menschen zu lieben heißt, sich intensiv mit ihm zu befassen.

Oft gibt es innerhalb von Beziehungen Differenzen und Streitigkeiten aufgrund äußerer Umstände oder existentieller Probleme. Nur wenn zwei Menschen es verstehen, sich auch in schwierigen Zeiten wirklich zu lieben, kann eine Beziehung langfristig Bestand haben. Durch das gemeinsame Erleben, Erfahren und Durchstehen wird diese Verbindung wachsen und reifen. Reicht unsere Liebe nicht aus, weil wir selbst nicht genug haben, um sie mit dem Menschen, der uns doch so wichtig ist, teilen zu können, ist die Beziehung schnell ruiniert. Was dann bleibt, ist ein für beide Seiten schmerzhafter Prozess.

Wir können uns erst als wirklich Liebende bezeichnen, wenn wir fähig sind, einen Menschen bedingungslos zu lieben. Bedingungslose Liebe wird von der kosmischen Liebe gespeist und kann ohne jeden Energieverlust großzügig von uns verströmt werden, ohne dass wir je Mangel erleiden müssten. Bedingungslose Liebe erwartet nichts, sie erhofft sich keine Beachtung oder Erwiderung, sie wünscht sich keine Geschenke, Versprechen oder Veränderungen. Bedingungslose Liebe verschenken wir an die Menschen, deren Seele wir lieben, weil wir gar nicht anders können, als uns zu der Verbundenheit und der Vertrautheit, die wir diesen Menschen gegenüber empfinden, zu bekennen. Wir müssen diese Liebe fließen lassen, sonst würde sich etwas in uns stauen. Wir könnten quasi daran ersticken oder müssten viel Energie aufwenden, um sie nicht strömen zu lassen.

Bedingungslose Liebe lässt unserem Gegenüber Freiraum für Wachstum und eigene Erfahrungen. Sie ist frei von Eifersucht und hat keine Angst, etwas zu verpassen. Sie forciert und verhindert nicht. Diese Liebesenergie nährt und unterstützt den Menschen, den wir lieben, in seinen Wachstumsprozessen, ohne sie beeinflussen zu wollen. Liebevolle, hoch schwingende Gedanken nähren positive Elementale, also Energiefelder, die danach trachten, sich selbst zu erfüllen, sodass wir für den geliebten Menschen eine Art „Kraftreserve“ anlegen, aus der ihm jederzeit Energie zufließt. Ungeachtet dessen, wie viel Zeit und Energie wir in diese Liebe investieren, bleiben wir immer in unserer Mitte und haben nie das Gefühl, uns zu verausgaben.

Ganz gleich, ob wir unsere/n Partner/in, die Eltern, unser Kind, unsere Freunde oder einen Seelenverwandten lieben, ob diese Person uns nahe oder weit entfernt ist, ob aktuell ein Kontakt besteht oder nicht: Entscheidend ist immer, dass unsere Liebe und Hingabe von der kosmischen, unerschöpflichen Liebe genährt und als Geschenk an die Seele desjenigen gegeben wird, den wir lieben. Denn mit jedem liebevollen, energetisch hoch schwingenden Gedanken tragen wir dazu bei, die Liebe in die Welt zu tragen und sie damit ein Stück besser zu machen. Wir beschenken und bereichern das Energiesystem des von uns geliebten Menschen mit der stärksten Kraft, die es auf unserer Erde gibt: mit bedingungsloser Liebe. Nebenbei fließt diese Energie auch noch in das Morphogenetische Feld und energetisiert es positiv.

Auch wenn wir es hier und heute noch nicht schaffen, unser Ego auf den ihm gebührenden Platz in der zweiten Reihe zu verweisen, können wir uns doch immer darum bemühen, unsere Bewusstheit zu stärken, unsere Präsenz im Hier und Jetzt zu erhöhen, um bedingungslos lieben zu lernen.

Die bedingungslose Liebe stellt eine der größten Herausforderungen an unsere seelische Entwicklung dar. Sie zu erlernen geht meistens mit Schmerzen einher. Denn wie jede wahre Kunst muss sie von uns immer wieder geübt werden, so lange, bis sie uns ohne jeden Widerstand, befreit vom Ego, aus dem Herzen fließt. Wir sollten dabei nicht vergessen, dass wir zum Lernen Erfüllungsgehilfen brauchen, an denen wir üben können. Also Menschen, die uns sehr nahe stehen, denen wir uns aus tiefstem Herzen und auch seelisch verbunden fühlen, die aber trotzdem unseren Vorstellungen, Wünschen, Erwartungen so gar nicht entsprechen. Gerade an ihnen können wir am ehesten die hohe Kunst der bedingungslosen Liebe erlernen, denn durch unsere seelische Verbundenheit mit ihnen entziehen wir uns dieser schwierigen Lernaufgabe nicht.

☆☆

Liebe und Freiheit

Liebe und Freiheit scheinen sich gegenseitig auszuschließen. Wenn wir lieben, „hängen" wir, wie es so schön heißt, an Menschen, zum Beispiel an unserem Partner oder unseren Kindern. Dabei sind wir erst in der Lage, wirklich zu lieben, wenn wir die beiden scheinbar gegensätzlichen Pole Liebe und Freiheit miteinander vereint haben.

Einen Menschen zu lieben scheint uns erst einmal unfrei zu machen. Wir machen uns emotional abhängig von der Liebe, der Wertschätzung und der Aufmerksamkeit des von uns geliebten Menschen. Vielleicht zweifeln wir auch an der Treue unseres Gegenübers und leiden unter unserer Eifersucht. Wir sorgen uns um Leben und Gesundheit der Person, die wir lieben. Wir richten Erwartungen an sie und versuchen, den an uns gestellten Erwartungen zu entsprechen.

Wenn wir glauben, um unserer selbst willen nicht liebenswert zu sein, geben wir unsere Wünsche und Bedürfnisse auf und „dienen“ unserer großen Liebe, um es zu „verdienen“, geliebt zu werden. Möglicherweise wird die Beziehung auch durch gemeinsame finanzielle oder familiäre Verpflichtungen belastet. All das macht uns unfrei.

Aber auf Grundlage dieses Verhaltens und der entsprechenden Umstände werden nicht nur wir selbst unfrei, sondern wir beschneiden auch die Freiheit desjenigen, dem wir unsere Liebe „schenken“. So ähnlich wie bei einem Handy-Vertrag, bei dem man das Handy kostenlos bekommt, wenn man sich im Gegenzug verpflichtet, für viele Monate einen Vertrag einzugehen und eine bestimmte monatliche Summe zu bezahlen.

Die Eifersucht, ein Kind unserer Verlustangst, versuchen wir zu kompensieren, indem wir den geliebten Menschen permanent bemuttern und kontrollieren, ihn organisieren und verplanen. Unsere Zweifel und das daraus wachsende Misstrauen verstärken dieses Verhalten und stören empfindlich das in einer Beziehung notwendige Vertrauensverhältnis. Unsere Sorge um Leben und Gesundheit führt dazu, dass wir dem von uns geliebten Menschen die Eigenverantwortung absprechen oder abnehmen, indem wir ihm Vorschriften machen und predigen, was dieser besser tun oder lassen sollte.

Durch unsere Bereitschaft zur Selbstaufgabe – eine Haltung, die in unseren Minderwertigkeitsgefühlen gründet – und unser dienendes Verhalten empfindet uns unser Partner einerseits als sehr „praktisch und angenehm“, andererseits aber, langfristig gesehen, gleichzeitig als unattraktiv. Wir mutieren zum Fußabstreifer im Flur, auf dem man sich gerne mal die Füße abwischt, für den man aber nichts mehr tun muss, damit er bleibt. Mit unserem demütigen Verhalten erzeugen wir als Synergieeffekt subtil Schuldgefühle beim anderen, die ihn zwingen, uns zu umsorgen, zu beschützen und zu pflegen, wenn wir aufgrund mangelnder Eigenverantwortung die unausweichlichen Konsequenzen auf körperlicher Ebene in Form von Krankheiten ertragen müssen.

So werden wir für den Menschen, den wir doch so sehr lieben, zur Belastung. Finanzielle, familiäre oder berufliche Verpflichtungen nehmen der Liebe dann noch den letzten Rest Freiheit.

Vorgenanntes scheint zwangsläufig und unausweichlich zu sein, aber es geht auch anders.

Seien Sie es sich wert, dass es Ihnen gut gehen darf. Innerhalb und außerhalb Ihrer Beziehung. Sorgen Sie selbst für Lebensfreude und Ihre Lebensqualität und erwarten Sie nicht von Ihrem Partner, dass er für Ihr Glück verantwortlich ist. So bleiben Sie attraktiv, begehrenswert und gesund, was wiederum die beste Vorsorge ist, um den geliebten Menschen nicht in die Arme eines/einer anderen zu treiben. Verteidigen Sie Ihre Freiheit, indem Sie das, was Sie tun möchten, auch dann tun, wenn es Ihrem Partner nicht gefällt, sofern es nicht rein egozentrische Motive sind, von denen Sie gelenkt werden. Wenn Sie Ihrem Partner durch Ihr Verhalten ernsthaft Schaden zufügen, emotional oder materiell, sollten Sie Ihr Verhalten natürlich überdenken. Bleiben Sie dafür in Kommunikation über Ihre Gefühle, Wünsche und Bedürfnisse.

Machen Sie sich <u>nicht</u> abhängig von Ihrer großen Liebe. Genießen Sie die gemeinsame Zeit, die Zuwendung und die Aufmerksamkeit. Aber bleiben Sie sich treu, indem Sie sich nicht aufgeben, sondern sich selbst nähren. Übernehmen Sie Eigenverantwortung für Ihre Gesundheit, indem Sie sich den Themen stellen, die Sie zu bearbeiten haben. Ermöglichen Sie Ihrem Partner so, in Ihrem „Windschatten" seine eigenen Prozesse zu durchleben, ohne ihn ständig zu zwangsmissionieren. Seien Sie ein gutes Beispiel in Sachen Genussfähigkeit und Lebensfreude, und genießen Sie es, wenn Ihr Partner zu ähnlichen Gefühlsregungen in der Lage ist. Lieben Sie sich und Ihren Körper, artikulieren Sie sich klar und respektvoll, und leben Sie so eine erfüllende Sexualität.

Echte Liebe führt uns also geradezu in die Freiheit, denn sie macht uns

- frei von Erwartungen,
- frei von Hoffnungen,
- frei von Wünschen,
- frei von emotionaler Abhängigkeit

und schenkt uns die Freiheit und das Glück, uns und einen anderen Menschen so zu lieben und anzunehmen, wie er ist.

☆☆

Liebe annehmen

Nicht umsonst gilt „Mut" als eine Eigenschaft, die dem Herzchakra zugeordnet wird. Wir brauchen Mut, um unser Herz zu öffnen, denn ein offenes Herz macht verletzlich. Aber nur wenn wir mutig sind und in Kauf nehmen, vielleicht ein weiteres Mal verletzt zu werden, können wir wirklich lieben und Liebe annehmen.

Liebe anzunehmen ist gar nicht so leicht. Es gibt verschiedene Gründe, warum wir uns so schwer damit tun. Haben wir eine ausgeprägte Minderwertigkeitsthematik, sind wir es uns nicht wert, Liebe empfangen zu dürfen und können uns aufgrund unseres mangelnden Selbstwerts auch nicht vorstellen, dass es einen Menschen auf dieser Welt gibt, der uns so mag, wie wir sind. Vielleicht sind wir auch der Überzeugung, dass uns ein Mensch, wenn er uns erst einmal wirklich kennt und weiß, wie wir denken und fühlen, auf keinen Fall mehr lieben kann, und tun so alles, damit wir für andere ein unfassbares, unberechenbares Mysterium bleiben.

Auch die Angst vor Verletzungen hindert uns daran, Liebe, die uns von anderen Menschen geschenkt wird, anzunehmen. Denn um Liebe empfangen zu können, müssen wir unser Herz öffnen, was uns einerseits nährt und bereichert, andererseits aber verletzlich macht. Ist diese Angst sehr stark entwickelt, werden wir unser Herz verschlossen halten und uns nicht der Liebe hingeben können, denn wir befürchten, dass unsere Liebe einseitig ist, wir uns Illusionen machen und der, den wir von Herzen lieben, nicht im gleichen Maß Gefühle für uns hegt, sodass wir letztlich erneut eine schmerzliche emotionale Erfahrung machen müssen. Wurden derartige Erfahrungen bereits gemacht, ist die Bereitschaft, auf die Liebe zu verzichten, höher als die Bereitschaft, sich der Angst zu stellen und eine neue oder auch gleichartige Erfahrung zu machen.

Menschen, deren Emotional- und Mentalkörper nicht ausreichend in Verbindung stehen, tun sich ebenfalls schwer, Liebe anzunehmen. Der Mentalkörper verbindet womöglich, je nach Kindheitsprägung, mit „Geliebt-Werden", der persönlichen Freiheit beraubt und manipuliert zu werden, oder den Erwartungen anderer entsprechen zu müssen, und der Emotionalkörper assoziiert mit „Lieben“, schwach, ausgeliefert und abhängig zu sein und die Kontrolle zu verlieren.

Im Hintergrund spielt auch noch die Angst vor Veränderungen eine Rolle, denn einen Menschen lieben heißt ja, sich ihm zu öffnen und sich auf ihn einzulassen. Egal, auf welcher Ebene Liebe erfahren wird, innerhalb einer Beziehung, zwischen Eltern und Kindern oder zwischen Freunden, hat sie unweigerlich Auswirkungen auf uns und unsere Realität. Fürchten wir Veränderungen, wenn wir uns darauf einlassen, geliebt zu werden, tun wir alles, um uns dieser Liebe zu entziehen.

Da wir aber in ständigem Austausch mit allen Menschen stehen, hat unser angstvolles Verhalten natürlich auch Auswirkungen auf denjenigen, der uns seine Liebe schenkt. Energetisch gesehen erreicht die Liebe des Absenders nicht den Empfänger und kommt zu ihm zurück (siehe „Mit dem Herzen denken“, Seite 121). Wenn es seinem Thema entspricht, wird er unser abweisendes Verhalten persönlich nehmen und es als Zurückweisung interpretieren, vielleicht aktiviert es aber auch Wut oder Schuldgefühle in ihm.

Die Wirkung, die diese nicht angenommene Liebe wechselseitig erzeugt, sorgt also für Schmerz und Leid, anstatt unser Herz zu öffnen und die Welt durch unsere Liebesfähigkeit zu bereichern. Prüfen Sie selbst, ob nicht auch auf Sie einer der oben angeführten Punkte zutrifft und Sie sich um das Schönste bringen, was auf dem Planeten Erde erfahrbar ist.

☆☆

Liebe verdienen

Wenn du damit beginnst, dich denen aufzuopfern, die du liebst, wirst du damit enden, die zu hassen, denen du dich aufgeopfert hast.

(George Bernard Shaw)

Leider gehen viele Menschen davon aus, dass sie nicht um ihrer selbst willen liebenswert sind. Das ist ein Irrtum! Denn wir sind es ganz ohne Zweifel wert, von anderen Menschen geliebt zu werden. Schließlich sind wir

- so mutig,
  dass wir uns auf dem grobstofflichsten aller Planeten inkarniert haben,
- so entschlossen,
  dass wir uns bereit erklärt haben, karmische Verabredungen zu treffen, um Ungleichgewichte aus vergangenen Inkarnationen auszugleichen,
- so intelligent,
  dass wir zu jedem Zeitpunkt – unserer Bewusstheit entsprechend – unser Bestes geben,
- so sozial,
  dass wir für andere Menschen Freund und Helfer sein können,
- so lernfähig,
  dass wir durch unsere Erfahrungen seelisch wachsen können,
- so schön,
  dass es mit Sicherheit Menschen gibt, die unsere Ausstrah-

lung als schön empfinden (Schönheit liegt bekanntlich immer im Auge des Betrachters),

– so mitfühlend,
  dass wir in der Lage sind, Menschen und Tieren mit Empathie zu begegnen,
– so wichtig,
  weil wir uns zur Verfügung gestellt haben, durch unsere persönlichen Erfahrungen zur Gesamterfahrung der Seele beizutragen.

Der Glaubenssatz, nicht um unserer selbst willen liebenswert zu sein, nimmt erheblichen Einfluss auf unser Denken und Verhalten. Da wir Menschen ohne Liebe nicht leben können, wird der, dem es an Eigenliebe mangelt und der es sich nicht wert ist, geliebt zu werden, alles tun, um sich Liebe zu verdienen. Dazu gibt es, je nach Lebenssituation und Persönlichkeit, unterschiedliche Strategien, die leider zum Scheitern verurteilt sind. Warum, will ich beschreiben.

- Vielleicht errichten wir ein Selbstbild, von dem wir annehmen, erst dann für andere liebenswert zu sein, wenn wir diesem entsprechen. Folglich leben wir nicht unseren Selbstausdruck, sondern bemühen uns ständig, dem selbst entworfenen Bild optimal zu entsprechen. Das macht uns unauthentisch und führt zu Frustration, wenn wir befürchten, den eigenen Ansprüchen nicht zu genügen.
- Oder wir geben jede Form von Widerstand und Eigenwillen auf und richten unser gesamtes Handeln auf Bedürfnisse und Erwartungen unserer Umwelt aus, in der Hoffnung, dass unsere Aufopferungsbereitschaft und Anpassungsfähigkeit Dankbarkeit bei anderen erzeugen und uns so die

Liebe unserer Mitmenschen zufließt. Durch dieses Verhalten nähren wir jedoch tiefsitzende Minderwertigkeitsgefühle, ruinieren Konflikt- und Kritikfähigkeit und geben unsere Persönlichkeit auf. Die Wahrscheinlichkeit, dass sich die anderen von uns abwenden, steigt.

- Womöglich verzichten wir freiwillig auf Lebensfreude und Genuss, stellen unsere eigene Person hinten an, gönnen uns nichts Gutes, arbeiten hart und leisten mehr als andere, stets in der Hoffnung, dass unsere Bemühungen ausreichen mögen, um die Liebe der anderen zu verdienen. So erfüllen wir einen Großteil unserer eigentlichen seelischen Aufgabe nicht, nämlich uns am Leben und unserem Körper in der Dualität zu erfreuen, und kommen langfristig ins Ungleichgewicht, da wir mehr geben als nehmen.
- Es kann auch sein, dass wir glauben, allein unsere Dominanz bringe uns die gewünschte Zuneigung unserer Mitmenschen ein. Wir sind getrieben von dem Wunsch, überragend, exklusiv und überlegen zu sein, und leben dabei in ständiger Angst, dass jemand anderes erfolgreicher, begabter, intelligenter oder schöner ist als wir. Nach außen hin präsentieren wir uns selbstbewusst und souverän, gehen in Konkurrenz und Rivalität mit denen, die uns ebenbürtig scheinen, und geben uns gönnerhaft denen gegenüber, die für uns keine Konkurrenz darstellen. Unser Verhalten zielt darauf ab, unsere Mitmenschen von unseren Qualitäten zu überzeugen, um ihnen einen Grund zu geben, warum sie uns lieben sollten, doch meistens erreichen wir mit unserer Selbstpräsentation das Gegenteil.

Wir sollten uns unbeirrbar bewusst sein, dass jeder Mensch auf dieser Erde ist, um sich am Leben zu erfreuen und Erfahrungen zu sammeln. Alle Menschen sind gleich wichtig; jede einzelne Erfahrung, auch wenn sie schmerzhaft oder verletzend ist, hat für die Gesamterfahrung der Seele ihre Bedeutung. Und ausnahmslos jeder Mensch ist es wert, geliebt zu werden.

☆☆

Das Gesetz der Evolution in der Partnerschaft

Das Gesetz der Evolution besagt, dass sich alles ständig verändert und im Fluss ist. Fortschritt und Entwicklung sind auch innerhalb einer zwischenmenschlichen Beziehung unabdingbar, sofern wir sie auf eine dauerhaft tragfähige Grundlage stellen und nicht nur kurzfristig zur Erhebung unseres Egos benutzen wollen. Wenn die erste Phase der Verliebtheit zwischen zwei Menschen nach einigen Monaten nachlässt, machen sich unweigerlich die Auswirkungen dieses Gesetzes bemerkbar.

Sind wir frisch verliebt, erleben wir uns als heiter und unbeschwert, aktiv und kreativ, spontan und voller verrückter Ideen. Wir mögen uns und unseren Körper, weil unser verliebtes Gegenüber uns das Gefühl gibt, begehrenswert zu sein. Alles scheint machbar, die Welt liegt uns zu Füßen. Wir schwelgen in Harmonie, sind beflügelt und voller Lebensfreude, fühlen uns frei und dabei gleichzeitig geborgen, angenommen und geliebt. Alle Angst scheint uns genommen, alle Prägungen abgefallen zu sein. An unserem Partner sehen wir in unserer Verliebtheit nur die guten, liebenswerten Seiten; alles, was unseren beflügelten Zustand gefährden könnte, wird systematisch ausgeblendet. Unser Gehirn befindet sich in diesem Zustand in einer Art Rausch, denn Verliebtheit „wird durch eine starke Aktivierung der emotionalen Zentren in den älteren, für die Regulation körperlicher

Prozesse, von Libido und Sexualität zuständigen Bereichen, angetrieben. Die damit einhergehenden starken Empfindungen bringen in den höheren, kortikalen Bereichen des Gehirns, vor allem im Frontalhirn, allzu leicht einiges durcheinander (Gerald Hüther – Männer, das schwache Geschlecht und sein Gehirn)".

Die Wahrnehmung und Interpretation dessen, was uns während dieser Zeit als real erscheint, ist deutlich verzerrt. Diese sogenannte „rosarote Brille" ist für uns in diesem hirntechnischen Erregungszustand nicht erkennbar, aber für Außenstehende unübersehbar.

Klingt die Erregung der Verliebtheit nach einigen Wochen oder Monaten ab, löst sich der märchenhafte Spiegel nach und nach auf, und wir finden darunter das ungeschönte Bild desjenigen, dem wir seit einiger Zeit partnerschaftlich verbunden sind, und auch das Bild des Menschen, der wir waren, bevor wir uns verliebten. Wir müssen uns nun mit den Eigenarten unseres Partners auseinandersetzen und auch uns und unser Verhalten in Bezug auf ihn hinterfragen. Sind wir nicht bereit, diese unabwendbare Änderung der Sichtweise anzunehmen, stehen wir bald desillusioniert da und werfen dem Partner vor, er habe sich verändert und sei gar nicht mehr so, wie wir ihn kennengelernt haben.

Unser Gegenüber hat sich tatsächlich in dieser kurzen Zeit wesentlich verändert, denn zwangsläufig drängen bei ihm (genauso wie bei uns) mit nachlassender Verliebtheit bislang ungelöste Themen wieder in den Vordergrund, und Zweifel kehren zurück. In Folge dessen hat auch der von uns geliebte Mensch seinen Blickwinkel auf uns neu ausgerichtet, und auch wir sind nicht mehr der, der wir im Rausch unserer Verliebtheit zu sein schienen. Irgendwann erfahren wir erstmals nicht nur Lob und Komplimente, sondern Kritik von unserem Partner, und das wunderbare Gefühl des bedingungslosen Angenommen-Seins weicht unserer tief sitzenden Angst, nicht zu genügen. Die Leichtigkeit schwindet, Unsicherheit macht sich breit. Ist unser Gehirn nicht mehr im „Hormonrausch“, kehrt der Alltag und mit ihm die Ratio zurück. Ausgelassenheit, Spontanität und kindliche Freude werden nun wieder von fest verwurzelten Funktionsprägungen überlagert. Statt eines gemeinsamen Spaziergangs steht nun plötzlich der Besuch bei der Schwiegermutter oder Einkaufen auf dem Programm. Die anfänglich empfundene Freude über Gemeinsamkeit und Verbundenheit wird plötzlich von der Angst, unfrei zu sein, vom Partner zeitlich vereinnahmt oder manipuliert zu werden oder seinen Erwartungen entsprechen zu müssen, überlagert.

An diesem Punkt sollten wir uns ins Gedächtnis rufen, dass der ganze Kosmos danach strebt, sich zu erfahren und auf ein höheres Sein auszurichten. Und so sollten wir die Chance nutzen, an den Herausforderungen, die eine Beziehung mit sich bringt, zu wachsen und zu reifen und gemeinsam Hindernisse zu überwinden, um so zu „neuen Ufern zu gelangen“. Denn nur so kann sich aus anfänglicher Verliebtheit eine echte, tragfähige Liebesbeziehung entwickeln. Eine Beziehung, die nicht nur unser Leben lebenswert macht und erfüllt, sondern eine, durch die sich unsere Herzensqualitäten entwickeln, sich unsere tief liegenden Ängste durch Erkenntnis und Bearbeitung auflösen und dabei gleichzeitig unserer Seele Raum für Wachstum durch Erfahrung bringen.

Auf dem Weg nach innen

Der Weg der Selbsterkenntnis ist keine Strafe, sondern eine Herausforderung, die es anzunehmen gilt. Denn während wir Schritt für Schritt voranschreiten, gibt es immer wieder auch Passagen auf diesem Weg, die wir als steinig empfinden. Oder wir quälen uns mit Gedanken, dass unsere Anstrengungen nicht von Erfolg gekrönt sind und unsere gesamte Existenz letztlich vielleicht sinnlos bleibt.

Um es sich auf diesem Weg leichter zu machen, ist es – neben konsequenter *Gedankenhygiene* – sinnvoll, bestimmte Verhaltens- und Denkweisen zu beherzigen. Die Hintergründe dafür und den tieferen Sinn werde ich hier näher erläutern.

☆☆

Das Kleine loslassen, um das Große zu gewinnen

Ohne dass wir uns dessen bewusst wären, nehmen unsere Verhaltensmuster, Ängste und Prägungen entscheidenden Einfluss auf unser Leben und Erleben. Je nachdem, wie stark diese ausgeprägt sind und in welchem unserer Energiekörper sie wirksam werden, steuern sie unsere Handlungen, bestimmen unser Fühlen, manipulieren unser Denken und wirken sich letztendlich auch auf unsere Gesundheit aus. Sie führen auch dazu, dass ganze Erfahrungsbereiche von uns nicht mehr aktiviert, gemieden oder ausgegrenzt werden.

Im Umkehrschluss bedeutet das natürlich, dass unsere Lebensqualität sprunghaft ansteigt und uns völlig neue Erfahrungsräume eröffnet, wenn wir es schaffen, genau diese Prägungen, Muster und karmischen Altlasten aufzulösen.

Ein Schlaganfall hat auf unseren physischen Körper ähnliche Auswirkungen wie unsere Muster, Ängste und Prägungen auf unsere Energiekörper (wobei ich ausdrücklich keinen Anspruch auf medizinische Vollständigkeit erhebe, sondern den Sachverhalt nur grob skizzieren möchte, um daraus eine Analogie abzuleiten).

Wenn ein Mensch einen Schlaganfall erleidet, also durch eine Hirnblutung oder eine plötzliche Minderversorgung der Nervenzellen mit Sauerstoff Teile des Gehirns in ihrer Funktion beeinträchtigt werden, ist in aller Regel nur ein kleines Areal im Gehirn des Betroffenen beschädigt. Im Verhältnis zur Gesamtgröße des Gehirns scheint dieses Gebiet fast vernachlässigbar klein (vor allem, wenn man bedenkt, dass wir nachweislich nur einen Bruchteil unseres Gehirns benutzen). Leider ist es aber trotzdem so, dass, je nachdem in welchem Teil des Gehirns das Geschehen auftritt, die gesundheitlichen Auswirkungen immens sein können. Ist ausgerechnet eine zentrale „Verteilerstelle“ betroffen (die Sie sich wie eine große Straßenkreuzung mit vielen Hauptverkehrsstraßen vorstellen können), sind alle Straßen, also Nervenverbindungen, die in Verbindung mit dieser „Kreuzung“ stehen, nicht mehr „befahrbar“, erhalten also nicht länger Reize in Form elektrischer Impulse. So kann es durch einen Schlaganfall unter anderem zu massiven Lähmungserscheinungen auf einer Körperhälfte oder auch zu Sprachstörungen kommen, die zum Teil nur bedingt reversibel sind.

Mit unseren Mustern, Ängsten und Prägungen verhält es sich ähnlich: Dort, wo sie wirksam werden, verhindern sie, dass wir neue Erfahrungen zulassen, unseren Gefühlen den nötigen Raum geben oder mutig neue Handlungs- und Verhaltensweisen ausprobieren. Die „Lähmungserscheinungen“ unseres Energiekörpers zeigen sich in Form von Stagnation, Autoaggression und Pessimismus, die „Sprachstörungen" machen sich im Kehlkopfchakra als mangelnde Klarheit und unzureichender Abgrenzungs- und Durchsetzungsfähigkeit bemerkbar.

Wir sollten also motiviert sein, unsere Lektionen zu lernen und uns mutig dem Leben und Erleben stellen. Dazu müssen wir uns mit uns, unseren Gefühlen, Gedanken und Taten auseinandersetzen, uns Zeit und Raum für unseren Selbstausdruck nehmen, unserer inneren Stimme Gehör schenken und alle notwendigen Maßnahmen ergreifen, die uns aus der unbewussten Fernsteuerung und Fremdbestimmung herausführen.

Es ist dabei durchaus sinnvoll, Hilfe von außen in Anspruch zu nehmen, und wir sollten es uns auch wert sein, Geld dafür auszugeben, denn jeder von uns hat seinen „blinden Fleck", den nur ein Außenstehender erkennen kann. Es muss uns dabei aber allzeit gegenwärtig bleiben, dass wir von einem Menschen, der uns hilfreich zur Seite steht, bestenfalls eine Landkarte und einen Kompass bekommen können, um uns auf unserem Weg orientieren und Gefahren abschätzen zu können. Unseren Lebensweg aber, mit all seinen Strapazen und seinen schönen, glückseligen Momenten, müssen wir alleine gehen. Ein Heiler, Guru oder Therapeut, der Ihnen verspricht, Sie mit der „Trage" (in Form von Energieübertragung, Clearing usw.) über alle Unebenheiten Ihres Weges hinwegzutragen und Sie am Ziel abzusetzen, ist grundsätzlich unseriös!

Ist erst einmal ein entscheidendes Thema erkannt und bearbeitet worden, haben wir es geschafft, etwas loszulassen, das schon lange unser Denken und Fühlen bestimmt hat. Haben wir eine Angst überwunden, die unser Verhalten nachhaltig beeinflusst hat, können die positiven Auswirkungen auf unsere Lebensqualität und unsere Lebensfreude erheblich sein.

Wir sollten mutig sein und in unserem Leben Veränderungen zulassen. Immer in dem Wissen, dass gemäß dem geistigen Gesetz der Evolution alles in ständiger Veränderung ist und wir harmonisch und natürlich im Strom des Lebens mitschwimmen, wenn wir die Bereitschaft zu Bewegung und Wachstum besitzen.

☆☆

Von der Kunst, bei sich zu bleiben

Die Überschrift dieses Abschnitts mag in Ihren Ohren vielleicht merkwürdig klingen. „Wir sind doch immer bei uns, wo denn sonst?", fragen Sie vielleicht. Aber leider sind wir selten im Hier und Jetzt, präsent im Augenblick, und somit kaum in der Lage, bei uns – also in unserer Mitte – zu bleiben. Achtsamkeit für den Augenblick zu entwickeln ist eins unserer wesentlichen Entwicklungsziele, schließlich findet das Leben immer nur „jetzt" statt, Vergangenheit und Zukunft sind letztlich Illusion. Wenn wir aber auf den Augenblick fokussiert sind, haben wir den vollen Zugang zu unseren Gefühlen und unserer Intuition. Damit steht uns das bestmögliche Werkzeug zur Verfügung, um den Moment, den wir gerade erleben, optimal in unserem Sinn zu beeinflussen.

Finden wir uns jedoch gedanklich im Gestern, Morgen, Vorhin oder Nachher wieder, sind wir in unserem Verstand gefangen. Die Stärken des Verstandes liegen in Analyse, Planung, Bewertung und Beurteilung. Zu diesem Zweck findet mithilfe unserer Gedanken ein permanenter Abgleich zwischen dem bereits Erlebten, also der Vergangenheit, und dem zu Erwartenden oder Gewünschten, also der Zukunft, statt. Der Verstand ist somit nicht in der Lage, den Augenblick mit all seinen Möglichkeiten in seiner gesamten Fülle wahrzunehmen. Zudem ist er stark mit dem Ego verstrickt – in ihm sind alle Gesellschafts- und Erziehungsprägungen und unsere standardisierten Verhaltensmuster abgespeichert. Er schränkt unsere Fähigkeit gewaltig ein, unbedarft an den Moment des Erlebens heranzugehen und somit neue Erfahrungen zuzulassen. So hilfreich uns der Verstand bei der Bewältigung unseres Alltags ist, sollte er doch dem Geist dienen und ihn nicht beherrschen.

Wenn wir es schaffen, bei uns zu bleiben, sind wir mit unserer Aufmerksamkeit und unserem Bewusstsein konzentriert in unserer Mitte. Wir empfinden das, was wir tun und erleben, als sinnvoll. Wir vergleichen und bewerten nicht, ob andere Menschen ein vermeintlich sinnvolleres Leben führen als wir, weil sie erfolgreich, berühmt oder bereits erleuchtet sind, oder ob uns ihre Existenz als weniger sinnvoll erscheint als unsere eigene. Wir sind fokussiert auf unsere Gefühle und unsere Intuition und beschäftigen uns gedanklich nicht damit, was andere Menschen, auch wenn sie uns noch so nahestehen, in diesem Moment denken, glauben, fühlen oder wollen. Damit ist nicht gemeint, dass wir unseren Mitmenschen gegenüber gefühllos oder desinteressiert sein sollten. Aber es ist grundsätzlich sinnvoll, sich nur dann mit einer Angelegenheit oder einer Person intensiv zu beschäftigen, wenn wir direkt mit ihr konfrontiert sind, uns sonst aber ganz auf unser eigenes Zentrum zu konzentrieren.

Leider sind wir meistens dezentriert im Außen, grübeln über das, was uns widerfahren ist, wer was gesagt hat, wie wir hätten reagieren sollen oder reagiert haben, warum die Dinge so sind, wie sie sind, und nicht anders. Oder wir überlegen, wen oder was wir wie beeinflussen müssen, um unsere Ziele zu erreichen. Wir setzen uns in Bezug zu anderen Menschen, vergleichen uns mit ihnen und nähren unsere Autoaggressionen, wenn wir herausfinden, dass wir weniger schön, erfolgreich, begabt oder vermögend sind als sie. Vielleicht hätscheln wir auch unser Ego mit dem Gedanken, größer, besser, einflussreicher oder wichtiger zu sein als andere.

Dabei kann generell kein Leben mit einem anderen verglichen werden; jeder Seelenteil, der sich in einen physischen Leib eingekörpert hat, lebt seinen Plan und leistet einen sinnvollen Beitrag zur Gesamterfahrung der Seele. Somit gibt es aus der Perspektive der Seele kein Leben, das wertvoller oder sinnvoller ist als ein anderes. Kommen wir für uns zu einem anderen Ergebnis, sind wir einmal mehr unserem Ego auf den Leim gegangen.

Entscheidend ist, ob wir unser Leben grundsätzlich als sinnvoll empfinden. Nur die wahrhaft Erleuchteten können das reine Sein ohne jedes Streben, Wollen und Begehren als sinnvoll erleben. Den meisten von uns erscheint das Dasein erst dann als sinnerfüllt, wenn wir unsere Wünsche, Bedürfnisse und Ziele realisieren können. Um uns aber auf diese zielstrebig ausrichten zu können, müssen wir sie zuerst einmal klar definieren. Die naheliegende Frage lautet also: „Was will ich?“, und sie wird nur zu gerne vom Verstand und dem dazugehörigen Ego beantwortet, sodass die Antwort durch unsere Muster und Prägungen verzerrt wird. Denn oft streben wir nicht das an, was unserer Seele und unserem inneren Gleichgewicht dienlich wäre, sondern entsprechend unserer Erziehung das, von dem man uns erzählt hat, es wäre sinnvoll und lebenswert.

Orientieren wir uns langfristig aber an den uns aufgeprägten Zielen, agieren wir nicht aus unserer Mitte heraus, sondern dezentriert im Außen, mit dem Bedürfnis, letztlich nicht unseren eigenen, sondern den gesellschaftlichen Anforderungen und Erwartungen zu entsprechen. Viele Menschen sind schon an den Punkt gekommen, an dem sie erreicht haben, was allgemein als relevant und erstrebenswert angesehen wird: Sie haben studiert, Karriere gemacht, ein Haus gebaut, ein großes Auto gekauft, geheiratet, Kinder bekommen und tolle Reisen gemacht. Wenn die vorgenannten gesellschaftlich definierten Ziele genau unseren gefühlsmäßigen Bedürfnissen entsprechen, bewerten wir das, was wir geschaffen und geleistet haben, als sinnvoll und fühlen uns glücklich und zufrieden.

Sollten wir in unserem Streben aber unsere wahren Gefühle unterdrückt haben, zum Beispiel das Gefühl, lieber ein Handwerk ausüben zu wollen, statt Versicherungen zu verkaufen; allein durch die Welt zu reisen, statt uns durch Ehe, Familie und Haus zu binden; Vater oder Mutter zu sein, statt Karriere zu machen; lieber ins Ausland zu gehen, statt das Erbe unserer Eltern anzutreten, oder eine heterosexuelle Beziehung zu führen, obwohl wir uns zur Homosexualität hingezogen fühlen, werden wir langfristig unglücklich sein.

So lange wir, meistens in jungen Jahren, dezentriert im Außen mit der Erreichung unserer mental fixierten Ziele beschäftigt und abgelenkt sind, während wir lernen oder studieren, uns für Arbeit, Karriere oder Familie einsetzen, eine Beziehung anstreben oder unsere Hochzeit planen, ein Haus bauen usw., fällt uns kaum auf, wie sehr wir unsere eigenen Gefühle und seelischen Bedürfnisse unterdrücken. Erst wenn der Druck nachlässt, die Ziele erreicht oder als unerreichbar erkannt sind und wir zur Besinnung kommen, wächst in uns das schmerzlich quälende Gefühl, wir hätten in unserem Leben irgendetwas falsch gemacht. Wir versuchen, uns über den Verstand zu erklären, dass wir alles richtig gemacht haben. Und doch tut sich eine große, innere Leere und Sinnlosigkeit auf, die nicht selten in einer Depression endet. Denn bleiben die echten, tiefgehenden Gefühle der Befriedigung aus, weil unsere Ziele in Wahrheit nicht unseren emotionalen Bedürfnissen entsprochen haben, dann erscheint uns alles, was wir tun und je getan haben –letztlich unser ganzes Leben – sinnlos.

Diesem Gefühl von Sinnlosigkeit können wir nur entgehen, wenn wir nicht unseren Verstand, sondern unser Herz befragen und herausfinden, was für uns wichtig ist.

Die Frage kann also nicht lauten „Was will ich?“, sondern „Welche Gefühle möchte ich erleben, was befriedigt mich emotional?“, mit dem Ziel, genau das zu tun und dem zu folgen, was unserer seelischen Entwicklung dienlich ist. So umgehen wir den analytischen Verstand mit seinen aufgeprägten, verzerrenden Mustern. Gleichzeitig umgehen wir auch unser Ego, das nicht daran interessiert ist, dass wir bewusst in unserem Leben etwas verändern. Denn je bewusster wir werden, umso mehr wird unser Ego in den Hintergrund gedrängt. Das Ego verunsichert uns, flüstert uns zu: „Vergiss es, das klappt sowieso nicht, das ist unerreichbar, das steht dir nicht zu.“ Ist die Stimme des Egos lauter als unsere innere, intuitive Stimme, sind wir dazu geneigt, unsere Wünsche und Ziele wie unerfüllbare Träume zu behandeln, anstatt uns ihnen mit Hingabe und Ausdauer zu widmen.

Lassen wir uns aber auf die Frage ein, welche Gefühle uns lebenswert erscheinen, stellen wir vielleicht fest, dass wir das Gefühl von „Macht und Einfluss“ erfahren möchten. Erkennen wir, dass uns das in der Position oder der Firma, in der wir jetzt tätig sind, nicht möglich ist, können wir uns fragen, wie und wo wir dieses Gefühl anderweitig ausleben können, zum Beispiel indem wir den Vorsitz in einem Verein übernehmen oder eine Interessengemeinschaft unter unserer Federführung ins Leben rufen. Definieren wir aber das mentale Ziel „Ich will Abteilungsleiter werden“, und die Möglichkeit ist aufgrund der vorherrschenden Situation in der Firma nicht gegeben, bleiben unser Ziel und unsere emotionalen Bedürfnisse unerreicht und unbefriedigt.

Möglicherweise spüren wir aber auch Mutter- oder Vatergefühle in uns, die wir aus bestimmten Gründen oder Umständen heraus nicht ausleben können. Wir können deswegen aber trotzdem einem Menschen unsere Liebe schenken und uns um ihn sorgen – vielleicht durch eine Patenschaft, eine Adoption oder eine soziales, ehrenamtliches Engagement. Unser mental gesteuertes Ego aber würde seine ganze Kraft auf ein eigenes Kind lenken und uns bei unerfülltem Kinderwunsch in tiefe Verzweiflung und Autoaggressionen stürzen.

Sind wir also in der Lage, Ziele und Wünsche mit dem Gefühl statt mit dem Verstand anzuvisieren, eröffnen sich uns mit einem Schlag eine viel größere Bandbreite und Flexibilität zur Realisierung unserer Wünsche, und die Befriedigung, die wir nach dem Erreichen unserer Ziele empfinden, ist nicht nur temporär, sondern dauerhaft. Wir bleiben zentriert in unserer Mitte und können unser gesamtes Potenzial ausschöpfen.

Häufig geraten wir aus unserer Mitte, wenn wir uns zu sehr mit den Schwierigkeiten unserer Mitmenschen beschäftigen. Bekannterweise ist es einfacher, die Probleme anderer zu lösen als die eigenen. Die Probleme anderer Menschen sollten wir aber nicht lösen, wollen wir ihnen nicht die Erfahrungen nehmen, an denen sie wachsen können. Grundsätzlich ist es nur sinnvoll, einem Menschen Hilfe zur Selbsthilfe zu geben, aber nicht, seine Probleme zu lösen. Das kann nur jeder für sich. Selbst wenn wir einen Menschen aus einer schwierigen Situation befreien oder ihn finanziell unterstützen, wird es nicht lange dauern, bis dieser sich in der nächsten unangenehmen Situation wiederfindet, da er den Zusammenhang zwischen dem eigenen Tun und der Spiegelung im Außen möglicherweise noch nicht erkannt hat. Durch unsere Hilfe oder Intervention war die betreffende Person nicht gezwungen, sich mit ihrer Situation intensiv auseinanderzusetzen und konnte so die Lektion, die sie hätte lernen können, nicht verinnerlichen.

Wir sollten also immer darauf achten, ausreichend mitfühlend zu sein, ohne Mitleid zu entwickeln. Nur so können wir die nötige Distanz zu den Problemen der uns umgebenden Menschen wahren und bei uns selbst bleiben. Wir sollten Impulsgeber sein, aber keine Missionare oder Pfleger.

Neigen wir dazu, uns vordringlich mit den Themen anderer zu befassen, statt unsere eigenen zu bearbeiten, empfinden wir subtil sogar noch das befriedigende Gefühl, ein guter Mensch zu sein, der bereit ist, sich altruistisch für seine Mitmenschen einzusetzen. Wir rechtfertigen uns vor uns selbst, dass wir viel zu beschäftigt mit wichtigeren Dingen sind, als dass wir Zeit hätten, uns mit unseren ungeklärten Themen und Lernaufgaben zu beschäftigen. Tatsächlich nährt dieses Denken nur unseren Selbstbetrug. Denn in Wahrheit ist dieses Verhalten weniger selbstlos, als es scheint; es handelt sich dabei eher um eine Vermeidungsstrategie unseres Egos, um die eigenen, unerlösten Gefühle nicht anschauen zu müssen.

Um bei uns zu bleiben ist Eigenverantwortung gefragt und die Bereitschaft, einen gesunden Egoismus zu entwickeln. Grundvoraussetzung dafür ist, dass wir über eine gute Portion Eigenliebe verfügen. Denn halten wir an dem Glaubenssatz fest, um unserer selbst Willen nicht liebenswert zu sein, sind wir in der Situation, uns die Liebe unserer Mitmenschen verdienen zu müssen. Dann ist unser gesamtes Denken und Handeln darauf ausgerichtet, zu dienen, niemandem zu nahe zu treten, nichts zu sagen, was der andere nicht hören möchte, und die eigenen

Bedürfnisse hinten anzustellen, nur damit wir nicht in Ungnade fallen und womöglich mit Liebesentzug sanktioniert werden.

Von einer gesunden Eigenliebe gut genährt, sind wir jedoch in der Lage, auf unsere innere Stimme zu hören, unseren physischen Körper nicht zu überstrapazieren und unseren Gefühlen und Bedürfnissen Raum zu geben. Wir übernehmen Eigenverantwortung, können uns klar abgrenzen und dafür sorgen, dass unsere Energiebilanz stimmt, wir also nie mehr geben, als wir uns letztlich wieder zuführen können.

Zentriert zu bleiben gelingt uns, wenn wir aufhören, zu werten und zu beurteilen, wenn wir unser Können als wertvoll und unsere Gaben als Geschenke empfinden. Aus gesellschaftlicher Sicht findet natürlich ständig eine Bewertung in „Gut" und „Schlecht" beziehungsweise „Wichtig" und „Unwichtig" statt. Der Maßstab dafür ist meistens die Bezahlung. Das führt dazu, dass zum Beispiel Spitzensportler, Manager und Stars eine sehr hohe gesellschaftliche Anerkennung erfahren, da sie entsprechend verdienen. Die Dame hingegen, die ihre Freizeit ehrenamtlich in der Notfallseelsorge opfert, erfährt wenig Anerkennung für ihr Tun.

Es ist von entscheidender Wichtigkeit, sich zu verdeutlichen, dass jeder von uns ein Ton in einer Melodie ist. Fehlt nur einer, entsteht zwangsläufig eine Lücke oder Disharmonie. Damit diese Lebensmelodie entstehen kann, kommt es auf jeden Einzelnen von uns an, und jeder „Ton" sollte versuchen, so schön wie möglich zu klingen. Denn es gibt nicht einen Menschen auf diesem Planeten, der nicht über eine besondere Gabe verfügt. Doch die Kategorisierung über die Bezahlung führt dazu, dass wir das in uns angelegte Potenzial als wertlos und überflüssig beurteilen und wir neidvoll auf die schielen, die erfolgreich sind, etwas besonders gut können und/oder viel Geld verdienen. Öffnen wir aber unser Herz und erkennen die wunderbare Vielfalt, die sich uns durch die Verschiedenartigkeit der Menschen offenbart, können wir auch Wertschätzung für unsere eigenen Talente entwickeln.

Nehmen Sie sich einen Moment Zeit und machen Sie sich klar, was Sie gut können und womit Sie sich selbst und andere erfreuen:

Sie mögen es, gut zu kochen und stilvoll den Tisch zu decken? Sie finden ein freundliches Wort für Ihre Mitmenschen oder nehmen sich Zeit, ihnen zuhören? Sie sind großzügig und unterstützen andere, weil Sie sich darüber freuen, dass es Ihnen so gut geht und Sie etwas abzugeben haben? Sie sind hilfsbereit und setzen sich gerne für andere ein? Sie bringen mit Ihrem Humor Ihre Mitmenschen zum Lachen? Sie verfügen über handwerkliche Fähigkeiten und helfen Ihrer Nachbarin beim Auswechseln der kaputten Glühbirne? Sie musizieren, töpfern, malen oder basteln und verschenken, was Sie produziert haben, oder erfreuen Ihre Mitmenschen mit Ihrer Musik? Sie teilen Ihr Wissen gerne mit anderen, lehren, ohne zu belehren?

Die Liste ließe sich endlos fortsetzen, und es sind diese vielen kleinen „Obertöne", die der Lebensmelodie erst ihre Schönheit verleihen, die die Welt und das Leben auf unserem Heimatplaneten lebenswert und freudvoll machen. Dabei ist es unwichtig, ob Sie von Ihren Mitmenschen für Ihr Tun gelobt, anerkannt oder bezahlt werden – wichtig ist nur, dass Sie sich mit sich wohl fühlen und Freude an dem haben, was Sie tun.

Am besten, Sie unterlassen deshalb zukünftig jeden Vergleich mit anderen Menschen. Jeder, der etwas besonders gut kann, weil er sich intensiv mit einer speziellen Sache befasst, kann keine Zeit mehr in andere Dinge investieren, denn der Tag hat für alle Menschen – und das ist gerecht – nur 24 Stunden. Und wenn Sie nicht zu denen gehören, die eine Sache herausragend und außergewöhnlich gut können, lassen Sie sich davon nicht frustrieren: Sie können dafür viele verschiedene Dinge gut, weil Sie sich eben in Ihrem bisherigen Leben mit unterschiedlichen Dingen und Themen befasst haben, anstatt sich nur auf eins zu konzentrieren. Entscheidend ist letztlich nur, ob Sie sich an dem erfreuen können, was Sie hervorbringen, was immer das auch sein mag. Ob es Ihnen oder Ihren Mitmenschen Freude bereitet. Und wenn es Ihnen gelingt, stets Ihre eigenen Fähigkeiten und Herzqualitäten liebevoll im Blick zu behalten, wird es Ihnen immer besser gelingen, zentriert in Ihrer Mitte, emotional ausgeglichen und mit sich und der Welt zufrieden zu sein.

Auch moderne Kommunikationsmedien tragen wesentlich dazu bei, dass wir nicht bei uns bleiben, sondern uns in permanenter Erwartungshaltung im Außen verlieren. Wir starren sehnsüchtig auf Handy-, iPhone- und Computerbildschirme, ob uns nicht doch jemand eine SMS, eine E-Mail oder sein neustes Foto geschickt hat. Wissenschaftlich ist längst bewiesen, dass die neuen Medien dazu beitragen, dass die Frustrationstoleranz seiner Benutzer erheblich sinkt, also sehr leicht negative Gefühle in uns entstehen, wenn die Qualität oder Quantität der uns erreichenden Nachrichten nicht unseren Vorstellungen entspricht. Die achtsame Wahrnehmung auf den jetzigen Augenblick und das „Zu-Ende-Denken" eigener Gedanken wird durch die unaufhörliche Mediennutzung erheblich eingeschränkt, was zusätzlich zu unserer Dezentrierung beiträgt.

Mediennutzung ist heutzutage unabdingbar, aber wir sollten immer wieder kritisch hinterfragen, wie hoch der Preis ist, den wir dafür zahlen. Definieren Sie deshalb klar Zeiten in Ihrem Alltag, die frei sind von jeglicher Mediennutzung, und nutzen Sie diese, um Ihre Wahrnehmung auf den Moment und die sich präsentierenden Details zu lenken.

Verliebt zu sein, ob glücklich oder unglücklich, ist ein traumhaft schöner oder auch schmerzlicher Zustand, der uns aus unserer Mitte reißt, wie kaum ein anderer. Unsere Gedanken kreisen ununterbrochen um die Person, die wir begehren. Wir tun alles, um deren Aufmerksamkeit zu erregen, überlegen, was der andere wohl fühlt oder denkt, was er gerade tut oder wie wir ihm eine Überraschung bereiten könnten. Sind wir unglücklich verliebt, ist die Denkweise ähnlich, allerdings kreisen hier die Gedanken eher darum, warum die Person unserer Träume uns nicht begehrenswert findet, ob sie wohl auch an uns denkt; was wir tun oder lassen sollten, um der von uns geliebten Person zu gefallen, und womit sie sich wohl gerade beschäftigt. Irgendwann sind wir nicht mehr in unserer Mitte, sondern mental und emotional ständig im Außen mit der anderen Person beschäftigt. Dieser Ausnahmezustand, der sich für glücklich Verliebte zunächst wie der Himmel auf Erden und für unglücklich Verliebte wie die Hölle anfühlt, sollte sich im Laufe einiger Monate wieder normalisieren. Kehren wir zu uns selbst zurück, kann sich unsere Verliebtheit, die häufig durch Projektionen auf das Gegenüber ausgelöst wurde (Optik, Beruf, Eigenarten usw.), zu wahrer Liebe transformieren (siehe „Liebe und Freiheit“, Seite 74).

Ist aus der ersten Verliebtheit eine Beziehung gewachsen, können wir sie fortan aus unserer Mitte heraus führen. Wir sehen den anderen so, wie er wirklich ist, lassen ihm und uns genügend Freiraum und bleiben uns treu. Schwierig wird es, wenn nur einer der beiden Partner diesen Schritt vollzieht, der andere aber dezentriert im Außen „hängenbleibt“. Dann kommen Eifersucht, Kontrollzwang und Misstrauen ins Spiel, die im schlechtesten Fall in gewaltsamen Übergriffen oder auch Hörigkeit und totaler Selbstaufgabe enden können.

Sind wir unglücklich verliebt, sodass die von uns erwünschte Beziehung nicht zustandekommt, können wir uns in bedingungsloser Liebe üben. Diese wahre Liebe hat nicht einmal zur Bedingung, dass sie erwidert wird. Sie liebt aus sich selbst heraus die Seele des geliebten Menschen nur dafür, dass sie ist. Wir sollten nicht versuchen, unsere Liebe zu unterdrücken oder zu verdrängen, sonst besteht die Gefahr, dass ihre starke Energie in Hass oder Autoaggression umschlägt.

Sich über einen längeren Zeitraum hinweg zu dezentrieren, ist auch ein häufiges Phänomen in der Mitte unseres Lebens, von der man nicht umsonst als „Midlife-Crisis" spricht. Wenn wir auf die Vierzig zugehen, haben wir im Wesentlichen das realisiert, was wir uns vorgenommen haben. Wollten wir Karriere machen, zeigt sich spätestens in diesem Alter, ob wir es geschafft haben. Wir sind verheiratet oder wieder geschieden, das Haus ist gebaut oder wieder verkauft oder verpfändet, die Kinder sind aus dem Gröbsten heraus und beginnen, ihre eigenen Wege zu gehen. Plötzlich entsteht ein Freiraum, den wir zuvor nicht hatten. Ein Freiraum an Zeit und Möglichkeiten wie ein weißes Blatt Papier. Das Problem ist häufig, dass wir gar nicht wissen, was wir mit diesem Freiraum anfangen sollen. Bislang waren wir viel zu beschäftigt, um uns ernsthaft mit der Frage nach dem Sinn unserer Existenz auseinanderzusetzen. Nun müssen wir uns die Fragen stellen: „Was will ich in der zweiten Hälfte meines Lebens tun, worauf soll ich mich ausrichten, worin möchte ich Zeit und Kraft investieren, wohin führt mein Weg, was will ich verändern, was ist meine Aufgabe?" Diese Fragen haben schon viele Menschen in eine Krise gestürzt, nämlich dann, wenn sie keine Antwort darauf finden konnten.

Die Auseinandersetzung mit den eigenen Wünschen, Bedürfnissen und Möglichkeiten ist grundsätzlich schon deshalb schwierig, weil wir bislang einfach zu wenig Gelegenheit hatten, uns darin zu üben, eigenverantwortlich zu planen und zu entscheiden.

Viele Hausfrauen beginnen in dieser Phase, das Haus auf Hochglanz zu bringen, und nicht selten beherrschen Mütter, die noch schulpflichtige Kinder haben, den gesamten Schulstoff ihrer Kinder, weil sie sich, statt mit sich selbst, ununterbrochen mit dem beschäftigen, was eigentlich Aufgabe ihrer Kinder wäre. Und wenn sie dann abends im Bett liegen, definieren sie den Sinn ihrer Existenz darüber, dass ihr Kind eine gute Note geschrieben hat und sie heute alle Fenster im Haus geputzt haben.

Männer beginnen nun, zu ihrer Ablenkung das Haus oder die Wohnung zu renovieren oder sich aktiv in Vereinen zu engagieren. Um sich nicht selbst spüren und so über vorgenannte wesentliche Fragen nachdenken zu müssen, läuten viele Männer nun täglich den Feierabend mit dem Genuss von Alkohol ein und versuchen, sich und die Frage nach dem Sinn ihrer Existenz durch permanenten Fernsehkonsum zu vergessen.

Der Blick nach innen wird also gezielt gemieden, um sich nicht dieser unheimlichen Frage nach den eigenen Perspektiven stellen zu müssen. Nun wird auch der Partner genau beäugt und festgestellt, was dieser alles nicht kann oder nicht tut, oder aber was er tut, das uns nicht gefällt. Man lässt kaum ein gutes Haar an dem Menschen, mit dem man zusammen in den letzten Jahren all die Ziele erreicht hat, die einem einst so erstrebenswert erschienen. Frauen überlegen plötzlich, wie sie sich und ihre Kinder alleine durchbringen und dabei noch einen neuen Partner finden könnten. Männer wenden sich zu ihrer Selbstbestätigung gerne jüngeren Frauen zu.

Dabei führen uns genau solche Handlungen oder Überlegungen in die Irre, denn letztendlich sind es nur Übersprunghandlungen, um uns nicht auf uns und unsere Mitte konzentrieren zu müssen. Wir verlagern unsere gesamte Aufmerksamkeit ins Außen, mit der Erwartung, dass die junge Geliebte oder der neue Mann in unserem Leben all das zu bieten hat, was uns fehlt. Das kann und wird nicht funktionieren, denn wenn nach einigen Wochen oder Monaten die erste Verliebtheit vorüber ist, werden wir uns wieder dieser Frage nach dem Sinn unserer Existenz und unseren Möglichkeiten gegenübersehen. In einer solchen Krise ist es also sinnvoll, sich erst einmal Klarheit zu verschaffen, indem Sie wie folgt vorgehen:

- Fertigen Sie eine Liste an, in die Sie alle positiven und weniger erfreulichen Eigenschaften des Partners schreiben.
- Schreiben Sie in einem zweiten Schritt auf, was genau und warum ein bestimmtes Verhalten Ihres Partners Sie stört oder Ihnen besonders gut gefällt und welche Auswirkungen dieses Verhalten auf Ihr Leben hat.
- Fragen Sie sich, ob Sie andere Gelegenheiten haben, den von Ihnen empfundenen Mangel zu kompensieren. Haben Sie Freunde, mit denen Sie abends weggehen können, weil Ihr Partner nicht gerne das Haus verlässt? Gibt es Menschen, mit denen Sie sich über die Themen unterhalten können, die Ihren Partner nicht interessieren? Gibt es die Möglichkeit, Ihre Sexualität auszuleben, wenn Ihr Partner wenig Interesse daran hat, ohne gleich die Beziehung infrage zu stellen? Können Sie sich selbst beschäftigen, wenn Ihr Partner lieber fernsieht, anstatt Sie zu unterhalten?

Wenn Sie alle diese Fragen für sich beantwortet haben, werden Sie erkennen, dass nicht Ihr Gegenüber für Ihr Glück verantwortlich ist, sondern Sie ganz allein. Vielleicht ist es Ihnen nun möglich, nicht bevorzugt die Seiten an Ihrem Partner zu sehen, die Ihnen nicht gefallen oder in Ihnen ein Mangelgefühl erzeugen, sondern die, die Ihnen Ihr Leben erleichtern oder Ihnen gut gefallen. Wenn Sie Wertschätzung für die guten Eigenschaften Ihres Partners entwickeln und diese in der Beziehung auch zeigen können, ermöglichen Sie, dass auch Ihr Partner seine Einstellung zu Ihnen hinterfragt und Sie so den neu entstandenen Raum gemeinsam nutzen können. Zudem richten Sie Ihre Resonanz auf Fülle und nicht länger auf Mangel aus und ziehen so nach dem Gesetz der Resonanz die Fülle in Ihr Leben.

Allerdings sollten Sie an einer wenig nährenden, langfristig unerfreulichen oder unbefriedigenden Beziehung keinesfalls festhalten. Im Gegenteil: Wenn Sie feststellen, dass Ihr Partner Ihnen nicht genügend Freiraum oder finanziellen Spielraum lässt oder Sie in irgendeiner Form psychisch oder physisch massiv unter Druck setzt, sodass Sie sich gemeinsam mit ihm oder ihr unmöglich verwirklichen können, dann suchen Sie nach einer Lösung, wie sich diese Beziehung mit möglichst wenig „Flurschaden“ beenden lässt. Machen Sie aber nicht den Fehler, Ihren Partner dafür verantwortlich zu machen, dass Sie nicht glücklich oder zufrieden sind, so lange Sie sich noch nicht die Frage gestellt haben, was für Sie wichtig ist und inwieweit Ihr Partner sie bei der Erreichung Ihrer Ziele behindert oder unterstützt. Gerade in schwierigen Phasen einer Beziehung ist es wichtig, bei sich zu bleiben, um nicht eine möglicherweise doch wertvolle Beziehung, die nur im Laufe der Jahre an Reiz und Schwung eingebüßt hat, vorschnell zu beenden.

Die Geburt eines Kindes, Krankheit, Unfall, der Tod eines Angehörigen oder eines engen Freundes, Arbeitslosigkeit, ein Umzug an einen neuen Wohnort, die Trennung vom Partner, eine neue Arbeitsstelle usw. können uns ebenfalls schlagartig aus dem Gleichgewicht bringen. Das ist eine logische Konsequenz, wenn sich unsere Lebensumstände von einem Moment auf den anderen massiv verändern. Trotzdem sollten wir das Ziel vor Augen behalten und, so bald es uns möglich ist, wieder zu uns, in unsere Mitte, zurückkehren. Denn nur von diesem Punkt aus steht uns unsere volle Kraft und unser gesamtes Potenzial zur Verfügung.

Alle Formen von Erwartungen, zu denen auch die Hoffnung gehört, führen ebenfalls dazu, dass wir nicht im Hier und Jetzt sind. Wenn wir erwarten oder hoffen, sind wir grundsätzlich nicht mit dem Ist-Zustand zufrieden oder einverstanden. So grübeln wir darüber nach, warum es gerade so ist, wie es ist, und nicht anders, ob ein tieferer Sinn in einer bestimmten Situation liegt, wer oder was Schuld hat, wer wann welchen Fehler gemacht hat und wieso wir das nicht schon viel eher begriffen haben. Alle diese Gedanken tragen uns fort aus unserer Mitte, kosten uns Kraft und beanspruchen unsere Aufmerksamkeit.

Bleiben wir jedoch präsent im Augenblick, erkennen wir sofort jede Möglichkeit, die sich aktuell bietet, um gezielt Einfluss nehmen zu können. Wir nähren zudem die für uns sowieso schon unerfreuliche Situation nicht noch durch die Kraft des Widerstands.

Nun möchte ich in diesem Zusammenhang noch auf einen wesentlichen Punkt eingehen, der vielleicht die zentrale Aussage dieses Buches darstellt:

Bei sich zu bleiben heißt, an der eigenen Resonanz zu arbeiten. Also nicht im Außen zu schauen, wen oder was wir verändern oder manipulieren könnten, um unsere Wünsche oder Ziele zu realisieren, sondern an unserer eigenen energetischen Ausstrahlung zu arbeiten, damit wir nach dem Gesetz der Resonanz die erwünschten Personen, Umstände und Dinge in unser Leben ziehen, die unserer Schwingung entsprechen. Indem wir vertrauen und uns dem Strom des Lebens hingeben, unsere Schatten anschauen und bearbeiten, unsere Ängste, Gesellschaftsprägungen, Denk- und Verhaltensmuster erkennen und loslassen, lösen sich niederfrequente Blockaden in unserem Energiekörper, sodass sich unsere Schwingung erhöht und dementsprechend unsere Resonanz verändert. Das scheint im ersten Moment offensichtlich der schwierigere Weg zu sein, langfristig aber ist gerade er der sicher sinnvollere und auf Dauer garantiert erfolgreichere.

Denn unser Tun und Denken können wir mit unserer Bewusstheit positiv beeinflussen, das Verhalten unserer Umwelt jedoch nicht. Das Gesetz der Resonanz ist in jedem Fall wirksam, die Frage ist nur, ob es sich zu unseren Gunsten oder zu unseren Lasten auswirkt.

☆☆

Selbstsabotage

Auf dem Weg nach innen begegnen wir immer wieder der Selbstsabotage. Das ist eine meistens tief in uns verborgene Angst vor überschäumender Lebensfreude, die sehr kraftvoll ist. Selbstsabotage gründet oft in alten Schuldgefühlen und unserem unbewussten Verlangen nach Selbstbestrafung, was im

Extremfall sogar zu Selbstzerstörung führen kann.

Unsere Erziehungs- und Gesellschaftsprägungen wirken so stark in uns, dass wir glauben, ständig etwas Gewinnbringendes oder Nützliches tun zu müssen. Lassen wir es uns einmal so richtig gut gehen, sind frei von Terminen und Verpflichtungen oder nehmen eine Einladung an, sabotiert unsere Angst unseren Körper und erzeugt Übelkeit, Schwindel, Atemnot, Panik- oder Migräneattacken. Was lernen wir aus dieser Situation? „Wenn es mir zu gut geht, werde ich bestraft, und es geht mir körperlich schlecht." Also werden wir zukünftig lieber „den Ball flach halten" und dafür sorgen, dass es uns nur ja nicht zu gut geht, wir nicht glücklich, heiter und ausgelassen sind, um den negativen, unangenehmen Konsequenzen auf körperlicher Ebene zu entgehen.

Mein Rat: Sabotieren Sie Ihre Selbstsabotage! Geben Sie sich ihr nicht hin. Erleiden Sie zum Beispiel auf einer Feier eine Migräneattacke, bitten Sie Ihren Gastgeber um eine Schmerztablette und trinken Sie ein großes Glas Wasser dazu. Bleiben Sie auf der Feier und sagen Sie sich immer wieder, dass die Selbstsabotage keine Macht über Sie hat. Warten Sie ab, bis es Ihnen besser geht. Lassen Sie sich nicht zu schnell einschüchtern. Wenn es beim ersten Mal nicht klappt, dann vielleicht beim zweiten Mal. Bleiben Sie dran! Je öfter Sie Ihrer Selbstsabotage trotzen, umso mehr entziehen Sie ihr die Kraft und verschaffen sich so einen Freiraum für Genuss und Lebensfreude.

☆☆

Fliehen hilft nicht, wir nehmen uns überall mit hin

„Als die Welt als Kugel geschaffen wurde, dachten sich die Konstrukteure etwas dabei. Sie wollten uns zeigen, dass es keinen Sinn macht, vor irgendetwas davonzulaufen."

Damaris Wieser (*1977), deutsche Lyrikerin und Dichterin

Unser gesamter Inkarnationszyklus, also die Vielzahl verschiedener Leben in unterschiedlichen Rollen, Zeitaltern, gesellschaftlichen Schichten und Geschlechtern, ist letztlich auf ein klares Ziel ausgerichtet: bewusst und präsent im Hier und Jetzt zu sein und unser Herz für bedingungslose Liebe, Eigenliebe und Mitgefühl zu öffnen. Es entspricht dem Gesetz der Liebe, dass der Sinn unserer Existenz darin begründet liegt, bedingungslos lieben zu lernen. Egal, wie viele Umwege wir machen, wie oft wir in die Irre gehen und wie viel Zeit oder wie viele Leben wir dafür brauchen, letztendlich kommen wir alle zur Erkenntnis und damit zum Ziel.

Da es im kosmischen Sinn keine lineare Zeit gibt, könnten wir annehmen, es sei gleich, ob wir unsere „Komfortzone der Unbewusstheit" schon heute oder doch lieber erst in ferner Zukunft verlassen. Irgendwann werden wir schon „ankommen". Das ist im Grunde richtig, aber in Zeiten des Aufstiegs, in denen wir uns zurzeit befinden, sind die Spielregeln anders. Aufstieg bedeutet der energetische Schwingungsaufstieg des materiellen Systems Erde.

Die Gesamtfrequenz des Erdmagnetgitters, die sogenannte Schuman-Frequenz, lag noch in den 1980-ern bei 7,83 Hz und ist mittlerweile bei ca. 21 Hz angekommen, was der Fünften Dimension entspricht und mit der Schwingung der Liebe gleichzusetzen ist. Warum diese Tatsache für uns von solcher Wichtigkeit ist, werde ich erläutern.

Wie schon in meinem Buch „Praktische Spiritualität für Ungeduldige" ausführlich beschrieben, teilte sich zu Beginn unserer Inkarnationen die bis dahin verbundene, unerfahrene Seele in verschiedene Seelenteile. Jeder Seelenteil macht im Laufe etlicher Inkarnationen eigene Erfahrungen und trägt somit zur Gesamterfahrung der Seele bei. Wenn alles Wesentliche innerhalb von ca. 10.000 Jahren gelernt und verarbeitet ist, verbinden sich die Seelenteile in der Astralebene wieder und steigen, nun wieder zu einer Seele vereint, in eine andere Dimension auf, um neue Erfahrungen in höherschwingenden Systemen zu machen. Wir alle sind also Teil einer größeren „Gesamtseele" und verbinden uns irgendwann wieder mit ihr. Letztlich gehen wir zurück in die Einheit, der wir entstammen, allerdings um alle unsere Erfahrungen bereichert.

Es gibt Seelenteile, die schneller als andere die nötigen Erfahrungen und Erkenntnisse gesammelt haben. Sie befinden sich derzeit in der letzten irdischen Inkarnation oder haben ihren Inkarnationszyklus auf der Erde bereits abgeschlossen und „warten" auf der Astralebene darauf, sich mit allen einzelnen Seelenteilen wieder zu vereinigen, um, zu einer Seele vereint, in höher schwingende Systeme aufzusteigen.

Nun gibt es immer einige „Nachzügler" unter den Seelenteilen. Auch sie sind im Laufe unzähliger Inkarnationen zur alten Seele gereift, haben sich aber oft wieder in karmische Altlasten, eingefahrene Muster und anerzogene Prägungen verstrickt, die sich als niederschwingende Blockaden in ihren Energiekörpern auswirken. Auch sie haben ursprünglich dieses Leben als letzte Inkarnation auf der Erde geplant, können aber aufgrund der erwähnten Blockaden ihre seelische Entwicklung hin zu ihrem wahren Wesen nicht vollenden. Meistens hindert sie ihr allseits geschätzter und gesellschaftlich so hoch gelobter Verstand daran, die geplante Bewusstseinsstufe zu erreichen. Denn wenn ein Mensch aufgrund seiner Ängste, Denkmuster und Gesellschaftsprägungen versucht, sein Leben ausschließlich über die mentale Kontrolle zu meistern, erzeugen seine Blockaden im Mentalkörper eine niederfrequente „Wand", die für Hellsichtige in der Aura optisch sichtbar ist (siehe „Mit dem Herzen denken", Seite 121). Hochschwingende Informationen – also Intuition, geistige Führung und bedingungslose Liebe –, die den zur alten Seele gereiften Menschen normalerweise in seinem Wachstumsprozess hilfreich unterstützen, prallen an dieser „Wand" ab und können dadurch nicht bis in den Emotionalkörper vordringen. Denn nur im Emotionalkörper (Astralkörper) können sie wirksam werden und die notwendigen Transformationsprozesse anregen.

Zum Glück haben wir für diesen Fall in unserem Seelenplan Verabredungen mit anderen Seelen getroffen. Sie treten als Erfüllungsgehilfen in unser Leben und unterstützen uns dabei, unsere Unbewusstheit zu überwinden. Als Impulsgeber „drücken sie uns die Knöpfe", sie berühren unsere seelischen „Wunden", damit wir den Schmerz wahrnehmen und seine Ursache erkennen. Denn nur so können wir unsere seelischen Verletzungen zum Abheilen bringen und uns von den sie erzeugenden Blockaden befreien.

Verhalten wir uns bei Erscheinen unserer Erfüllungsgehilfen allerdings wie die drei Affen, halten uns Augen, Ohren und Mund zu, nur um uns dem schmerzlichen Transformationsprozess, der Aufarbeitung unserer eigenen ungeklärten Gefühle, zu entziehen, kommt die oben genannte Aufstiegsenergie ins Spiel.

Junge oder reife Seelen, deren Seelenteile und Seelenfamilie noch eine Vielzahl von Inkarnationen vor sich haben, bevor sie sich auf der Astralebene wieder vereinigen können, werden mit diesem Vermeidungsverhalten problemlos 90 Jahre alt, ohne in größere Turbulenzen zu geraten. Zum Beispiel die junge Seele, die ihre Geld-, Macht-, und Kontrollgelüste zu Lasten ihrer Mitmenschen auslebt, ist sowohl mental als emotional von der Richtigkeit ihres Tuns überzeugt. Da Denken, Fühlen und Handeln im Einklang sind, entsteht keine Spannung zwischen ihrem mentalen und emotionalen Aurafeld, sodass sie nach dem Gesetz der Resonanz weder Krankheiten noch durch Zweifel bedingte Bestrafungselemente anzieht.

Zudem ist in diesem Seelenalter das Energiefeld eines Menschen noch relativ niederschwingend, da es ihm aufgrund seiner mangelnden Erfahrung noch nicht möglich ist, hochschwingende Elemente wie Eigenliebe, Mitgefühl und bedingungslose Liebe zu entfalten. Zum anderen führen gerade die in diesem Seelenalter zu bearbeitenden Themen dazu, dass sich eine Vielzahl an Mustern und Prägungen als niederschwingende Blockaden in den Energiekörpern festsetzen und deren Frequenz senken. Nach ihrem Ableben ist es diesen entkörperten Seelenteilen nicht mehr möglich, wieder auf der Erde zu inkarnieren, da ihre eigene Frequenz der hohen Frequenz der Fünften Dimension, die die Erde durch ihren Aufstieg angenommen hat, nicht entspricht. Denn auch hier wirkt das Gesetz der Resonanz; Seelenteile können nur auf dem Planeten inkarnieren, der über die Schwingung verfügt, die ihrer eigenen entspricht. Sie beginnen also ihr nächstes Leben auf dem Folgeplaneten, um sich dort weiter zu erfahren und zu erleben. Der Folgeplanet hat eine Frequenz, die der Frequenz der Erde vor ihrem Aufstieg ähnelt. Zurzeit herrschen dort eher mittelalterliche Zustände, die den noch unerfahrenen Seelen reichlich Spielraum für Erfahrungen lassen.

Schwieriger wird es hingegen für alte Seelen im geplanten letzten Leben, die sich aufgrund ihrer scheinbar unüberwindlichen Muster, Prägungen und Glaubenssätze nicht entsprechend ihrem eigenen Seelenplan verwirklichen können oder sich aufgrund ihrer mentalen Verhärtung dem eigenen Transformationsprozess verweigern. Entziehen sie sich langfristig ihren seelischen Erfüllungsgehilfen und lehnen es ab, die Schwierigkeiten im Außen als Spiegel der von ihnen zu bearbeitenden Themen auf sich zu beziehen und die nötigen Konsequenzen aus ihren Erkenntnissen zu ziehen, ist die Wahrscheinlichkeit, von Seiten der Geistigen Welt einen heftigen Impuls zu erhalten, sehr hoch. Mit Hilfe der sich bereits auf der Astralebene befindlichen Seelenteile ihrer eigenen Seele werden sie unmissverständlich darauf hingewiesen, dass es an der Zeit ist, das eigene Wachstum zu beschleunigen und so die geplanten Erfahrungen zu vollenden.

Erfolgt der Impuls auf der körperlichen Ebene, heißt das ganz klar, dass diese Menschen anfällig für Unfälle oder schwere Krankheiten sind. Der Mensch trägt einen entscheidenden Teil dazu bei, da das mentale und das emotionale Aurafeld einer in ihrem seelischen Wachstum stagnierenden alten Seele aufgrund der Disharmonie von Denken, Fühlen und Handeln unter starker Spannung stehen. Der dominante Mentalkörper hat aufgrund seiner Muster und Prägungen klare Vorstellung von „Richtig" und „Falsch" und bestimmt so die rational begründbare Handlung. Der defensive Emotionalkörper aber, der auch mit der Intuition in Verbindung steht, hat völlig andere Wünsche, Bedürfnisse und Ziele, die nicht ausgelebt werden. Die sich aus diesem Konflikt der beiden Energiekörper ergebende Spannung wird langfristig auf das Zellgedächtnis des physischen Körpers projiziert, was entsprechende Krankheiten oder Unfälle im Bereich der Chakren begünstigt, in denen die höchste Spannung vorherrscht.

Häufig ist zu beobachten, dass Menschen versuchen, diese unangenehme Spannung mit Hilfe von alkoholischen Getränken „abzubauen". Letztendlich führt aber gerade der Alkoholkonsum dazu, das Bewusstsein noch stärker zu trüben, den Selbstbetrug aufrechtzuerhalten, Pessimismus und Stagnation zu fördern und so die Wahrscheinlichkeit, ernsthaft zu erkranken, deutlich zu erhöhen.

Wenn eine alte Seele zu stark von ihrem Weg abgekommen ist, können Krankheit und Unfälle auch mit komatösen Zuständen einhergehen, denn diese Zustände bewirken den kompletten Ausfall der niederschwingenden Verstandesbarriere im Mentalkörper. So hat die Geistige Welt die Möglichkeit, höherschwingende Aspekte der eigenen Seele zu integrieren, die den Unwilligen beziehungsweise Unfähigen darin unterstützen, auf seinen, mittels seines Seelenplans gewählten Weg zurückzukehren und so seine geplante letzte irdische Inkarnation doch noch erfolgreich zu vollenden. Diese integrierten Aspekte sind nicht inkarnierte Teile der eigenen Seele, die sich in der Astralebene aufhalten. Sie streben keine körperliche Existenz auf der Erde an, haben aber durch die Integration in einen bereits existierenden menschlichen Körper die Möglichkeit, bestimmte Themen, die sie selbst noch zu erfahren gedenken, zu bearbeiten.

Fällt zum Beispiel ein Alkoholiker, der eigentlich die letzte irdische Inkarnation geplant hatte, aufgrund seines ungehemmten Alkoholkonsums ins Koma, wird er wahrscheinlich höherschwingende Seelenaspekte anziehen, die eine ähnliche Erfahrung anstreben wie die, die der Alkoholiker aufgrund seiner Sucht macht. Die Integration verschlimmert also zuerst die Situation desjenigen, in dessen Körper und Energiesystem sich diese Seelenaspekte eingliedern, denn nun muss er nicht nur seine eigene, sondern auch noch die Thematik des Seelenaspekts mit bearbeiten. Auch der körperliche Anpassungsprozess ist sehr anstrengend, da ein Teil der abgespeicherten, niederfrequenten Information aus dem Zellgedächtnis entweicht, um der höherfrequenten Platz zu machen. Zudem kann die Integration von höherschwingenden Anteilen in ein niederschwingenderes Energiefeld einen Menschen auch mental sehr verwirren. Dem Betroffenen stehen durch die Eingliederung eines Seelenaspekts in der Regel einige harte Wochen oder Monate bevor, und die Integration dauert umso länger, je mehr Widerstand ein Mensch gegen den einzugliedernden Seelenaspekt leistet. Grundsätzlich ist ein eingliederungswilliger Seelenaspekt, der von einer bestimmten Frequenz angezogen wurde, nicht mehr bereit, auf die Astralebene zurückzukehren. Versucht der Verstand des Betroffenen, langfristig die Kontrolle über das Mentale zu behalten, sodass die Integration nicht gelingt, gleitet der Mensch in die Schizophrenie ab. Die Seele wird sich in diesem Fall bemühen, den Körper schnellstmöglich zu verlassen, was den physischen Tod zur Folge hat. Gelingt die Integration der Seelenaspekte jedoch, ist meistens zu beobachten, dass ein Mensch nach erfolgter Genesung in seiner Wahrnehmung und der Ausrichtung seiner Ziele deutlich verändert ist.

Der Impuls der Geistigen Welt kann aber nicht nur durch gesundheitliche, sondern auch über mentale, emotionale oder existentielle Krisen erfolgen. Auch dann ist eine Integration einzelner Aspekte möglich, die Konsequenzen dieser Integration bleiben aber, wie beschrieben, auch in diesem Fall gleich.

Der Vollständigkeit halber möchte ich noch kurz erwähnen, dass es in bestimmten Fällen auch zur Eingliederung niederschwingender Aspekte kommen kann, wenn die Resonanz eines

Menschen entsprechend niederfrequent ist und energetische Löcher in der Aura vorhandenen sind. Auf diese Möglichkeit möchte ich hier allerdings nicht weiter eingehen.

Um uns und den Menschen, die uns in Liebe zugetan sind, alle diese Qualen zu ersparen, ist es also durchaus sinnvoll, sich den notwendigen Prozessen nicht durch Ausblenden, Abschalten, Ablenken, Wegducken und Ignorieren zu entziehen. Denn sie holen uns am Ende wieder ein und nehmen dann umso heftiger Einfluss auf unser Leben. Der scheinbar einfachere Weg ist unterm Strich der schwierigere. Sie wissen doch: „Den Willigen führt die Seele vor sich her, den Unwilligen schleift sie hinter sich her."

Flucht vor uns und unseren Themen ist sinnlos, denn egal, wohin wir gehen, wir nehmen uns überall mit hin. Es ist unmöglich, unserem Schatten davonzulaufen. Wir können eine Zeit lang versuchen, das Licht auszuschalten und in der Dunkelheit herumirren, nur um unseren Schatten nicht erkennen zu müssen. Aber egal, wie lange es dauert, das Licht wird stärker sein und uns irgendwann wieder unseren Schatten offenbaren, und wir werden nicht drum herumkommen, uns mit ihm auseinanderzusetzen.

Wohin ein Mensch sich wendet, um vor seiner inneren Stimme, die auf die Erfüllung des Seelenplans und die Einlösung der karmischen Verabredungen drängt, zu fliehen, ist sehr individuell. Oft wird die Arbeit zur Flucht benutzt, da uns unser Ego über den Verstand immer deren Wichtigkeit und existentielle Notwendigkeit vor Augen hält. Mit dem guten Gefühl, ein verantwortungsbewusster Mensch zu sein, können wir uns bequem als Opfer des auf uns lastenden existentiellen Drucks fühlen und erschaffen so einen logisch nachvollziehbaren Grund, warum wir keine Zeit für Introspektion haben.

Andere Menschen wiederum fliehen ins Dienen und sind bereit, allen und jedem zu helfen, nur um sich dabei vergessen zu können.

Wieder andere versuchen es mit permanenter Ablenkung. Unsere moderne Mediengesellschaft bietet uns eine Vielzahl an Fluchtmöglichkeiten, bis hin zur Flucht in virtuelle Computerwelten, die keinerlei Bezug mehr zu unserer eigenen Welt haben.

Auch wenn wir uns in einem Urlaubsparadies unter Palmen einmal vergessen können, wird es niemandem langfristig gelingen, sich seinen Themen und deren Bearbeitung zu entziehen. Urlaub ist gerade deswegen so erholsam, weil es uns durch die räumliche Trennung für einige Tage gelingt, uns allen Erfüllungsgehilfen, Impulsgebern, Elementalen und wachstumsfördernden Umständen zu entziehen und somit nichts und niemand auf „unsere Knöpfe drückt". Aber die Ausstrahlung unseres Energiefelds und die damit verbundene Erschaffung neuer Elementale sorgen dafür, dass wir bei ausreichend langem Aufenthalt auch in einem Urlaubsparadies nach dem Gesetz der Resonanz von unseren zu bearbeitenden Themen wieder eingeholt werden.

In diesem Zusammenhang muss deutlich herausgestellt werden, dass es ausschließlich darum geht, das in unserem Leben zu erfüllen, was wir uns über unseren Seelenplan vorgenommen haben. Es geht um nichts anderes. Nicht jeder Mensch muss in dieser Inkarnation an seiner Spiritualität arbeiten. Es ist nicht so, dass wir uns grundsätzlich im Laufe all unserer Leben vom schlechten zum guten Menschen entwickeln. Unsere Seele beziehungsweise der Teil der Seele, der in unserem Körper eingekörpert ist, ist grundsätzlich längst erleuchtet und über jeden Zweifel erhaben. Aber über unseren Körper machen wir in der Dritten Dimension in jeder Inkarnation ständig neue, sowohl gute als auch schlechte Erfahrungen, an denen wir wachsen und reifen können. Alles Wissen aus vergangenen Leben ist mit jeder neuen Einkörperung erst einmal wieder vergessen und steht uns erst im Seelenalter der alten Seele in Form der Intuition wieder zur Verfügung. Wenn wir ständig in Kontakt mit den bereits gemachten Erfahrungen stünden, würden wir keine neuen Erfahrungen zulassen oder machen können.

Unter uns Menschen gibt es auch sogenannte „Schläfer", das sind hoch entwickelte, spirituell weit gereifte Seelenteile, die es im Zuge ihrer vielen Inkarnationen versäumt haben, ihren Schatten zu leben. Sie sind nun inkarniert, um sich mit ihrem Beruf, ihrem Körper, ihrer Familie, ihren Süchten oder ihrem Tun so tief zu verstricken, dass sie über die dreidimensionale Basiserfahrung zu ihrem Schatten vordringen und diesen bearbeiten können. (Zu diesem Zweck verengt sich das Kronenchakra so weit, dass kein Zugang mehr zur geistigen Führung möglich ist.) Nach erfolgreicher Bearbeitung der noch ausstehenden Lebensthemen „springen" sie innerhalb kürzester Zeit in ihr erweitertes Bewusstsein zurück, was zu erheblichen körperlichen Anpassungsschwierigkeiten führen kann, da sich der physische Körper erst einmal an die immense Frequenzerhöhung gewöhnen muss. Zudem führt dieses „Aufwachen" oft zu Reibung und Konflikten in den vorherrschenden sozialen Beziehungen, da sich der Erwachte nun in seinem Denken, Fühlen und Handeln seiner Umwelt deutlich verändert präsentiert.

Hat sich ein Schläfer aber so weit in seine dreidimensionalen Themen verstrickt, dass es ihm nicht gelingt, zu „erwachen", wird auch er sich, bedingt durch die niedrige Frequenz seines Energiekörpers, auf dem Folgeplaneten wiederfinden.

Auf Grundlage dieses Wissens ist klar, dass auch hier nicht geurteilt werden kann und darf, welches Seelenalter das bessere oder schlechtere ist. Jede Seele erfährt sich im Laufe ihrer vielen Inkarnationen in guten und schlechten „Rollen", sodass jeder, der für dieses Leben die Rolle des Guten gewählt hat, sich hüten sollte zu vergessen, dass er schon in der nächsten oder gerade in der letzten Inkarnation auf der anderen Seite stehen wird oder gestanden hat.

☆☆

Zwei Seelen wohnen, ach! in meiner Brust

Die eine will sich von der andern trennen:
Die eine hält in derber Liebeslust
sich an die Welt mit klammernden Organen;
die andre hebt gewaltsam sich vom Dust
zu den Gefilden hoher Ahnen.

(Faust 1, Vor dem Tor
Johann Wolfgang von Goethe, (1749 - 1832))

Vielleicht kennen Sie diesen klassischen Ausspruch aus Goethes Faust. Schon im 18. Jahrhundert hat sich Johann Wolfgang von Goethe offensichtlich mit der Trennung von Seele und Körper, Geist und Verstand, Wollen und Tun im Leben eines Menschen auseinandergesetzt. Diese mit seinen Worten beschriebene Trennung des mentalen und emotionalen Energiekörpers ist für Hellsichtige sogar optisch wahrnehmbar. Wenn Verstand und Gefühl ineinanderfließen, geht das farbintensivere emotionale Aurafeld (Ausstrahlung des Emotionalkörpers) nahtlos in das pastellfarbige mentale Aurafeld (Ausstrahlung des Mentalkörpers) über. Ist das nicht der Fall, ist eine deutliche Trennung zwischen beiden Feldern sichtbar. Fließen das mentale und das emotionale Aurafeld ineinander, sind wir in der Lage, unsere Gefühle und emotionalen Muster mit unserem Verstand zu kontrollieren und sie gegebenenfalls zu relativieren. Wir können unsere Glaubenssätze erkennen und uns klar machen, dass wir die Freiheit besitzen, wider unseren Glaubenssätzen zu handeln und so neue Erfahrungen zuzulassen. Unserem konditionierten, geprägten Verstand wiederum, der nie im „Hier und Jetzt", sondern immer in der Vergangenheit oder in der Zukunft anzutreffen ist, können wir mit Hilfe unserer Gefühle den rechten Platz zuweisen. Das Gefühl hilft uns, Gesellschaftsprägungen und eingefahrene Verhaltensmuster zu erkennen und uns über diese hinwegzusetzen, zum Beispiel dann, wenn unsere innere Stimme sagt, dass es wichtiger ist, sich auszuruhen, statt sich auf einer Geburtstagsfeier, zu der wir eingeladen sind, abzulenken.

Sind das mentale und das emotionale Aurafeld aber klar getrennt, interagieren unser Emotional- und unser Mentalkörper also nicht ausreichend, kann das fatale Folgen haben. Wir agieren und reagieren dann, je nach Situation, entweder ausschließlich aus dem mit Glaubenssätzen durchsetzten Gefühl oder aus dem konditionierten Verstand heraus.

Dazu ein Beispiel: Stellen Sie sich bitte einen Menschen vor, der die Seelenrolle eines Helfers hat. Ein Helfer (siehe Band 1) ist ein Mensch, der sich darin findet, anderen zu dienen; dem das Lob und die Wertschätzung seiner Mitmenschen wichtiger sind als Ruhm und öffentliche Anerkennung; der seine Befriedigung darin findet, andere Menschen zu erfreuen und ihnen zu helfen; der glücklich ist, wenn es seinen Mitmenschen gut geht.

Einer, der am besten an der gesellschaftlichen „Front" arbeitet, zum Beispiel als Krankenschwester, Kinderpfleger, Sozialarbeiterin, Streetworker usw. Nun stellen Sie sich vor, dieser Mensch ist männlich, Familienvater und bei einer Versicherung als Buchhalter angestellt. Der seelische Aspekt, also der „Helfer", wird nicht glücklich sein in diesem Beruf. Aber sein Verstand wird diesem Mann jeden Tag dabei helfen, Gründe zu finden, warum es gut und richtig ist, sich beruflich nicht zu verändern. Schließlich ist er ja schon seit Jahren in der Firma beschäftigt, somit unersetzlich und zudem gut angesehen. Er hat ein anständiges Gehalt, von dem er seine Familie ernähren, sein Haus abbezahlen, sich ein Auto leisten und zweimal im Jahr in Urlaub fahren kann. Seine Arbeit kann er überschauen und bewältigen und muss sich so keiner Konkurrenz, keiner neuen Herausforderung und der damit verbundenen Unsicherheit mehr stellen. Auch seine Mutter ist stolz auf ihn, dass er einen krisensicheren Job gefunden hat und in die Fußstapfen seines fleißigen Vaters getreten ist, der für dasselbe Unternehmen tätig war.

Vielleicht ist die Ehe dieses Mannes auch nicht mehr so, wie sie sein sollte. Er und seine Frau leben aneinander vorbei, haben sich nichts mehr zu sagen oder streiten oft miteinander. Die Liebe zwischen den beiden hat sich verflüchtigt. Beide funktionieren freudlos in ihrer Beziehung. Aber auch hier liefert der Verstand des Mannes kausale Argumentationsketten, die ihn dazu bringen, an seiner Ehe festzuhalten: Das Haus ist noch nicht abbezahlt, die Kinder sind noch zu klein, was sollen die Nachbarn und die Schwiegereltern denken usw. Auf emotionaler Ebene aber sehnt sich dieser Mann womöglich nach einer partnerschaftlichen Verbindung, Nähe, erfüllender Sexualität, Lebensfreude und Genuss und würde sich auch gerne intensiver mit den Kindern beschäftigen.

Fließen das emotionale und das rationale Aurafeld nicht ineinander, sind also der Emotional- und der Mentalkörper nicht ausreichend in Verbindung, wird dieser Mann sich immer weiter in seinen Sicherheit versprechenden Verstand „einmauern". Er wird jegliche äußere Veränderung oder innere Inspiration zu vermeiden versuchen, um seine rational fassbaren Argumentationsketten nicht zu gefährden. Gefühl und Intuition werden immer weiter verdrängt, sie treten nur noch beim Einschlafen und Aufwachen oder über Träume ins Bewusstsein. Der ursprüngliche Seelenplan wird missachtet, die Bedürfnisse und Wünsche der Seele ignoriert. Lebensfreude, Genuss und der tiefe Wunsch nach einem Sinn im Leben werden durch Einsatz, Leistung, Geld, Sicherheit, Ansehen und materielle Äußerlichkeiten kompensiert.

Das Vorgenannte soll nicht heißen, dass dieser Mann alle Zelte abbrechen und auf die Verantwortung seiner Familie gegenüber pfeifen soll. Aber er sollte jederzeit seine emotionalen und seelischen Aspekte mit einbeziehen und eine Lösung anstreben, die seinen Wünschen möglichst nahekommt, ohne die Verantwortung für seine Familie dabei aus den Augen zu verlieren. Veränderungen müssen nicht zwangsläufig mit einem großen Ruck herbeigeführt werden, sondern können sich auch zielgerichtet in vielen kleinen Schritten vollziehen.

Wird das Mentale dauerhaft überbewertet, kommt es im energetischen System dieses Menschen zu einem massiven Ungleichgewicht, zu einer inneren Spaltung. Auf der mentalen Seite baut sich nach und nach gewaltiger Druck auf, wo hingegen auf der emotionalen Seite Mangel herrscht. Das Leben wird diesem Mann sicherlich immer wieder mittels entsprechender zwischenmenschlicher Begegnungen und Situationen Erfahrungen kreieren, die ihm die Chance bieten, sich seiner inneren Spaltung bewusst zu werden. Behält jedoch auch trotz dieser äußeren Spiegelungen der Verstand die Oberhand, wird sich über kurz oder lang die Seele über den Körper bemerkbar machen müssen, um über Krankheit oder Unfall darauf hinzuweisen, dass dieser Mensch zu stark von seinem geplanten Seelenweg abgekommen ist.

Natürlich kommen wir seelisch auch dann ins Ungleichgewicht, wenn wir statt des mentalen den emotionalen Pol einseitig überbetonen.

Wir tun uns also den größten Gefallen, wenn wir die latent in uns vorherrschenden Gefühle nicht mit dem Verstand unterdrücken oder uns mittels Alkohol oder ähnlicher Substanzen gefühllos machen. Wenn wir unsere Kreativität neu beleben, damit durch die Aktivierung beider Hirnhälften und die Freude am Selbstausdruck das mentale Feld sich kontrollierend und regulierend auf unsere Gefühle auswirkt. Wenn wir die Bereitschaft für seelisches Wachstum und den Mut für Veränderungen aufbringen. Auf diese Weise ersparen wir uns viele Schwierigkeiten, Konflikte und Krankheiten und kommen dem, was wir zu leben und zu erfahren geplant haben, am nächsten.

☆☆

Mit dem Herzen denken

Wir haben nicht nur einen grobstofflichen physischen Körper mit all seinen sinnlichen Wahrnehmungsmöglichkeiten, sondern es gibt noch weitere feinstoffliche, energetische Körper, die ebenfalls zu uns gehören, auch wenn nicht alle Menschen von ihrer Existenz wissen.

Die feinstofflichen Körper bestehen aus einem Feld aus Energie, und jeder dieser Körper besitzt eine spezifische Schwingungsfrequenz (siehe „Mediale Wahrnehmungsmöglichkeiten“, Seite

171). Der physische Körper hat von allen Körpern die niedrigste Frequenz, weswegen er materiell sicht- und spürbar ist. Alle anderen Energiekörper besitzen eine höhere Schwingung, wodurch sie feinstofflich und somit nicht mehr für unsere fünf Sinne wahrnehmbar sind.

Alle Körper zusammen machen unser Sein und unser Wesen aus, und sie beeinflussen wesentlich unser Immunsystem. Je höher die Schwingungen der einzelnen Körper sind, umso gesünder und widerstandsfähiger sind wir.

Die Chakren sind die feinstofflichen Organe dieser Körper. Sie übertragen Energien von den verschiedenen Schwingungsebenen auf uns, und auch wir geben über unsere Gedanken, Gefühle und Taten Energien an sie ab. Durch die Chakren sind alle Energiekörper untereinander und auch mit dem physischen Körper verbunden.

In den feinstofflichen Körpern befinden sich neben den Chakren auch die Energie-Meridiane, die unter anderem in der Traditionellen Chinesischen Medizin (TCM), der Kinesiologie und der Akupunktur eine große Rolle spielen. Auf diesen Meridianen fließt die Energie durch unseren Körper.

Da die energetischen Körper in Form und Größe identisch mit dem physischen Köper sind, können nicht sie, sondern nur ihre energetischen Abstrahlungen (= Aura) von hellsichtigen Menschen als farbige Felder wahrgenommen werden. Da die Energiekörper verschiedene Frequenzen aufweisen, strahlen sie unterschiedlich weit und in verschiedenen Farben über den physischen Körper hinaus und bilden so verschiedene Schichten, die auch als Aurafelder bezeichnet werden. Die Aurafelder präsentieren sich in folgender Reihenfolge (vom Körper aus nach außen, in der Frequenz ansteigend):

- Ätherisches (vitales) Aurafeld,
  als Abstrahlung des physischen Körpers in Verbindung mit dem Ätherkörper,
- emotionales (astrales) Aurafeld,
  als Abstrahlung des Emotional- (Astral-)körpers,
- mentales Aurafeld,
  als Abstrahlung des Mentalkörpers,
- kausales Aurafeld,
  als Abstrahlung des Kausalkörpers.

Ich möchte im Folgenden kurz auf die Energiekörper eingehen (wer genauere Erklärungen sucht, findet gewiss eine Vielzahl verschiedener Bücher zu diesem Thema).

Der Ätherkörper

besteht aus dem ätherischen Doppel (Blaupause des physischen Körpers) und bildet ein Netz aus feinen Energielinien. Er stellt die „Energiematrix" dar, also ein Kraftfeld, das die Materie des Körpergewebes „zusammenhält" und so unserem physischen Körper überhaupt erst seine Form und Stabilität verleiht. Die Materie „wächst" quasi in das ätherische Feld hinein; das Feld existiert somit vor der Materialisierung. Der Ätherkörper ist untrennbar mit dem physischen Körper verbunden und löst sich nach dem Tod eines Menschen auf.

Der Ätherkörper hat dieselbe Struktur wie der physische Körper, allerdings in einer ätherischen Form, also in einem Zustand zwischen Energie und Materie, und wirkt so wie eine Brücke zwischen dem grobstofflichen Körper und den feinstofflichen Energiekörpern.

Die Vital- oder Ätheraura, also die energetische Abstrahlung des Ätherkörpers, ist für Hellsichtige als zwei bis fünf cm breites Band aus weißem Licht wahrnehmbar, das direkt am physischen Körper anliegt. Der Zustand der Ätheraura gibt Auskunft über den Gesundheitszustand eines Menschen.

Der Emotionalkörper (auch Astralkörper)

enthält neben unseren Gefühlen, Wünschen und Begierden auch die noch nicht bearbeiteten Gefühle aus unserer (karmischen) Vergangenheit.

Das „emotionale Aurafeld", also die Abstrahlung des Emotionalkörpers, liegt zwischen dem ätherischen und dem mentalen Aurafeld. Der Emotionalkörper ist also hochfrequenter als unser Ätherkörper, hat aber eine niedrigere Frequenz als unser Mentalkörper.

Bei gutem energetischen Zustand des Emotionalkörpers, also wenn wenige Blockaden in Form von Ängsten, Mustern und Prägungen vorhanden sind, sind die Farben des emotionalen Aurafelds kräftig und klar.

Der Mentalkörper

enthält alle unsere Gedanken, Gesellschaftsprägungen, Denkmuster und nicht bewältigten Gedanken aus unserer (karmischen) Vergangenheit. Das mentale Aurafeld schließt an das emotionale Aurafeld an. Wenn nur wenige Blockaden im Mentalkörper vorherrschen, ist seine energetische Abstrahlung, also das mentale Aurafeld, als pastellfarbenes Licht wahrnehmbar.

Fließen das emotionale und das mentale Aurafeld ineinander, gehen die eher kräftigen Farben des emotionalen Aurafelds ohne erkennbare Begrenzung in die Pastelltöne des mentalen Aurafelds über. Denkt ein Mensch entweder rein verstandesbetont oder rein gefühlsbetont, ohne dass eine ausreichende Interaktion zwischen Mental- und Emotionalkörper stattfindet, ist eine deutliche Grenze zwischen beiden Aurafeldern erkennbar.

Agiert ein Mensch aufgrund seiner Gesellschaftsprägungen, karmischen Muster und Ängste überwiegend aus dem Verstand heraus, bilden die niederschwingenden Blockaden im Mentalkörper eine Art „Glocke“, die von hochschwingenden Informationen in Form von Intuition, geistiger Führung oder bedingungsloser Liebe nicht durchdrungen werden kann. Dringen diese Informationen aber nicht bis in das mentale Aurafeld, können sie auch das darunterliegende emotionale Aurafeld nicht erreichen. Die Impulsgebung durch die Geistige Welt oder unsere Erfüllungsgehilfen bleibt aus, sodass letztlich entscheidende emotionale und seelische Entwicklungsprozesse unterbleiben.

Für eine junge Seele, die sich mit den Themen Geld, Macht, Kontrolle und Materie auseinandersetzt, ist das Vorgenannte kaum von Bedeutung. Sie erfährt sich ja gerade im unbefangenen, unvoreingenommenen Erleben des Neuen und kann sowieso nur auf wenige Erfahrungen aus vorangegangenen Leben (= Intuition) zurückgreifen. Die Gefühle im Emotionalkörper stehen bei ihr nicht im Widerspruch zu den Gedanken im Mentalkörper, sodass keine negative Spannung entsteht, die sich auf das Zellgedächtnis des physischen Körpers auswirken und Krankheiten begünstigen würde.

Für eine alte Seele, die ihre seelische Entwicklung und die damit einhergehende Erhöhung der Frequenz aller Energiekörper als Hauptziel in ihrem Seelenplan fixiert hat, kann der Mangel an Intuition und geistiger Führung weitreichende Konsequenzen haben. Die Gefühle und Bedürfnisse des Emotionalkörpers stehen in deutlichem Widerspruch zu den durch Blockaden erstarrten gedanklichen Inhalten des Mentalkörpers. Diese Spannung wirkt sich auf das Zellgedächtnis des physischen Körpers aus und führt dazu, dass Krankheiten im Bereich der Chakren entstehen, in denen die meisten Blockaden vorherrschen.

Der spirituelle Körper (auch Kausalkörper)

ist eine Art „Festplatte", auf der alle guten und schlechten, erlösten und unerlösten Erfahrungen abgespeichert sind, die wir bis heute in allen von uns bisher gelebten Leben gemacht haben. Er speichert auch alle wesentlichen Erfahrungen dieses Lebens. Der Kausalkörper bleibt „Zuschauer" bei allem, was wir tun, denken und fühlen, und kann durch nichts oder niemanden verletzt werden. Da der Kausalkörper die höchste Frequenz der hier aufgeführten Körper besitzt, reicht das kausale Aurafeld am weitesten über den Körper hinaus. Es schließt sich direkt an das mentale Aurafeld an.

Die energetischen Körper haben eine andere „Wahrnehmung" dessen, was uns widerfährt, als unser physischer Körper, beeinflussen diesen aber wesentlich, da sich die Körper gegenseitig durchdringen und energetisch aufeinander wirken. Wie sehr sich deren Empfindungen von unserer rational gesteuerten Wahrnehmung unterscheiden, ist erfahrbar, wenn man im Rahmen einer Aufstellungsarbeit Gelegenheit hat, diese feinstofflichen Körper einmal von „außen", also aus der Zuschauerposition heraus, zu beobachten. Selbst wenn wir uns körperlich kerngesund fühlen, kann sich gleichzeitig der Emotionalkörper unterversorgt, der spirituelle Körper unterfordert, der Mentalkörper als der alleinige, unbesiegbare Herrscher über unser Leben fühlen.

Sind wir physisch krank, kann es wiederum sein, dass der spirituelle Körper es genießt, durch die zwangsweise herrschende Ruhephase unseres physischen Körpers Zeit für Erkenntnisse und Innenschau zu haben, dass der Emotionalkörper die Zuwendung, die uns nun zuteil wird, als wohltuend empfindet und der Mentalkörper auf die Barrikaden geht, weil er mit dem Zustand des Krankseins nicht einverstanden und somit voller Widerstände ist. Welche Auswirkungen es hat, wenn die einzelnen Körper gegeneinander statt miteinander arbeiten, können Sie im Abschnitt „Zwei Seelen wohnen, ach! in meiner Brust" nachlesen.

Nun stellen Sie sich vor, dass Sie mit einem Menschen in Kontakt sind, der Ihnen sehr nahesteht. Funktioniert die Beziehung, findet die Begegnung zwischen Ihnen nicht nur auf der rein physischen Ebene über Sprache und Körperkontakt, sondern auch auf allen anderen Energiekörperebenen statt. Die durch die Begegnung aktivierten Gefühle interagieren über den Emotionalkörper miteinander; durch die verbale Verständigung findet eine Kommunikation der Mentalkörper statt. Auch die spirituellen Körper agieren durch die Reibung und das Wachstum, das jede Beziehung, egal, wie sie geartet ist, zwangsläufig mit sich bringt, miteinander.

Was passiert nun aber, wenn wir mit einem Menschen zu tun haben, zu dem wir eine einseitige oder gar gestörte Beziehung haben, obwohl wir diesen vielleicht sehr mögen oder sogar lieben? Wie wir diesen Konflikt meistern können, will ich nachfolgend erklären.

Wie beschrieben, ist es möglich, dass der Mentalkörper Ihres Gegenübers für Ihre liebevollen und somit hochschwingenden Impulse undurchdringlich ist. Ihre Anregungen oder Argumente prallen an der mentalen „Glocke" Ihres Gesprächspartners ab und kommen als „Echo" zu Ihnen zurück. Sie aber haben vielleicht schon den nächsten Gedanken gedacht, den nächsten Satz gesagt, das nächste Argument formuliert, und so verdoppelt sich das Echo. Innerhalb kürzester Zeit stellen Sie fest, dass sie gedanklich ununterbrochen mit ihrem Gegenüber beschäftigt sind, aber ohne das Gefühl zu haben, es erreichen zu können. Das ist sehr kraftraubend und erzeugt garantiert Widerstand in Ihnen.

Möglicherweise geht es Ihnen mit dem Emotionalkörper Ihres Gegenübers ähnlich: Ihre energetisch hochfrequenten Gefühle und Herzenergien kommen beim anderen einfach nicht an, denn auch sie prallen bereits an dessen „Mental-Glocke" ab, sodass sie nicht bis in das emotionale Aurafeld beziehungsweise den Emotionalkörper vordringen und dort wirksam werden können.

Wenn, aus welchen Gründen auch immer, kein körperlicher Kontakt zwischen Ihnen und Ihrem Gegenüber besteht, ist auch keine Interaktion Ihrer physischen Körper möglich.

Was Ihnen bleibt, ist nur die Kontaktaufnahme zum spirituellen (auch kausalen) Körper. Das spirituelle/kausale Aurafeld hat die höchste Frequenz und liegt hinter dem mentalen Aurafeld; es wird also durch die „Mental-Glocke" nicht beeinflusst. Die Energie des spirituellen Körpers ist grundsätzlich hochschwingend, sodass er – ungeachtet sonstiger Bedingungen – jederzeit für hochfrequente Energien in Form von bedingungsloser Liebe, Intuition und geistiger Führung durchlässig ist.

Bitte beachten Sie: Nicht die niederfrequente Energie Ihres Verstandes, Ihrer Erwartungen und Ansprüche, sondern nur die hochschwingende Energie Ihres Herzens, Ihrer bedingungslosen Liebe, kommt im Kausalkörper (spirituellen Körper) des anderen an. Sie können grundsätzlich den spirituellen Körper nicht mit Ihrem Verstand erreichen, denn Ihr Verstand, Ihr Ego, trennt Sie von Ihrem Gegenüber. Das Ego flüstert Ihnen ins Ohr, was der andere alles falsch gemacht, was er Ihnen angetan und wie sehr er Sie verletzt hat. Es gaukelt Ihnen vor, dass Sie alles besser wissen und in einer vergleichbaren Situation alles anders machen würden. Es verengt Ihren Blick, schnürt Ihnen das Herz zu und macht Sie zum Richter über Gut und Böse, Richtig und Falsch. Mit dem Verstand richten Sie Ihre Energien somit unbewusst wieder auf die undurchdringliche Glocke des Mentalkörpers Ihres Gegenübers.

Wenn Sie es aber schaffen, mit Ihrem Herzen an Ihr Gegenüber zu denken, sich von Ihrem fordernden, wollenden Ego zu befreien, können Sie die Seele des Menschen über den spirituellen Körper erreichen. Dann lieben Sie bedingungslos, können den anderen so nehmen, wie er ist, lassen ihm seine Erfahrungen, akzeptieren die Ihrigen, sind geduldig und einverstanden mit dem, was ist. Dann fühlen Sie sich nicht mehr getrennt, sondern verbunden, denn der spirituelle Körper kennt keine Trennung, er ist Teil der Einheit und jederzeit mit allem verbunden. Dann kehren Ihre Gedanken nicht als „Echo" zu Ihnen zurück, sondern erreichen ihren Empfänger, sodass Sie zu Ihrer inneren Ruhe zurückfinden.

Auch wenn eine Beziehung zu einem Menschen überwiegend von Reibung und Missklang gekennzeichnet ist, vielleicht sogar in einer Trennung endet, bleiben doch die Seelen über den spirituellen Körper verbunden. Diese Verbundenheit kann ewig bestehen bleiben, sofern die Seelen miteinander verwandt oder verabredet sind.

In der Regel sind wir auf seelischer Ebene genau mit den Menschen am stärksten verbunden, die aufgrund ihrer tiefen seelischen Liebe zu uns bereit waren, uns in unserem jetzigen Leben wehzutun oder gar zu schaden. Sie sind unsere Erfüllungsgehilfen, denn sie ermöglichen es uns, genau die Erfahrungen zu machen, die wir über unseren Seelenplan geplant haben. Erfahrungen, an denen wir seelisch wachsen können. Und genau das entspricht dem eigentlichen Sinn unseres Daseins: Uns in der Dreidimensionalität zu erfahren und dabei spirituell zu reifen.

Seien Sie sich also immer dessen bewusst, dass auch und gerade in den größten zwischenmenschlichen Schwierigkeiten das Potenzial für Wachstum und Entwicklung liegt, und dass jede Erfahrung, die wir mit einem anderen Menschen machen, für beide Seiten eine Bereicherung darstellt, auch wenn sie sich oft schmerzhaft anfühlt und uns Kummer bereitet.

☆☆

Loslassen

„Nichts ist schwerer als einfach loszulassen“

(Siegfried Wache)

Wir alle haben mit unserem Verstand längst begriffen, wie wichtig es ist, loszulassen. Schlechte Gewohnheiten, eingefahrene Denkstrukturen und Verhaltensweisen, Freunde, die keine mehr sind, Gegenstände, die wir nicht mehr brauchen, und vieles andere. Aber in der Umsetzung gestaltet es sich meistens schwierig, alle Bande, die uns mit jemandem oder etwas verbinden, zu durchtrennen. Selbst wenn uns längst klar ist, dass uns diese letztlich mehr schaden als nutzen.

Der Grund dafür, dass wir so schlecht loslassen können, ist, dass wir meistens in Bezug auf einen Menschen oder eine Situation nur den Gipfel des Eisbergs erkennen können, aber nicht das, was darunter liegt. Schaffen wir es endlich, uns von dem oberen, sichtbaren Teil des Eisbergs zu trennen, wirkt der unter

Wasser liegende Teil aber weiterhin auf uns ein und hält uns fest. Der Teil des Eisbergs unter Wasser besteht aus Ängsten, Mustern, Prägungen und karmischen Altlasten, aber auch aus Hoffnungen und Illusionen. Es wäre hilfreich, wir würden einen Taucheranzug anziehen und uns in die eiskalten, dunklen Fluten stürzen, um uns ein reales Bild von dem zu machen, was uns letztlich daran hindert, loszulassen. Auf diesen Tauchgang können wir uns zwar mental mit Hilfe anderer Menschen vorbereiten, aber letztlich müssen wir die Bereitschaft besitzen, uns alleine ins Ungewisse zu stürzen, um dem zu begegnen, was uns so lange verborgen blieb.

Wenn man, wie es bei der Lehre von den fünf Elementen der Fall ist, Wasser mit Gefühlen gleichsetzt, zeigt das Bild, dass wir die eigentlichen Ursachen für unser Unvermögen, loszulassen, emotional abgespalten haben, sie so weit in den Untergrund verdrängt haben, bis wir sie nicht mehr wahrnehmen können. Natürlich wirken diese ungeklärten und unerlösten Emotionen im Untergrund fort und haben schon manches unserer „Erfahrungs-Schiffe" zur „Titanic" werden lassen, die an unserem Eisberg zerschellt ist.

Wenn wir jetzt an uns feststellen, dass wir bereit sind, unsere Opferhaltung aufzugeben, die es sich in der Komfortzone des Egos gemütlich gemacht hat, stellt sich die Frage, wie wir es schaffen können, den Eisberg aufzutauen, der, einer Fernsteuerung gleich, unser Verhalten bestimmt. Hierzu ist es sinnvoll, sich zuerst die eigenen Ängste zu vergegenwärtigen. Aber gerade auf dem Gebiet haben wir oft leider einen ausgeprägten „blinden Fleck"; es gibt nur wenige Menschen, die ihre Ängste so klar wahrnehmen können, dass sie bereit sind, sich diese einzugestehen und sich ihnen aktiv zu stellen. Das Leben hilft uns bei der Bewusstwerdung, indem es uns schwierige Beziehungen oder Situationen präsentiert, die uns unsere Ängste unmissverständlich und unverschleiert vor Augen führen. Trotzdem bedarf es häufig erst eines Impulses von außen (zum Beispiel in Form von Atemarbeit, Aufstellungen, Reading, Rückführungen usw.), um uns in dem Spiegel, der uns direkt vor die Nase gehalten wird, erkennen zu können.

Es gibt unzählige Ängste, trotzdem möchte ich nachfolgend einige der am häufigsten auftretenden nennen, die letztlich alle ein und dieselbe Ursache haben, nämlich mangelndes Urvertrauen und mangelnde Eigenliebe.

- Angst vor Zurückweisung,
- Angst vor Ablehnung,
- Angst vor Minderwertigkeit,
- Angst vor Veränderung,
- Angst vor Versagen,
- Angst vor Fehlern,
- Angst vor Krankheit,
- Angst vor den eigenen Gefühlen,
- Angst vor Endgültigkeit,
- Angst vor Mangel (materiell und emotional),
- Angst vor Verletzung (physisch und emotional),
- Angst vor Versäumnis,
- Angst vor überschäumender Lebensfreude.

Aus einer Mischung dieser und anderer Ängste besteht unser „Eisberg“, der nur durch unsere Bereitschaft, sie erkennen, annehmen und in Eigenliebe transformieren zu wollen, abgetaut werden kann; unsere Bereitschaft, uns ungeschönt ins Gesicht zu schauen und an unseren Themen und unserem Verhalten zu arbeiten. Dazu bietet sich eine Vielzahl an Möglichkeiten, wagen wir es erst einmal, den ersten Schritt in Richtung Selbsterkenntnis zu gehen. Gleich einem Lavastrom können nun Urvertrauen und Eigenliebe aus unserem Inneren aufsteigen. Dieses Urvertrauen, dass alles in sich sinnvoll und zielgerichtet ist und wir jederzeit mit allem verbunden sind, lässt nicht nur den Eisberg unter Wasser schmelzen, sondern erschafft, so, wie es auch die Lava tut, nach und nach neues Land in unserem Ozean der Gefühle. Im Gegensatz zum Eisberg bietet uns dieses einen festen, sicheren Boden unter den Füßen, auf dem wir unser „Haus" bauen können, um eine Heimat und einen sicheren, geschützten Ort in unserem Leben zu haben.

Im Laufe der Zeit siedeln sich auf unserem nährstoffreichen Untergrund „Flora" und „Fauna" (Eigenliebe) an, sodass wir uns (er)nähren und uns an ihrer Schönheit erfreuen können. Vielleicht gelingt es uns sogar, „Bodenschätze" (unsere Fähigkeiten und Talente) zu heben, von denen wir zuvor nicht wussten, dass wir derartige Kostbarkeiten in uns tragen. Wir können einen „Leuchtturm" (Abgrenzungs- und Kommunikationsfähigkeit) erbauen, der auch anderen den Weg weist und uns davor bewahrt, dass unsere „Erfahrungs-Schiffe" oder die unserer Mitmenschen an unserer Insel zerschellen. Von dieser Insel aus können wir entscheiden, was wir behalten möchten und was wir bereit sind, den Fluten zu übergeben, also loszulassen.

Die Entscheidung, etwas loszulassen, muss zuerst im Mentalen, also über den Verstand, getroffen werden. Doch wenn sie nicht bis in unser Gefühl vordringt, bleibt sie ohne Konsequenz, wie ein guter Vorsatz, der nicht eingehalten wird. Alle Erkenntnisse, die mit dieser Entscheidung einhergegangen sind, müssen Stück für Stück, Scheibe für Scheibe, in unser Gefühl einsickern, bis wir nicht nur verstehen, warum wir etwas loslassen sollten, sondern auch fühlen, wie viel wir gewinnen, wenn wir etwas loslassen, oder wie sehr wir uns belasten, wenn wir an Menschen oder Situationen, die uns nicht dienlich sind, festhalten. Die Erkenntnisse müssen tief in uns eindringen, bis wir bereit sind, den Schmerz, den das Loslassen eines geliebten Menschen oder einer gewohnten Ordnung mit sich bringt, zu durchleiden und ihn zu erlösen. Erst dann sind wir wirklich in der Lage, uns zu befreien.

Einem Papierschiff gleich, das wir ins Wasser setzen, dauert es eine Zeit lang, in der wir beobachten können, wie das Schiff sich immer weiter von unserer Insel entfernt. Ab und zu kommt noch einmal eine besonders große Welle unserer alten Muster, Gefühle und Gewohnheiten und trägt das Schiff wieder ein Stück in Richtung unseres Eilands. Letztlich aber wird es immer weiter wegschwimmen, bis es sich unseren Blicken und unserer Aufmerksamkeit entzieht. Erst dann spüren wir die Leichtigkeit und den Gewinn, den uns das Loslassen bringt.

Loslassen ist also ein Prozess, keine Tat, die sich einmalig vollzieht und dann als abgeschlossen betrachtet werden kann. Es ist wichtig, dass wir in diesem Prozess aufmerksam und liebevoll mit uns umgehen. Wir benötigen Aufmerksamkeit, um Gedankenhygiene betreiben zu können, also unsere inneren Bilder und Gedanken immer wieder auf alte Muster und destruktive Glaubenssätze hin zu untersuchen. Und wir müssen uns mit Eigenliebe nähren, um uns nicht autoaggressiv zu beschimpfen, dass wir uns jetzt immer noch nicht befreit haben, obwohl wir doch längst wissen, wie es funktionieren kann, und dass andere Menschen anscheinend viel schneller loslassen können als wir ...

Erkennen wir solche „Altlasten" in unseren Gedanken oder Gefühlen, sollten wir sie keinesfalls mit der Kraft des Widerstands nähren, sondern ihnen alle Aufmerksamkeit entziehen, indem wir uns gezielt etwas anderem zuwenden. Es geht nicht darum, Gedanken oder Gefühle zu verdrängen, sondern sie als das zu nehmen, was sie sind: flüchtige Objekte, die immer mehr an Kraft gewinnen, je mehr wir uns ihnen zuwenden, die aber von alleine vergehen, wenn wir sie möglichst ignorieren und ihnen so die Energie unserer Aufmerksamkeit entziehen.

Um bei dem Bild der Insel zu bleiben: Wir müssen immer wieder abgeben und loslassen, denn unser Eiland ist klein, sodass wir nicht unbegrenzt Dinge auf ihm horten können, wollen wir uns noch frei bewegen. So, wie sich das Kleinkind irgendwann einmal von seinen Babyspielsachen, das Schulkind von seinen Matchboxautos und den Bauklötzen, der Teenager von Lego und Playmobil trennt, müssen auch wir uns immer wieder trennen. Wie außen, so innen, heißt es in dem geistigen Gesetz, das Hermes Trismegistos formulierte. Wir müssen loslassen, was uns nicht mehr interessiert, unserer persönlichen Entwicklung nicht mehr dienlich ist oder sie gar hemmt. Wir müssen Menschen und Gewohnheiten loslassen, die uns psychisch oder physisch schaden. Wir müssen Wohnungen, Häuser oder gar unsere Heimat loslassen, wenn die Bedingungen dort ungünstig sind oder unser Weg uns an einen neuen Ort führt. Ebenso müssen wir überholte Verhaltensmuster, kindliche Prägungen und karmische Altlasten loslassen, um unser Bewusstsein zu erweitern und unsere Persönlichkeit zur Entfaltung zu bringen.

Der erste Schritt, um loszulassen, besteht häufig darin, zu vergeben und zu verzeihen.

☆☆

Vergeben und Verzeihen

Wenn wir mit Menschen oder Situationen hadern oder mit ihnen im Unreinen sind, binden wir uns energetisch an sie. Diese energetischen Verbindungen kosten viel Kraft, da sie uns aus unserer Mitte reißen und uns so um unsere innere Ruhe bringen. Wie durch ein unsichtbares „Seil“ sind wir an Personen, Umstände, Verhältnisse oder Bedingungen gefesselt und schränken dadurch unseren eigenen Spielraum und unsere Bewegungsfreiheit empfindlich ein. Dieses „Seil“ besteht aus Schuldgefühlen, unerfüllten Erwartungen, unausgesprochenen Vorwürfen, Wut und Minderwertigkeitsgefühlen. Um uns und andere zu befreien, sollten wir dieses Seil Faser für Faser auflösen, zum Beispiel mit einem Ritual:

- Verzeihen Sie sich alles Leid, das Sie jemals anderen Kreaturen angetan haben, und verzeihen Sie allen, die Ihnen Leid zugefügt haben.
- Verzeihen Sie sich alle Lügen, die Sie jemals ausgesprochen haben, und verzeihen Sie jenen, von denen Sie belogen wurden.
- Brechen Sie alle Gelübde, Schwüre, Versprechungen und Verpflichtungen, die Sie jemals eingegangen sind.
- Bedanken Sie sich bei all Ihren Erfüllungsgehilfen, die es Ihnen ermöglicht haben, die für Sie notwendigen Erfahrungen zu sammeln, und entlassen Sie sie in Frieden.
- Nehmen Sie jede Situation, Begebenheit und jeden Umstand ohne „Wenn“ und „Aber“ an. Seien Sie einverstanden mit dem, was passiert ist, und machen Sie sich bewusst: Jeder Augenblick, auch wenn er noch so leidvoll oder schmerzhaft war oder ist, ist eine Chance, Ihre Bewusstheit

zu steigern und Ihr seelisches Wachstum voranzutreiben.

Natürlich können Sie in Büchern nach entsprechend vorformulierten Texten für ein derartiges Ritual Ausschau halten. Besser ist es allerdings, wenn Sie Ihre Ritualtexte selbst schreiben. Durch die Auseinandersetzung mit dem, was Sie loslassen möchten, richten Sie Ihre Energien bereits auf Heilung und Befreiung aus. Das eigentliche Ritual stellt dann den Höhepunkt Ihrer Absichtserklärung dar, frei zu werden und Altes, Überflüssiges loszulassen.

Jedes Ritual dient ausschließlich dazu, unsere Konzentration auf einen bestimmten Punkt zu fokussieren und unsere Energien zu bündeln. Sollten Sie noch wenig Erfahrung mit der Durchführung von Ritualen haben, finden Sie nachfolgend eine kleine Anleitung:

- Führen Sie das Ritual in einer stillen Stunde – möglichst allein, in freier Natur oder an einem ruhigen Ort – durch.
- Stimulieren Sie Ihre Sinne mit Hilfe von Räucherwerk, Aromalampen, frischen Blüten oder Sonstigem, was Ihnen Freude macht.
- Zünden Sie eine Kerze an (es darf auch ein Lager-/Kaminfeuer oder eine Fackel sein). Richten Sie dabei Ihre gesamte Aufmerksamkeit auf Ihr Tun.
- Singen oder summen Sie, spielen Sie auf Ihrem Instrument, wenn Sie mögen, oder lassen Sie meditative Musik laufen (natürlich können Sie auch schweigen, wenn Ihnen das mehr entspricht). Zentrieren und fokussieren Sie sich dabei bestmöglich auf den Augenblick.
- Lesen Sie sich den Ritualtext laut vor und enden Sie mit einer Formulierung Ihrer Wahl, zum Beispiel: „So soll es sein“,

„Mein Wunsch möge sich erfüllen" oder „Das ist mein Wille". Betonen Sie Ihre Worte und legen Sie so viel Gefühl wie möglich in den Text.

- Verbrennen Sie den Ritualtext.
- Bedanken Sie sich (bei wem auch immer: bei den Elementen, der Geistigen Welt, Gott, sich selbst ...). Auch Ihr Dank sollte aus tiefstem Herzen kommen.
- Schließen Sie die Augen und spüren Sie einen Moment in die Situation hinein, beobachten Sie dabei, was in Ihnen vorgeht und was Sie empfinden.

Bei Bedarf können Sie das Ritual in gleicher oder in abgewandelter Form jederzeit wiederholen.

Wenn Sie sich intensiv mit dem Vergeben und Verzeihen auseinandersetzen möchten, zum Beispiel weil Sie einen unterschwelligen, unerlösten Zorn oder Groll in sich spüren, ist es hilfreich, sich mit Ho`oponopono, einem hawaianischen Vergebungsritual, zu beschäftigen. Da es viel lesenswerte Literatur zu diesem Thema gibt, möchte ich an dieser Stelle nicht weiter darauf eingehen.

☆☆

Nicht glauben, sondern wissen wollen

„Glauben heißt nicht wissen", lautet ein bekannter Ausspruch. Für streng mental ausgerichtete Menschen ist das eine Kernaussage, aus der sie ableiten, dass nur das existent ist, was für sie mit ihren fünf Sinnen erfahrbar ist. Mir drängt sich in diesem Zusammenhang immer der Vergleich mit einem Riesenkraken auf, der in mehreren tausend Metern Tiefe im Meer lebt.

Sicherlich geht auch er davon aus, dass seine Lebensart die einzig mögliche und sein Lebensraum der einzig reale ist. Wir aber wissen, dass es nicht nur das Meer gibt, sondern sich das Meer auf dem Planeten Erde befindet, wo es Landmassen, Menschen, Tiere, Gebäude, Straßen, Städte und Technik gibt. Wir wissen um die Unterschiede von Tag von Nacht, Hell und Dunkel, Warm und Kalt, Vollmond und Neumond. Und wir wissen, dass es noch viel mehr Planeten gibt als nur den unsrigen, das Weltall, das Universum. All das weiß der Krake höchstwahrscheinlich nicht, so wenig wie ein rein verstandesorientierter Mensch sich vorstellen kann, dass es Dinge, Zusammenhänge und Wesenheiten gibt, die sich nicht über seine fünf Sinne erfassen lassen, und dass es weitere, in uns angelegte, meist unterentwickelte, Sinne gibt, die es uns erlauben, diese wahrzunehmen.

Doch mittlerweile haben sich viele Menschen über dieses rein rationale, wissenschaftliche Weltbild hinaus entwickelt und sind bereit anzunehmen, dass es auch eine Wirklichkeit hinter der von uns sinnlich erfahrbaren Welt gibt.

Häufig aber stehen uns unsere eigenen Zweifel im Weg, um über eigene Erfahrung zur Erkenntnis dieser Wirklichkeit hinter der Realität gelangen zu können. Zweifel manipulieren uns, sie bewirken, dass wir gar nicht erst anfangen, etwas Neues zu wagen, über unsere Muster hinauszugehen oder eine neue Erfahrung zuzulassen. Wir „glauben“ unserer Intuition, unserer inneren Stimme nicht, die uns, sofern wir sie denn überhaupt vernehmen, sagt, was wir zu tun oder zu lassen haben. Wir sollten ihr auch nicht „glauben“, wir sollten „wissen wollen“, dass wir mittels unserer Intuition an die geistige Führung angeschlossen sind und vieles bereits intuitiv wissen, obwohl unser Verstand keine Ahnung davon hat. Intuition ist nichts anderes als der Zugang zu altem Wissen, also zu den Lektionen, die wir bereits in vergangenen Inkarnationen gelernt haben. Wir sollten wissen wollen, dass alles in sinnvollem Zusammenhang miteinander verwoben ist und wir unser Leben nach einem Plan leben, den wir uns selbst erstellt haben. Dass dieser Plan jede Menge Schnittstellen enthält, sodass wir an jeder Schnittstelle die Möglichkeit haben, uns so oder auch anders zu verhalten oder zu entscheiden, letztlich aber alles darauf ausgerichtet ist, dass wir das selbst gewählte Entwicklungsziel auch garantiert erreichen.

Wir sollten wissen wollen, dass nach dem Gesetz von Ursache und Wirkung alles, was wir denken, fühlen und tun, Auswirkungen hat, die letztlich auf uns zurückfallen, da alles mit allem in Verbindung steht.

☆☆

Burn-out und Depression als Motor der Entwicklung

Niemand kann sich sicher sein, nicht einmal in eine Depression zu geraten. Sie kann jeden treffen, der es aus eigener Kraft nicht mehr schafft, sich aus der unheilvollen Kombination aus Stagnation, Pessimismus und Autoaggression zu lösen. Jeden Menschen, der zu lange in einer Lebenssituation verharrt, die ihm schadet, ohne – aus welchem Grund auch immer – aktiv etwas an ihr zu ändern, und jeden, der angstvoll in die Opferrolle flieht, statt sich den Herausforderungen zu stellen, die das Leben bietet.

Schulmedizinisch gesehen ist eine Depression eine Krankheit mit entsprechend nachweisbaren pathologischen Symptomen. Aus energetischer Sicht hingegen ist sie eine „Ladehemmung“, die anzeigt, dass sich der Betroffene aufgrund seines passiv erleidenden Verhaltens – meistens bedingt durch mangelnde Eigenliebe und die fehlende Bereitschaft, Eigenverantwortung zu übernehmen – zu weit von seinem auf seelischer Ebene geplanten Lebensweg entfernt hat.

Eine Depression zu haben war in den 90er Jahren auch einmal modern, vor allem in Amerika, wo man, wenn man auf sich hielt, sowohl einen Psychologen als auch einen Personaltrainer beschäftigte. In unserer heutigen Gesellschaft ist Depression allerdings eher ein Tabuthema. Sich zu ihr zu bekennen, fällt den meisten Betroffenen schwer. Deswegen hat man dem „Kind" einen neuen, modernen Namen gegeben: Es heißt jetzt „Burn-out". Sich ein Burn-out einzugestehen, erfährt scheinbar eine größere Anerkennung, als sich als Depressiver zu outen. Depressiv zu sein vermittelt offensichtlich den Eindruck, den gesellschaftlichen Anforderungen nicht mehr gerecht werden und dem Leistungsdruck nicht länger standhalten zu können. Der leidige Zustand des Betroffenen wird ihm von seiner Umwelt häufig selbst angelastet, dass er eben zu weich oder zu schwach ist und letztlich der Gesellschaft durch seine mangelnde Produktivität schadet.

Vom Burn-out hingegen sind anscheinend in erster Linie Personen betroffen, die in hochrangigen, gesellschaftlich relevanten Positionen ihre ganze Kraft ausschließlich in ihren Job investieren und sich letztendlich daran aufgearbeitet haben, gleich der Endstufe einer Rakete, die – wenn dank des von ihr erzeugten gewaltigen Schubs die Rakete erst einmal die Erdumlaufbahn verlassen hat – abgeworfen wird und nun völlig ausgebrannt ist. Menschen mit Burn-out scheinen sich also offensichtlich für eine gute und wichtige Sache aufgearbeitet zu haben, und ihr Ausgebrannt-Sein zeugt davon, dass sie Opfer permanenter, übermenschlicher Überforderung geworden sind. Es erweckt den Eindruck, dass diese Menschen in ihrer beruflichen, gesellschaftlichen oder politischen Position extrem wichtig waren, dass nur sie allein so viel leisten konnten und mussten, und es sonst niemanden mit vergleichbarer Kompetenz gab, der es für sie hätte tun können. Und genau das haben diese Menschen auch geglaubt. Sie haben schließlich auf ihre Freizeit, ihre Hobbys, eine gesunde Lebensweise und ihre Freundschaften verzichtet, nur um der Gesellschaft und ihrem Ego zu dienen oder das Bruttosozialprodukt zu steigern.

So gesehen klingt Burn-out doch viel besser als Depression, finden Sie nicht auch?

Aus Angst vor den Reaktionen ihrer Umwelt trauen sich Menschen, die unter Depressionen leiden, häufig nicht, sich diese einzugestehen. Sie versuchen, so lange es geht, die Fassade nach außen hin zu wahren und ihre Erkrankung vor der Umwelt geheim zu halten. Dieses Versteckspiel und der damit einhergehende permanente Selbstbetrug kosten sehr viel Kraft, und es kommt der Tag, an dem der psychische Druck so groß wird, dass es beim Betroffenen zum Zusammenbruch oder zur Krise kommt. Dann stellen die Erkrankten plötzlich fest, dass sie nicht allein mit ihrer Krankheit dastehen, sondern eine Vielzahl Menschen unter Depressionen leiden. Laut Statistik sind offiziell bereits 4 Millionen Menschen allein in Deutschland an Depressionen erkrankt, Tendenz steigend. Man spricht mittlerweile sogar von einer „Volkskrankheit".

Wissenschaftler beschäftigen sich seit vielen Jahren intensiv mit den Ursachen für Depression und Burn-out. Viele Prozesse und Regelkreisläufe sind bislang nicht endgültig erforscht.

Hirnforscher gehen davon aus, dass Depression und Burn-out eine Folge von Dauerstress sind. Ich möchte kurz wiedergeben, welche Fakten diesbezüglich dem Laien zugänglich sind, betone aber ausdrücklich, dass ich weder über die wissenschaftliche noch über die medizinische Kompetenz verfüge, um hier endgültige oder garantierte Aussagen machen zu können.

Stress ist eine Reaktion unseres Körpers auf Gefahr. In Stresssituationen setzt das Gehirn innerhalb von Millisekunden Neurotransmitter (Botenstoffe der Nervenzellen) wie Acetylcholin frei, die dazu führen, dass unter anderem die Hormone Adrenalin und Kortisol ausgeschüttet werden. Das Nervensystem stellt sich auf „Kampf oder Flucht" ein. Der Blutdruck steigt, der Puls erhöht sich, und der Blutfluss wird vermehrt in die Muskeln umgeleitet. Alle Sinne werden geschärft, sodass wir der Herausforderung des Augenblicks schnell und effektiv begegnen können. Diese evolutionär sinnvolle Schutzmaßnahme, die unser Überleben einst überhaupt erst ermöglichte, führt bei dauerhaftem negativen Stress (Dys-Stress) dazu, dass gerade im Hippocampus, einem Hirnareal, das vornehmlich für die Regulierung unserer Stressreaktionen zuständig ist, Nervenzellen zerstört und nicht mehr ausreichend nachgebildet werden. Je mehr Stress, umso mehr Nervenzellen werden abgebaut, je mehr Nervenzellen abgebaut werden, umso schlechter die Verarbeitung unserer Stressreaktionen. Das produzierte Stresshormon Cortisol kann nicht mehr kurzfristig abgebaut werden, sodass die Stressreaktion des gesamten Organismus über Stunden anhält, statt, wie es normal und sinnvoll wäre, kurz nach Beendigung der Stress erzeugenden Situation wieder zu enden. Nicht nur das Nervensystem steht unter permanenter Anspannung, sondern auch die Psyche des Menschen ist durch den nicht enden wollenden Strom aus kreisenden Gedanken überfordert.

Die Pharmaindustrie verspricht hier Abhilfe in Form spezieller Medikamente mit verschiedenen Wirkstoffgruppen, die allesamt den Hirnstoffwechsel beeinflussen. Sie sorgen unter anderem dafür, dass im Gehirn die abgebauten Nervenzellen wieder nachwachsen oder bestimmte Botenstoffe verstärkt oder gehemmt werden. Auch nehmen sie Einfluss auf die Reizleitung im Gehirn über die Synapsen, also die Schnittstellen, an denen der Reiz von einem Nerv auf den anderen mittels eines elektrischen Impulses übertragen wird.

Führende Mediziner gestehen ein, dass nur jedem vierten Patienten die bisher auf dem Markt erhältlichen Medikamente helfen und sie, einem „Breitbandantibiotikum" gleich, an die betroffenen Patienten verabreicht werden. Aufgrund der Tatsache, dass die meisten dieser Medikamente erhebliche Nebenwirkungen erzeugen, ein eher unbefriedigender Zustand. Die Pharmaindustrie aber verdient an diesen bereits zugelassenen Medikamenten so gut, dass sie, Berichten in verschiedenen Medien zur Folge, leider nur bedingt daran interessiert ist, aktuelle wissenschaftliche Forschungsergebnisse zu berücksichtigen und so neue, differenzierter wirkende Medikamente zu entwickeln. Glücklicherweise läuft in nächster Zeit der Patentschutz einiger der gängigsten Medikamente ab, sodass sich die Pharmaindustrie, der die gesamte kostenintensive Entwicklung und Erprobung in der Anwendung eines Medikaments unterliegt, möglicherweise doch noch für die vielversprechenden Erkenntnisse der Wissenschaftler interessieren wird.

Wie gut oder schlecht Stress grundsätzlich von uns verarbeitet werden kann, wird übrigens schon vorgeburtlich durch unsere Mutter geprägt, da deren eigenes Stressverhalten bereits während der Schwangerschaft Einfluss auf die Hirnentwicklung des Fötus nimmt. Thomas Elbert schreibt in „Die Welt" vom 06.07.2009:

„ […] Außerdem vergrößert sich die Amygdala unter dem Eindruck von nervlicher Anspannung. Diese Hirnregion trägt entscheidend dazu bei, Situationen emotional einzuschätzen und in brenzligen Momenten ein Kampf- oder Fluchtverhalten auszulösen. Anhaltender Stress führt dazu, dass sich bestimmte Zellen in der Amygdala stärker verästeln und so vieles mit Angst und Schrecken verbinden. Menschen und Tiere, die unter chronischem Druck stehen, erscheint dann alles Mögliche als gefährlich".

Dauerstress wirkt sich zudem nachweislich auf das vegetative Nervensystem, das Herz-Kreislauf-System, das Immunsystem, das Schlafverhalten, den Appetit, die Verdauung und auch auf die Libido aus. Zuerst stellen sich Müdigkeit, Lustlosigkeit, Emotionslosigkeit, Antriebslosigkeit, Abgeschlagenheit, mangelndes sexuelles Interesse und Infektanfälligkeit ein. Gesellen sich dann noch körperliche Symptome hinzu, bemerken wir, dass irgendetwas in unserem Leben nicht mehr stimmt.

Energetisch gesehen, sind diese pathologischen Symptome und Stoffwechselprozesse aber nicht Ursache einer Depression, sondern die Wirkung auf den physischen Körper, die durch die Gedanken und Gefühle des in Stagnation und Passivität verharrenden Menschen erzeugt werden.

Aber die Erkenntnis, dass uns alle diese Warnsignale darauf hinweisen, etwas Entscheidendes in unserem Leben zu verändern, wird erst einmal von unserem Ego verdrängt. Unser Verstand unterstützt unser Ego dabei mit logischen Rechtfertigungen: „Es ist gerade viel zu tun, doch das geht schon wieder vorbei, da muss ich durch. Müde ist doch jeder mal, das liegt am Wetter. Meine körperlichen Symptome haben nichts damit zu tun, wie ich mein Leben lebe. Ich habe mich angesteckt, zu wenig bewegt, etwas Falsches gegessen. Mit zunehmendem Alter hat man nicht mehr so viel Lust auf Sex. Meine Freunde hätten sich ja auch mal melden können. Mein Hobby ist mir nicht mehr so wichtig, es gibt jetzt Wichtigeres zu tun", usw.

Wir versuchen, die (lebens-) notwendige Erkenntnis zu ignorieren, indem wir zu härteren Abwehrmechanismen greifen. Wir übergehen unsere Belastungsgrenze, notfalls mit Hilfe aufputschender oder betäubender Mittel, und versuchen, uns durch noch mehr Aktionismus abzulenken. Wir ignorieren unsere körperliche Unpässlichkeit und schleppen uns, durch entsprechende Medikamente gedopt, auch mit Grippe ins Geschäft. Wir schlucken Viagra, um unsere Libido zu steigern, verdrängen unsere Wünsche und Bedürfnisse mit noch mehr Einsatz und Leistung. Wir trinken, um uns nicht spüren zu müssen, koksen, um unseren Selbstwert aufzupeppen, und suchen nach Ablenkung, um der mahnenden Stimme in unserem Kopf zu entkommen.

Doch dann kommen diffuse Ängste und das Gefühl permanenter Überforderung hinzu. Wir fühlen uns emotional abgestumpft, empfinden weder Freude, Mitgefühl noch Wut. Das Leben scheint ohne uns stattzufinden, wir betrachten es nur noch von außen. Bald sind wir nicht einmal mehr in der Lage, das zu tun, woran wir früher Freude hatten, geschweige denn, unsere Pflichten in Alltag und Beruf zu erfüllen. Durch die stressbedingten Veränderungen in unserem Hirnstoffwechsel fühlen wir uns permanent überfordert und sind von der Angst getrieben, den gesellschaftlichen, beruflichen und familiären Anforderungen nicht mehr gerecht zu werden. Es baut sich ein enormer Druck auf. Unsere mangelnde Libido wirkt sich negativ auf unsere Beziehung aus und ist auch unserem Selbstwert abträglich. Über- oder Untergewicht werden plötzlich zum Thema, denn wir beginnen, zu viel vom Falschen oder zu wenig vom Richtigen zu essen. Der Blick in den Spiegel verstärkt die autoaggressive Tendenz. Schlaflosigkeit, permanentes Grübeln und das Versteckspiel vor der Umwelt kosten so viel Kraft, dass wir uns bald zu schlapp fühlen, um unsere Hobbys zu pflegen. Zudem sehen wir auch keinen Sinn mehr darin, uns mit ihnen zu beschäftigen. So bringen wir uns um die nährenden Aspekte der Kreativität, um Leichtigkeit und Lebensfreude. Sind wir zu antriebslos, unsere Freundschaften zu pflegen, stellen wir irgendwann fest, dass wir keine Freunde mehr haben. Isolation und der Mangel an sozialer Wärme führen dazu, dass wir uns immer weiter in unser Schneckenhaus verkriechen.

Der veränderte Hirnstoffwechsel nimmt auch Einfluss auf unseren Schlafrhythmus. Entweder wir schlafen übermäßig viel, um uns nicht spüren zu müssen, oder wir leiden unter Ein- und Durchschlafstörungen, da wir vor lauter Grübelei nicht mehr abschalten können.

Es kommt der Punkt, an dem uns alles gleichgültig, sinnlos und hoffnungslos erscheint. Es gibt keine Ziele, die erreicht werden wollen, keinen Weg, den es noch zu gehen lohnt. Keine Herausforderung, die es noch verdient, angenommen zu werden. Apathie, innere Leere und das Gefühl der Ausweglosigkeit stellen sich ein. Der Leidensdruck durch unsere körperlichen und psychischen Symptome wird übermächtig. Wir stürzen in ein schwarzes Loch, empfinden unser eigenes Dasein als Belastung für uns und unsere Umwelt und tragen uns mit Suizidgedanken. Bleibt uns der totale Zusammenbruch erspart, ist jetzt der Zeitpunkt gekommen, an dem wir bereit sind, einen Arzt zu konsultieren. Die Diagnose ist bald gestellt, unsere Befindlichkeit hat nun einen Namen: Depression oder Burn-out. Wir sind Opfer einer Krankheit geworden. Sind wir das?

Von den ersten Anzeichen bis hin zur Diagnose einer Depression baut sich eine enorme Spannung auf zwischen dem, was wir im Außen zu sein scheinen, und dem, was wir in unserem Inneren fühlen: Obwohl wir im Außen übermäßig beschäftigt sind, stagniert unser inneres, seelisches Wachstum. Obwohl wir äußerlich erfolgreich und beliebt erscheinen, martern wir uns innerlich autoaggressiv mit Versagens- und Verlustängsten. Obwohl wir unseren Mitmenschen äußerlich tatkräftig und optimistisch erscheinen, quälen uns Selbstzweifel und Pessimismus.

Wir haben die Balance verloren zwischen Anspannung und Entspannung, zwischen äußerem Aktionismus und innerer Ruhe, zwischen gesellschaftlichem Einsatz und Abgrenzung beziehungsweise Rückzug.

Wir haben so viel Verantwortung im Außen übernommen, dass wir darüber vergessen haben, Eigenverantwortung zu übernehmen. Also dafür zu sorgen, dass es uns gut geht. Dass wir so viel Energie aufnehmen, wie wir abgeben. Und bei genauerem Hinsehen stellen wir fest, dass genau dasselbe destruktive Verhalten, das wir in der Depression zeigen, uns den Dauerstress in unserem Leben und die sich daraus ergebende Depression überhaupt erst beschert hat. Landen wir dann aber als logische, geradezu unabwendbare Konsequenz dieses Verhaltens in einem Burn-out-Syndrom oder einer Depression, tun wir wieder Dinge, die uns schaden, oder unterlassen weiterhin das, was uns nährt, nur haben wir dieses Mal ein anderes Motiv für unser Verhalten. Und schon befinden wir uns wieder in einem Teufelskreis. Wie aber können wir diesem entfliehen?

Zuerst müssen Sie für sich folgende Fragen klären:

- Was ist mein Motiv, dass ich bereit bin, meine gesamte Kraft nur in eine einzige Richtung (zum Beispiel in den Job) zu lenken?
- Wessen Erwartungen versuche ich zu entsprechen? Meinen eigenen oder denen meiner Familie, meiner Firma, meiner Umwelt?
- Was befürchte ich, würde passieren, wenn ich nicht länger den Erwartungen entspräche?
- Was ist der Lohn für meinen unermüdlichen Einsatz? Wer profitiert am meisten davon?
- Was ist der Preis für meinen Einsatz, was bleibt auf der Strecke?
- Was würde ich gerne tun, wenn ich einen Wunsch frei hätte?
- Was hindert mich daran, mir diesen Wunsch zu erfüllen?
- Welche Veränderungen befürchte ich, wenn ich meinen Wunsch realisiere? Wer hätte darunter zu leiden?
- Welche Nachteile bringen mir Depression und Burn-out?
- Welche Vorteile ziehe ich aus meiner Erkrankung?

Wenn Sie diese Fragen für sich geklärt haben, kommen SIe sehr bald ihrem Ego auf die Spur. Es definiert sich über Titel, Leistung und Besitz. Es gaukelt Ihnen vor, dass Sie wichtig sind, weil Sie eine anspruchsvolle Position bekleiden, eine Familie managen oder sich um Bedürftige kümmern. Oder aber es redet Ihnen ein, dass Ihr Leben freudlos und Ihre Existenz sinnlos ist, weil Sie eben „nicht wichtig“ sind.

Der entscheidende, die Depression letztendlich auslösende Punkt Ist allerdings folgender: Sie SIND nicht!

Sie leben nicht das, was Sie über Ihren Seelenplan zu leben geplant haben. Sie sind zu weit von Ihrem geplanten Lebensweg abgekommen.

Sie atmen, essen, trinken.
Aber Sie leben nicht.
Sie erleben sich nicht.
Sie agieren.
Sie funktionieren.
Aber Sie spüren sich nicht mehr.
Sie spüren nichts mehr.
Sie resignieren, stagnieren.
Sie sind nicht mehr der, der Sie sein wollten.
Der Mensch, in dem Ihre Seele sich erfahren will.
Sie sind nicht der Mensch, der sein Leben als freudige Herausforderung wahrnehmen kann.

Wenn Sie das verstanden haben, sind Sie nicht mehr Opfer einer Krankheit, sondern ein Mensch auf dem Weg zu Erkenntnis, der dabei ist, sich selbst wiederzufinden, nachdem er sich verloren hatte.

Hirntechnisch betrachtet, kann eine Depression durchaus einen positiven Wendepunkt darstellen. Durch den stressbedingten, hormonell veränderten Hirnstoffwechsel werden bisher ständig benutzte „Datenautobahnen" im Gehirn unpassierbar. Die Reizverarbeitung läuft nun wieder über Nebenstraßen, kleine Gassen und Feldwege ab. Es besteht die Möglichkeit eines Paradigmenwechsels; die Möglichkeit, eingefahrene Einstellungen, Vorstellungen und Überzeugungen hinter sich zu lassen und sie durch ein neues, freiheitliches Denken zu ersetzen. Depression oder Burn-out werden zu einer Chance, endlich das Leben zu führen, das man leben sollte und wollte, indem man sich von allen äußeren Erwartungen und falschen Wertvorstellungen befreit.

Viele Betroffene, die ihre Depression überwinden konnten, bewerten diese im Nachhinein als förderlich für ihr Leben. Weil ihre Selbstwahrnehmung und die Wertschätzung für das Leben durch die Depression nachhaltig gesteigert wurde, weil sie zu ihrer Eigenliebe und ihren eigenen Bedürfnissen zurückgefunden haben und/oder Unterstützung von der Familie oder dem Partner erfahren durften.

Im Extremfall sehen Depressive den Freitod als letzten Ausweg aus ihrer Not. Leider ist das kein Ausweg, denn über unseren Emotional- und Mentalkörper nehmen wir alle unerlösten Gedanken und Gefühle mit auf die Astralebene und so letztendlich wieder mit in unsere nächste Inkarnation. Wir werden nicht frei von unserer Aufgabe, an uns und unseren Themen zu arbeiten und unser seelisches Wachstum voranzutreiben.

Bei Suizidgefahr helfen unter Umständen Medikamente oder ein Klinikaufenthalt, um diesen Schritt zu vermeiden. Begleitend aber sollte sich der Betroffene unter fachkundiger Anleitung seinen eigenen Themen, Mustern und Prägungen stellen, um diese aufzuarbeiten und loszulassen. Nur so kann er letztlich seinen Weg wiederfinden, den er irgendwann aus persönlichen Gründen verlassen hatte. Er muss den Sinn und die Freude seiner Existenz wieder spüren lernen.

Es muss dabei nicht zwingend eine Psychotherapie sein, der sich der/die Betroffene unterziehen sollte. Nicht immer arbeiten Psychologen „lösungsorientiert“, und so mancher Arzt sorgt dafür, dass durch die gesteigerte, auf das Problem des Klienten gerichtete Aufmerksamkeit die Probleme des Betroffenen nicht weniger werden.

Sie wissen ja um das geistige Gesetz: „Die Energie folgt der Aufmerksamkeit.“ Zudem sind Therapieplätze meistens rar und die Wartezeiten lang. Der Vorteil besteht allerdings darin, dass die Krankenkassen die Kosten der Behandlung übernehmen.

Sollte es finanziell möglich sein, kann Hilfe auch in alternativ-medizinischen Bereichen gesucht werden, in denen ein depressiver Mensch sich emotional beheimatet fühlt, indem man einen Helfer oder eine Helferin auswählt, der oder die der eigenen Resonanz entspricht. Das kann ein psychologischer Heilpraktiker, ein Atemcoach, ein Schamane, ein Yogi, ein/e Zen-Meister/in, eine Selbsthilfegruppe, ein medial begabter Mensch oder sonst jemand sein, der über ausreichenden Weitblick, Weisheit und Menschenkenntnis verfügt, sodass der Betroffene zu seinem Helfer ein heilsames Vertrauensverhältnis aufbauen kann, das ihn letztlich, zusammen mit seiner Bereitschaft, sich aus der Situation zu lösen, aus der Depression führt.

Ich möchte Ihnen, falls Sie unter Depressionen leiden, an dieser Stelle Mut machen für ein Aura- oder Chakrareading. Es ist möglicherweise nicht sehr schmackhaft für Ihr Ego und Ihr Selbstbild, aber es kann heilsame Wirkung auf Sie haben, wenn Sie einmal nicht Mitleid ernten (und so letzten Endes in Ihrer Depression und Ihrer Opferhaltung bestätigt werden), sondern sich ohne Verzerrung ins Gesicht und den eigenen Mustern und Prägungen in die Augen sehen können.

Ich möchte noch einmal ganz klar herausstellen, dass eine Depression ein heftiger Impuls ist, der Ihnen zu verstehen geben will, dass Sie etwas Entscheidendes in Ihrem Leben ändern sollten. Etwas, worunter Sie schon lange leiden, aber das Sie sich nicht trauen, zu ändern. Sei es der Beruf, der Sie nicht erfüllt, eine Beziehung, die Ihnen dauerhaft zur Belastung wird, die Familie, die Sie zu sehr einengt, Ihr Körper, an dem zu viel Gewicht hängt, oder finanzielle Belastungen, erzeugt durch Ihre Überbewertung der Materie.

Deswegen:

- Machen Sie sich klar, was Ihnen die Lebensfreude und die Kraft raubt.
- Seien Sie es sich wert, Glück und Zufriedenheit in Ihrem Leben zu erfahren.
- Erkennen Sie, dass Sie leben, um sich an Ihrem Leben in der Dualität zu erfreuen und seelisch zu wachsen.
- Sehen Sie der Tatsache ins Gesicht, dass Sie vor sich nicht fliehen können, auch nicht in den Tod.
- Bejahen Sie Veränderung in Ihrem Leben.
- Schauen Sie täglich in den Spiegel und sagen Sie sich: „Ich liebe mich."
- Treten Sie bewusst aus der Opferrolle heraus.
- Holen Sie sich Ihre Eigenverantwortung zurück, die Sie an Ärzte, Verwandte und Freunde abgegeben haben.

Sie brauchen Erkenntnisbereitschaft, um Ihre Situation klar zu erkennen. Und Sie brauchen die Bereitschaft, Veränderungen zuzulassen und Neues auszuprobieren. Ihnen kann nur geholfen werden, wenn Sie bereit sind, sich zu helfen. Jede Hilfe ist nur Hilfe zur Selbsthilfe. Helfern, die Sie in Abhängigkeit bringen oder halten, sollten Sie sich entziehen.

Sprechen Sie mit Ihrem Neurologen, wenn Sie bereit sind, Ihre Medikamente abzusetzen. Lassen Sie sich unbedingt Zeit damit, schleichen Sie die Tabletten langsam aus und setzen Sie diese **keinesfalls** aus einer Laune heraus eigenwillig ab, nur weil Sie sich gerade mal besser fühlen. **Ein Absetzen der Medikamente ist nur unter ärztlicher Aufsicht möglich!** Energetisch gesehen führt eine langfristige medikamentöse Behandlung der Depression dazu, dass die einzelnen Energiekörper sich immer mehr voneinander lösen und dadurch die notwendige Interaktion zwischen ihnen immer schwieriger wird. Werden die Medikamente länger als fünf Jahre am Stück eingenommen, ist es fast unmöglich, die Energiekörper wieder miteinander in Kontakt zu bringen, was entsprechende Konsequenzen für das Leben des Betroffenen hat.

Der Weg aus der Depression heraus kann lang sein, je nachdem, wie viele Jahre sie schon besteht. Lebenssinn und Lebensfreude stellen sich nicht von heute auf morgen ein. Es sind viele kleine Schritte, die von Ihnen gegangen werden müssen, jeden Augenblick, jede Minute, jede Stunde, jeden Tag. Und jeder einzelne Schritt bringt Sie weiter. „Ein Weg entsteht, wenn man ihn geht", besagt ein chinesisches Sprichwort. Sie wissen ja: „Ein Weg von 1000 Meilen beginnt mit dem ersten Schritt", also fangen Sie am besten heute damit an. Führen Sie gewissenhaft Buch darüber, was Sie tun, und loben Sie sich für alles, was Sie geschafft haben.

Das Wichtigste ist: Bereuen Sie bitte keinen einzigen Tag, den Sie mit Depressionen verbracht haben. Wenn Sie es schaffen, wieder Herr über Ihr Leben zu werden, werden Sie aufgrund Ihrer Erfahrungen zu den empathischsten und achtsamsten Menschen gehören. Denn Sie kennen den Unterschied zwischen Bewusst und Unbewusst, zwischen Hier und Jetzt und Irgendwo, zwischen Körperlich fit und Abgeschlafft, zwischen Lebensfroh und zu Tode betrübt. Und Sie werden jede Sekunde genießen können, die Sie bei Sinnen sind. Denn auch hier greift das Gesetz der Harmonie: Gerade dann, wenn Sie sich und Ihr Leben bereits aufgegeben hatten, sind Sie in der Lage, das Leben in vollen Zügen zu genießen.

Und vergessen Sie nicht: Sie selbst haben sich Ihren Seelenplan geschrieben, und Sie können es keinesfalls schlecht mit sich gemeint haben!

Wünsche und wünschen

„Wer nicht an Wunder glaubt, ist kein Realist."

David Ben Gurion

Sicherlich haben auch Sie Wünsche und hoffen, dass sich diese in Ihrem Leben realisieren. Wünsche sind wichtig, denn sie geben unseren Zielen eine Richtung. Allerdings gibt es beim Wünschen einige grundsätzliche Regeln, die Sie möglichst beachten sollten:

Formulieren Sie Ihre Wünsche klar, eindeutig und grundsätzlich in einer positiven Form. Die Worte „nicht" und „kein/e" sollten also niemals in Ihrem Wunsch vorkommen. Sicher kennen Sie den berühmten Satz, dass Sie jetzt nicht an einen rosa Elefanten denken sollen ... Wünschen Sie sich also besser „Gesundheit", statt „nicht krank zu sein".

Visualisieren Sie Ihren Wunsch in den buntesten Farben. Denn eine bildhafte Vorstellung geht jeder materiellen Realisierung voran. Jeder Mensch ist in der Lage, bildhaft zu denken. Ein Designer wird, bevor er daran geht, ein Objekt zu konstruieren oder zu bauen, ein konkretes Bild vor seinem inneren Auge haben. Ein Erfinder hat eine klare Vorstellung davon, wozu seine Erfindung letztlich dienen soll und wie sie beschaffen sein muss. Ohne dieses innere Bild wäre eine äußere Manifestation nicht möglich.

Damit folgt der Erfinder dem Gesetz der Imagination. Es besagt, dass jede bildhafte Vorstellung, die wir uns machen, bestrebt ist, sich zu erfüllen. Das Bild ist die Sprache der Seele, und unser Unterbewusstsein greift immer dann, wenn wir kein konkretes Bild zu einer bestimmten Situation erzeugen, auf den „inneren Bildspeicher“ zurück und realisiert das, was dort abgelegt ist. Allerdings sind wir eigenverantwortlich dafür, welche Bilder dort abgelegt sind. Bilder in unserem Kopf, die durch bestimmte Erlebnisse erzeugt und im „inneren Bildspeicher“ unseres Gehirns abgespeichert wurden, können nur wir, und niemand sonst, durch neue Bilder ersetzen. Dazu müssen wir bereit sein, neue Erfahrungen zuzulassen, welche neue Bilder erzeugen, sodass unsere negativen Erfahrungen gelöscht beziehungsweise durch positive überschrieben werden.

Wir sollten uns den Zustand, in dem wir uns befinden wollen, sobald sich unsere Wünsche und Ziele realisiert haben, in den schönsten, buntesten Farben ausmalen und uns die Szenerie bildlich in natürlicher Umgebung vorstellen. Wichtig ist, dass wir dabei an unsere Wünsche und Ziele glauben und nicht rein über unseren Willen arbeiten. Denn wenn Glaube und Wille gegeneinander stehen, ist immer der Glaube der Gewinner. Wollen wir, um ein Beispiel zu nennen, Erfolg im Beruf haben und visualisieren uns dieses Szenario in allen möglichen Situationen, glauben dabei aber im Inneren nicht an unseren Erfolg, wird sich dieser auch nicht einstellen. Wenn unser Denken und Fühlen nicht im Einklang sind, entsteht Spannung, die uns, gemäß dem Gesetz der Resonanz, unverzüglich im Außen gespiegelt wird.

„Wünschen“ wird von uns in der Regel mit Mangel assoziiert. Etwas fehlt uns, oder es ist nicht so, wie wir es gerne hätten, deswegen wünschen wir uns ja eine Veränderung des bestehenden Zustands. Das Gewünschte scheint in weiter Ferne zu liegen; wir befürchten, uns noch endlos bis zur Erfüllung gedulden zu müssen oder unser erwünschtes Ziel womöglich nie zu erreichen. Sind unsere Gefühle aber auf Mangel, Zweifel und Ungeduld ausgerichtet, erzeugen diese gemäß dem Gesetz der

Resonanz entsprechend unerfreuliche Wirkungen im Außen, anstatt unsere Wünsche zu erfüllen.

Deshalb ist es wichtig, dass Sie sich die erwünschte Szenerie nicht nur in Ihrer Phantasie ausmalen, sondern auch die entsprechenden Gefühle erzeugen, von denen Sie glauben, dass sie sich einstellen werden, wenn Ihre Wünsche in Erfüllung gegangen sind. Versuchen Sie konzentriert, sich in alle zu erwartenden positiven Gefühle hineinzuversetzen; spüren Sie, wie Liebe, Zufriedenheit, Glück, Entspannung, Sorglosigkeit und Leichtigkeit in Ihnen aufsteigen.

Wenn wir uns ganz auf dieses verheißungsvolle Fühlen einlassen, schalten wir gleichzeitig den Verstand aus, der uns einreden will, dass wir unrealistisch oder gar verträumt sind und damit garantiert nicht an unser ersehntes Ziel kommen werden.

Machen Sie sich klar: Gedanken sind manifestierte Gefühle, und die Energie dieser Gefühle bestimmt, was Sie nach dem Gesetz der Resonanz in der Lage sind, für Ihr Leben anzuziehen.

Wenn Ihnen an diesem Punkt die Wirkungsweise des Gesetzes der Resonanz ein weiteres Mal klar wird, erkennen Sie auch, warum sich Ihre Wünsche bislang nur selten erfüllt haben. Fragen Sie sich nun bitte, was Sie sich wünschen. Nutzen Sie genau diesen Moment, greifen Sie nach Zettel und Stift und notieren Sie, was Ihnen spontan einfällt. Wenn Sie damit fertig sind, analysieren Sie Ihre Wünsche.

Zielen Ihre Wünsche auf andere Menschen, dass sich deren Leben oder Umstände verändern oder verbessern sollen?

In diesem Fall sind Sie noch nicht bereit zu akzeptieren und anzuerkennen, dass jeder die Erfahrungen, die er macht, selbst gewählt beziehungsweise verursacht hat. Entweder in Form von Karma, also dass ein Mensch das, was er in vergangenen

Leben gesät hat, nun erntet (für Kinder, die nach 1989 geboren sind und kein Karma mehr in diese Inkarnation mitgebracht haben, vollzieht sich dieser Ausgleich ihres Tuns und Denkens übrigens unmittelbar in diesem Leben, siehe „Die Kinder der Neuen Zeit", Seite 211). Oder in der Form, dass die Lebensumstände eines Menschen in ihm solchen Leidensdruck erzeugen, dass er bereit ist, Veränderungen einzuleiten, die er ohne diesen Druck nie vollzogen hätte.

Wenn wir uns also etwas für einen uns nahestehenden Menschen oder die gesamte Menschheit wünschen, dann bitte in Form von Liebesfähigkeit, Kraft, Erkenntnisfähigkeit, Zugang zur Intuition, Mut oder Ähnlichem. Natürlich können und sollen wir Menschen in schwierigen Lebenslagen unterstützen, aber nur so, dass wir ihnen Hilfe zur Selbsthilfe anbieten und unseren Mitmenschen dadurch nicht die Erfahrungen ersparen, die für ihr seelisches Wachstum von größter Wichtigkeit sind.

Wünschen Sie sich materielle Güter, zum Beispiel ein größeres Haus oder mehr Geld?

Beachten Sie hier bitte, dass Sie klar definiert, zielgerichtet und ausschließlich wünschen sollten. Wünschen Sie sich zum Beispiel mehr Platz im Haus, erfüllt sich Ihr Wunsch vielleicht derart, dass ein Familienmitglied stirbt oder in ein Pflegeheim muss. Somit hätten Sie zwar mehr Platz im Haus, aber sicherlich hatten Sie sich die Erfüllung Ihres Wunsches so nicht vorgestellt.

Wenn Sie sich mehr Geld wünschen, ist das ein Hinweis darauf, dass es Ihnen an Urvertrauen mangelt, denn Urvertrauen und Fülle sind die Hauptthemen des Wurzelchakras. Ist Ihr Urvertrauen ausreichend entwickelt, stellt sich die Fülle, auch die monetäre Fülle, von alleine ein. Sie sollten sich also nicht mehr Geld wünschen, denn ohne entsprechende Bewusstheit könnten Sie die Vorzüge, die Ihnen dieses Geld bieten würde, nur bedingt nutzen.

Verfolgen Sie einmal das Schicksal der Menschen, die zu plötzlichem Reichtum gekommen sind. Glücklich sind davon nur die wenigsten geworden. Wünschen Sie sich also lieber die Entwicklung Ihres Urvertrauens, die Fähigkeit, jede Erfahrung als sinnvoll und wachstumsfördernd anzusehen, die Überzeugung, dass es eine größere Sinnhaftigkeit und übergeordnete Zusammenhänge gibt, auch wenn sich Ihnen diese derzeit noch nicht erschließen. Wünschen Sie sich die Gewissheit, dass Sie Teil des Großen und Ganzen, immer mit allem verbunden und nie getrennt sind.

Wünschen Sie sich beruflichen Erfolg oder einen Aufstieg auf Ihrer Karriereleiter?

Bedenken Sie hierbei bitte, dass alles seinen Preis hat . Wer viel arbeitet oder sehr erfolgreich ist, hat wenig Zeit und Ruhe für sich und die Menschen, die ihm wichtig sind. Sie riskieren möglicherweise Ihre Gesundheit und die Beziehung zu Ihren Mitmenschen. Wer viel Geld verdient, muss eine Menge Zeit damit verbringen, sich um Anlagemöglichkeiten und Absicherung zu kümmern. Zeit, die nicht mehr für Ihr Hobby, Ihre zwischenmenschlichen Beziehungen oder Ihre Introspektion zur Verfügung steht. Wer viel Geld und Erfolg hat, hat Neider und Widersacher im Feld und steht möglicherweise sogar im öffentlichen Rampenlicht. Könnten Sie das aushalten? Wie viele berühmte Musiker sind schon im Drogensumpf gelandet, weil der unentwegte Anspruch an Höchstleistungen sie überfordert hat? Wie viele legendäre Schauspieler sind verarmt und vereinsamt gestorben, nachdem sie alt und faltig wurden und sich niemand mehr für sie interessierte?

Fragen Sie sich bitte, warum Sie sich Erfolg und Karriere wünschen. Weil Sie dann endlich den Erwartungen gerecht werden, die Ihre Eltern an Sie gerichtet haben? Weil Sie Ihren Freunden und Bekannten beweisen können, was alles in Ihnen steckt? Weil Sie sich im noblen Anzug mit Krawatte und handgemachten Lederschuhen wichtiger fühlen als in Jeans und T-Shirt? Weil Ihnen Kaviar wirklich besser schmeckt als Pfannkuchen? Seien Sie ehrlich mit sich. Machen Sie sich den Satz „so higher you fly, so deeper you fall" bewusst. Je höher Sie auf der Erfolgsleiter steigen, umso größer ist die Gefahr, dass ein anderer an Ihnen hochsteigt, sie überholt, besser ist als Sie. Es kommen immer Jüngere, Schönere, Bessere nach. Definieren Sie Ihre Daseinsberechtigung und Ihre Selbstwertschätzung über Ihren äußeren Erfolg, landen Sie nur zu schnell in der Egofalle. Mit jeder Lobrede, jeder Auszeichnung, jedem Preis und jeder hervorragenden Kritik wächst der Druck auf Sie, das erreichte Level zu halten oder noch besser werden zu müssen. Zudem bläht sich – außer Sie sind ein sehr bewusster Mensch – Ihr Ego jedes Mal ein Stück weiter auf. Dieses aufgeblähte Ego will gemäß dem Gesetz der Resonanz immer mehr Ruhm und Anerkennung, und das führt schließlich dazu, dass Sie bei ausbleibendem Erfolg alles dafür tun, und ich meine wirklich alles, um nur ja wieder im Rampenlicht zu stehen.

Vielleicht kommen Sie ja nun zu dem Ergebnis, dass Sie sich besser Zufriedenheit wünschen sollten, gemäß dem Motto „Glücklich ist der, der weiß, dass er genug hat".

Wünschen Sie sich Gesundheit?

Krankheit ist immer ein Hinweis unserer Seele darauf, dass wir vom rechten Weg abgekommen sind. Häufig erleben wir uns allerdings als Opfer unserer Erkrankungen und können nicht erkennen, welchen Anteil wir an der Entstehung der Krankheit oder eines Unfalls haben. Tatsächlich ist es aber so, dass sich die Krankheiten oder die Auswirkungen eines Unfalls in den Chakren zeigen, in denen wir Blockaden in Form von alten Mustern, Prägungen oder karmischen Altlasten haben. Die Symptome geben uns somit klare Hinweise auf das von uns zu behandelnde Thema und fungieren als Erfüllungsgehilfe, um uns die notwendigen Erkenntnisse zu vermitteln und uns dazu zu bewegen, endlich die in unserem Leben längst überfälligen Schritte zu wagen.

Wünschen Sie sich also besser Bewusstheit, Erkenntnis und Klarheit; wünschen Sie sich Menschen und Situationen, die Ihnen Ihr Verhalten spiegeln oder Ihnen entsprechende eindeutige Hinweise geben, und wünschen Sie sich Kraft und Mut, um Ihre Themen bearbeiten zu können.

Wünschen Sie sich Gesundheit für Ihr erkranktes Kind, nehmen Sie bitte zur Kenntnis (auch wenn diese Wahrheit wenig schmackhaft ist), dass alle Kinder, die nach 1989 geboren wurden, als Erfüllungsgehilfen und Augenöffner für ihre Eltern im Besonderen, und die Gesellschaft im Ganzen dienen. Setzen Sie sich mit der Symbolik der Krankheit Ihres Kindes auseinander, um zu den für Sie oder Ihren Partner notwendigen Erkenntnissen und Entwicklungsschritten zu gelangen. Analysieren Sie bitte auch selbstkritisch, inwiefern Sie Ihr Kind mit Ihren eigenen Ansprüchen und Ihrer Erwartungshaltung unter Druck setzen oder es nicht ausreichend beachten und wertschätzen, sodass das Kind möglicherweise keinen anderen Ausweg mehr sieht, als sich in Krankheit zu flüchten.

Vielleicht erkennen Sie nun, dass es auch hier sinnvoll wäre, den Wunsch auf das eigene Wachstum auszurichten, statt auf das Kind.

Mit seinen Wünschen kann jeder Mensch positive Elementale nähren, die ab einem bestimmten Ladungszustand selbsterfüllend wirken. Je klarer und zielgerichteter Sie also Ihre Wünsche formulieren und visualisieren und je mehr Achtsamkeit und Kraft Sie einsetzen, um in jedem Moment Ihres Lebens die Erfüllung Ihrer Wünsche zu begünstigen, umso wahrscheinlicher ist es, dass Ihre Wünsche sich erfüllen. Aber denken Sie bitte stets daran: „Hüte dich vor deinen Wünschen – sie könnten in Erfüllung gehen.“

☆☆

Illusionen

„Nichts bewahrt uns so gründlich vor Illusionen wie ein Blick in den Spiegel.“

Aldous Huxley

Gehören Sie zu den Menschen, die sich keine Illusionen machen? Oder waren auch Sie schon einmal desillusioniert? Unter einer Illusion wird in der psychologischen Fachsprache eine Sinnestäuschung verstanden. Etwas real Existierendes wird als etwas anderes erlebt oder für etwas anderes gehalten, als es tatsächlich ist. Illusionen bewahren uns davor, der Wahrheit ins Gesicht sehen zu müssen. Sie werden gespeist von unserem Ego, unserem Wunschdenken und unseren Ängsten. Doch dadurch, dass Illusionen eben nicht das Wahre und Reale abbilden, sondern nur eine Spiegelung dessen sind, führen sie uns in den Selbstbetrug und auch in die Opferhaltung. Die Illusion spiegelt nur das, was wir sehen möchten, und im Gegensatz zur

Realität ist es unmöglich, auf eine Illusion Einfluss zu nehmen, also aus eigener Kraft etwas an ihr zu verändern. Zur Verdeutlichung möchte ich folgendes Bild entwerfen:

Stellen Sie sich bitte einen Teich mit einer glatten Oberfläche vor, dessen Ufer von Bäumen gesäumt wird. Die Bäume repräsentieren das, was real in unserem Leben existiert. Das Gute und das weniger Gute. Sie erfreuen uns mit ihren saftig grünen Blättern und ihrem Duft (wenn es Akazien sind) und sorgen dafür, dass wir Sauerstoff zum Atmen haben. Sie spenden uns Schatten, wenn die Sonne brennt. Ihr Holz dient uns als Baumaterial. Vielleicht machen sie uns aber auch viel Arbeit, wenn wir das abfallende Laub im Herbst entsorgen müssen, sie uns im Weg stehen, wenn wir genau dort, wo sie wachsen, etwas bauen oder pflanzen wollen oder sie gar vom Eichenprozessspinner befallen sind. Sie bieten Vögeln Schutz, an deren Gesang wir uns erfreuen, aber die Vögel entledigen sich nun mal auch ihrer Verdauungsreste in diesen Bäumen. In ihren Zweigen tummeln sich neben niedlichen Eichhörnchen auch Spinnen, Ameisen, Raupen, Blattläuse und anderes Getier, mit dem wir nicht so gerne zu tun haben. Es sind Bäume mit lebendigen, aber auch mit abgestorbenen Zweigen, die man zum Feuer schüren benutzen oder sich daran verletzen kann. Solche mit glatter oder auch mit kratziger, rauer Rinde, an der man sich die Haut abschürft. Mit Wurzeln, über die man stolpern kann. Diese Bäume haben also, genau wie die Realität, immer zwei Seiten, solche, an denen wir uns erfreuen, und solche, die uns weniger angenehm sind.

Ist es windstill, spiegelt die glatte Oberfläche des Teiches die Bäume, die an seinem Ufer stehen. Das Abbild dieser Bäume im Teich scheint identisch zu sein mit der Realität, die er spiegelt. Aber diese Spiegelung im Teich ist eine Illusion, denn sie zeigt uns nur einen Teil der Realität. Wir sehen grüne Blätter, Vögel und Eichhörnchen, aber keine Spinnen, Insekten oder Vogelkot. Wir sehen Rinde und Zweige, die uns nicht verletzen, Wurzeln, über die wir nicht stolpern können. Halten wir die Illusion nun aber für die Wirklichkeit und versuchen, etwas zu verändern, zum Beispiel einen Ast von einem der Bäume abzubrechen, werden wir nach dem Spiegelbild des Astes auf der Wasseroberfläche greifen. So sehr wir uns auch bemühen, unsere Anstrengungen sind vergeblich, denn wenn die Wasseroberfläche sich wieder beruhigt hat, ist der Ast immer noch da. Würden wir aber den Blick nach oben richten und uns den realen Bäumen zuwenden, hätten wir die Möglichkeit, wirklich Einfluss zu nehmen, also den Ast tatsächlich abzubrechen. Vielleicht würden wir uns dabei, um bei diesem Bild zu bleiben, die Hände an der rauen Rinde aufschürfen, an einem abgestorbenen Ast kratzen, von Insekten gestochen werden oder über Wurzeln stolpern, aber wir wären in der Lage, den Ast abzubrechen und ihn für unsere Zwecke zu nutzen.

Dieses Bild möchte ich auf unser Leben übertragen. Nur wenn wir unterscheiden können und wollen, was real ist und was unserem Wunschdenken oder unserer durch Ängste verzerrten Wahrnehmung entspricht, sind wir handlungsfähig und können Einfluss auf unsere Geschicke nehmen, auch auf die Gefahr hin, dass wir Schaden nehmen. Machen wir uns aber Illusionen, vergeuden wir unsere Kraft und sind letztlich desillusionierte Opfer, die die leidvolle Erfahrung machen, scheinbar keinerlei Einfluss auf ihr Leben nehmen zu können.

☆☆

Die Illusion von „Richtig" und „Falsch"

Wir alle sind bemüht, alles richtig und nur ja keine Fehler zu machen. Dabei können wir nach dem „Gesetz der Harmonie" nichts richtig machen, ohne dabei gleichzeitig etwas falsch zu machen, und nichts falsch machen, ohne dabei gleichzeitig etwas richtig zu machen. Denn jede unserer Handlungen und jeder unserer Gedanken bringt die „Wippe der Harmonie" in Ungleichgewicht. Geht die Wippe auf der einen Seite nach unten, geht sie zwangsläufig auf der anderen Seite nach oben. Streuen wir zum Beispiel ein Gift, um unseren Salat vor Schnecken zu schützen, erscheint uns das „richtig". Die Schnecke dafür zu töten ist zwangsläufig „falsch", jedenfalls aus Sicht der Schnecke. Bauen wir uns ein schönes Haus, fühlt sich das „richtig" an. Dass wir uns örtlich, finanziell und vielleicht auch unseren Partner daran binden, fühlt sich wiederum „falsch" an. Viel Zeit in Job und Karriere zu stecken ist vermeintlich „richtig", weil wir dadurch zu Geld und Einfluss gelangen können. Dass uns dadurch wenig Zeit für uns und unsere seelische Entwicklung bleibt, ist zwangsläufig „falsch". Sagen wir einem Menschen in einer Auseinandersetzung etwas, was dieser nicht hören will, sodass er beleidigt oder aggressiv reagiert, fühlt sich das für uns „falsch" an. Aber vielleicht war gerade diese Impulsgebung sehr wichtig, um unser Gegenüber aufzuwecken, damit das, was wir gesagt haben, letztendlich „richtig" war. Einen Menschen zu töten ist nach unserem Empfinden unbedingt „falsch"; geht es bei der Tat um karmischen Ausgleich, kann sie auf seelischer Ebene durchaus „richtig" sein.

Unsere Bewertung in „Richtig" oder „Falsch" ist eine Illusion, die wir nur deswegen nicht als solche erkennen können, weil wir uns schon so lange gewohnheitsmäßig in diesem anerzogenen Muster der Bewertung bewegen. Genau genommen können wir nichts „falsch" und auch nichts „richtig" machen, seien unsere Motive auch noch so edel oder abgründig. Wir können nur Erfahrungen sammeln.

Machen Sie sich deshalb klar: Sie wirken jederzeit als Schöpfer Ihrer Wirklichkeit. Egal, was Sie tun oder lassen, Sie schaffen nach dem „Karmagesetz" eine Ursache, die zwangsläufig eine Wirkung erzeugt, die wiederum Auswirkungen hat und zur Ursache für eine neue Wirkung werden kann. Haben Sie das verinnerlicht, löst sich die Angst, Fehler zu machen. Dann sind Sie in der Lage, selbstbestimmt Entscheidungen zu treffen und Schöpfer Ihrer eigenen Realität zu sein. Sie treten aus der Opferrolle heraus und werden unabhängig von den Entscheidungen anderer.

☆☆☆

Was wir über uns selbst wissen sollten

„Der Mangel an Selbsterkenntnis ist die Essenz der Ignoranz, und das führt zu diesem unermesslichen Leiden, das überall in der Welt ist."

Krishnamurti

Unter diese Überschrift möchte ich einige Themen zusammenfassen, die zum Verständnis unserer selbst beitragen können und so manche Frage, die wir uns schon immer gestellt haben, vielleicht beantworten.

☆☆

Sinne und Sinnlichkeit

Wir alle haben einen physischen Körper, der unsere Seele beheimatet. Er ermöglicht es uns, sinnliche Erfahrungen zu machen. Das können positive Erfahrungen sein, nämlich dann, wenn uns der Duft einer Rose in die Nase steigt, uns Zärtlichkeit zuteil wird, wir uns an einem schönen Anblick in der Natur erfreuen, uns an einem leckeren Stück Kuchen laben oder in einer Melodie aufgehen. Leider können es auch sehr negative Erfahrungen sein, wenn wir Schmerzen oder Hunger erleiden, krank oder behindert sind oder gar Opfer von Willkür, Folter oder Vergewaltigung werden.

Jeder von uns verfügt über die Wahrnehmungsmöglichkeiten, die sich uns über unsere Sinne erschließen, aber ein jeder besitzt eine unterschiedlich starke Ausprägung derselben.

Olfaktorisch orientierte Menschen, deren Geruchssinn besonders gut ausgeprägt ist, können durchaus Menschen begegnen, von denen sie sagen, dass sie diese „nicht riechen können", sie also nicht sonderlich mögen. Denn jeder Mensch besitzt einen eigenen, individuellen Geruch, mit dem er, wenn auch unbewusst, persönliche Informationen an seine Umgebung abgibt. Ist der Geruchssinn eines Menschen gut entwickelt, kann er sich mittels dieser Informationen ein klares Bild von seinem Gegenüber machen, ohne dass nur ein Wort gesprochen wurde. Olfaktorisch ausgerichtete Menschen leiden unter schlechten Gerüchen, einem Zuviel an Parfüm und Rasierwasser oder abgestandener Luft. Ist der Sinn bei einem Menschen medial ausgeprägt, kann er Besetzungen oder Krankheiten bei anderen Menschen „riechen".

Auditiv orientierte Menschen nehmen besonders stark über das Hören wahr. Unter Umständen besitzen sie sogar die Gabe der Hellhörigkeit, auf jeden Fall aber entnehmen sie Musik oder Gesprächen mehr als nur das, was vordergründig zu hören ist, sie hören auch die „Obertöne". Und zwar nicht nur die der Musik, sondern auch alle „Obertöne" eines Gesprächs oder einer Aussage. Sie hören Stimmungen heraus, also das, was vom Gegenüber zwar nicht direkt ausgesprochen wird, aber trotzdem im Ton mitschwingt, gemäß dem Motto: „Der Ton macht die Musik." Auditiv orientierte Menschen erhalten Informationen über die Ohren, genau genommen über ihre Schläfenlappen, die sich ca. drei Zentimeter über den Ohren befinden. Wenn ihre Intuition gut entwickelt ist, sind sie in der Lage, deutlich mehr von einem Menschen zu erfassen, als dieser offensichtlich von sich preisgibt. Menschen mit einem feinen Gespür für das Hören mögen keine Musik, die im Hintergrund läuft, haben weder Fernseher noch Radio eingeschaltet, wenn sie nicht wirklich konzentriert zuhören wollen, und leiden unter dem meistens belanglosen Gerede, das um sie herum zu vernehmen ist. Sie sind in der Regel gute Zuhörer und haben ein Faible für Musik. Manche von ihnen besitzen sogar das „absolute Gehör", sind also in der Lage, die Frequenz eines reinen Tons so klar zu analysieren, dass sie ihn mühelos bestimmen können.

Sensitive Menschen nehmen über den Körper wahr. Sie spüren selbst die feinste Berührung und können über ihre Hände wahrnehmen, was anderen Menschen verborgen bleibt. Für sie ist es enorm wichtig, wie sich etwas anfühlt, und sie empfinden leichten Ekel vor dem, was sie für abstoßend halten. Sie besitzen die Feinfühligkeit, selbst mit den sensibelsten und feinsten Materialien angemessen umzugehen. Sensitive Menschen können als Therapeuten ihren Mitmenschen große Dienste erweisen, wenn sie ihre Hände in Verbindung mit ihrer Intuition dazu einsetzen, andere auf der körperlichen Ebene zu behandeln oder gar zu heilen.

Menschen, deren visuelle Fähigkeiten stark entwickeln sind, erfahren ihre Welt im Wesentlichen über ihre optischen Eindrücke. Das, was sie sehen können, ist das, was ihre Wahrheit bestimmt. Es befähigt sie, aus Materialien und Farben harmonische Kompositionen zu erschaffen, zu sehen, was zueinander passt und was nicht. Sie können Größen und Größenverhältnisse mühelos bestimmen. Meistens sehen sie das Bild dessen, was sie erschaffen wollen oder was realisiert werden soll, bereits vor ihrem inneren Auge, bevor es sich materialisiert hat. Unordnung, Müll und Stillosigkeit beleidigen ihre Augen, für sie muss das, was sie umgibt, harmonisch sein, damit sie sich wohlfühlen. Leider sind diese Menschen auch leicht zu täuschen beziehungsweise werden enttäuscht, wenn sie erfahren müssen, dass der Schein dem Sein nicht entspricht. Visuell orientierte Menschen mit guter Intuition und weit geöffnetem Kronenchakra sind unter bestimmten Voraussetzungen auch befähigt, die Ausstrahlung der Energiekörper, also die Aura, anderer Menschen zu sehen und zu deuten.

Menschen mit besonders fein entwickelter gustatorischer Wahrnehmung bestechen durch ihren hervorragenden Geschmackssinn. Ihnen ist es zum Beispiel möglich, den Jahrgang eines Weins oder besondere Aromen über die Zunge zu bestimmen.

Diese unterschiedlich ausgeprägten sinnlichen Wahrnehmungen können in zwischenmenschlichen Beziehungen leicht für Misstöne sorgen. Was der eine nicht bemerkt, bringt den anderen „auf die Palme“. Der visuell orientierte Mensch stößt sich vielleicht an der Unordnung, die sein Partner hinterlässt, wogegen sich dieser auditiv ausgerichtete Mensch daran stört, dass der andere ständig im Hintergrund das Radio oder den Fernseher laufen lässt. Den olfaktorisch befähigten Menschen regt es auf, wenn sein Partner nie lüftet, während dieser wiederum die Hypersensibilität des anderen für übertrieben hält. Es ist hilfreich, sich klarzumachen, welcher Sinn beim Partner, der Mitbewohnerin, dem Arbeitskollegen oder der Schwiegermutter besonders stark entwickelt ist, um so im Rahmen der eigenen Möglichkeiten vermeidbaren Konflikten aus dem Weg zu gehen, indem man sein Gegenüber nicht durch sein unachtsames Verhalten unnötig verärgert.

Haben Sie sich schon einmal gefragt, welche Art der Wahrnehmung bei Ihnen besonders gut ausgeprägt ist? Meistens trauen wir uns solche medialen Fähigkeiten gar nicht zu und meinen, dass nur andere sie besitzen. Aber auch Sie verfügen über eine dieser Gaben, Sie müssen sie nur für sich entdecken. Da Sie am besten um Ihre Vorlieben und Abneigungen wissen, dürfte es für Sie bei entsprechender Bewusstheit und Achtsamkeit kein Problem sein herauszufinden, in welchem Bereich Sie besonders sensitiv sind. Konzentrieren Sie sich von nun an genau auf Ihre Eindrücke und Empfindungen und nutzen Sie alltägliche Situationen, um Ihre spezielle Wahrnehmungsmöglichkeit weiter zu schulen und zu entwickeln. Vielleicht mögen Sie auch eine Art Tagebuch führen, indem Sie Ihre Sinneseindrücke festhalten, um herauszufinden, ob Sie einen Menschen oder eine Situation richtig eingeschätzt haben. Das ist eine gute Maßnahme, um Vertrauen in die eigenen Potenziale und die geistige Führung zu entwickeln.

☆☆

Mediale Wahrnehmungsmöglichkeiten

Grundsätzlich kann jeder Mensch die Aura (= die Ausstrahlung der einzelnen Energiekörper) eines Lebewesens oder eines Gegenstands wahrnehmen, sofern seine Sinne dafür entsprechend sensibilisiert sind. So, wie ein Adler besser sieht als wir, Hummer und Taube sich am Erdmagnetfeld orientieren, das wir nur mit Hilfe entsprechender Messinstrumente nachweisen können, und Fledermäuse und Walfische Frequenzbereiche erzeugen und hören können, die für uns Menschen im nicht hörbaren Bereich liegen, gibt es auch Menschen, deren Sinne stärker entwickelt sind und sich außerhalb des Normbereichs bewegen. Auch innerhalb der Norm ist es schließlich nicht außergewöhnlich, dass ein Mensch besser riecht, hört, sieht oder schmeckt als ein anderer.

Für medial begabte und geschulte Menschen gibt es zur Wahrnehmung der Aura verschiedene Möglichkeiten:

Hellfühlige, sensitive Medien nehmen die Aura eines anderen meistens gallertartig oder als Wärmestrahlung wahr. Sie sind in der Lage, Größe, Ausdehnung und den Energiefluss in den einzelnen Energiekörpern beziehungsweise deren Abstrahlung in Form der Aurafelder eines Menschen zu erfassen, indem sie einzelne Auraschichten und deren Begrenzungen ertasten. Bei entsprechender Ausbildung können hellfühlige Menschen klare Aussagen über den energetischen und gesundheitlichen Zustand eines Menschen machen. Hellfühlige gehen in der Regel sehr empfindsam und feinsinnig mit ihrer Umwelt und ihren Mitmenschen um. Sie neigen leicht zu Reizüberflutung, wenn zu viele Informationen auf sie einstürmen, zum Beispiel wenn sie sich längere Zeit in einer großen Menschenmenge aufhalten.

Mediales Hören ist nicht sehr weit verbreitet, es ist der Kanal der feinsinnigen Wahrnehmung, der am wenigsten entwickelt ist. Nicht selten erkennen Menschen ihre Fähigkeit zum medialen Hören nicht, auch wenn sie in ihnen angelegt ist, da sich die eigenen Gedanken im Kopf des Hellhörigen nicht anders anhören als die sprachlichen Botschaften und Informationen, die er aus der Geistigen Welt erhält.

Hellhörige Medien sind meistens sehr analytisch und direkt. Sie wollen ein Problem oder eine Situation verstehen, und zu diesem Zweck formulieren sie klare Fragen, auf die sie eine eindeutige Antwort haben möchten. Dazu strahlen sie eine derart kraftvolle Energie aus, dass diese von ihren Mitmenschen nicht selten als Druck wahrgenommen wird, dem sie auszuweichen versuchen. Hellhörigen selbst ist meistens nicht bewusst, wie überwältigend ihre Energie auf andere wirkt.

In der Regel neigen sie von allen medial begabten Menschen am wenigsten zu Überladung, da sie ihre Informationen nur „auf Anfrage" bekommen.

Allerdings gibt es auch eine Art von Hellhörigkeit, bei der das Medium permanent Stimmen hört. Das können zum Beispiel die Stimmen von Erdgebundenen sein. Wenn es in einem Raum zu einem Streitgespräch gekommen ist und sich die Energien dieses Streits noch nicht aufgelöst haben, hören hellhörige Menschen noch Stunden später die Stimmen der Beteiligten. Sicherlich sitzt manch einer dieser medial begabten Menschen in der Nervenheilanstalt, da er seine ungewöhnlichen Eindrücke nicht verarbeiten konnte und auf der Suche nach Hilfe von der Schulmedizin schlichtweg für verrückt erklärt wurde.

Hellsichtigen erschließt sich die Aura optisch. Sie können die Abstrahlungen der einzelnen Energiekörper (also die Aura) wahrnehmen. Die Energiekörper liegen alle übereinander, sind miteinander verbunden und entsprechen in Form und Größe unserem physischen Körper, wodurch sie von diesem optisch nicht zu unterscheiden sind. Da die Energiekörper aber unterschiedliche Frequenzen haben, zeigt sich ihre energetische Abstrahlung in verschiedenen Wellenlängen, also in verschiedenen Farben, die, je nach Frequenz (= Schwingung pro Sekunde), mehr oder weniger weit über den physischen Körper hinausragen. Je höher der Frequenzbereich und desto geringer die Wellenlänge eines Energiekörpers ist, umso weiter strahlt ein Energiekörper von unserem physischen Körper ab. Interessanterweise entsprechen die Farben der Chakren, also der feinstofflichen Organe unserer Energiekörper, genau den Bereichen des für uns wahrnehmbaren Lichts. Physikalisch ist zum einen seine Wellenlänge (nm), seine Wellenfrequenz (THz), als auch seine Energie (E) pro Photon (eV) messbar.

Ab 400.5 THz (= 400.500.000.000.000 Schwingungen pro Sekunde) sind die erst roten Lichtstrahlen sichtbar. Das rote Licht hat eine Wellenfrequenz von 462,5–400,5 THz (625-780 nm). Die Farbe Rot wird dem Wurzelchakra zugeordnet. Dann folgt das orangefarbene Licht (513,5–462,5 THz / 590-625 nm), was der Farbe des Sakralchakras entspricht. Der Solarplexus entspricht der Wellenfrequenz des gelben Lichts (522,5–513,5 Thz / 560-590 nm), das Herzchakra der des grünen Lichts (612,5–522,5 THz / 520-560 nm). Das Blau (Cyari) des Kehlkopfchakras bewegt sich in einem Frequenzbereich von 714,5–612,5 Thz / 430-500 nm, das Kehlkopfchakra schwingt in der höchsten, für uns optisch wahrnehmbaren Frequenz von 789,5–714,5 THz / 380-430 nm. Das Kronenchakra erstrahlt in ultraviolettem Licht, das als Farbe für den Menschen nicht mehr erkennbar ist und Hellsichtigen als weißes Licht erscheint.

Die Zirbeldrüse (Glandula pinealis), ein Nervengewebe von rötlich-grauer Farbe am oberen Ende unserer Wirbelsäule in der Mitte unseres Schädels, die der Form eines Tannenzapfens ähnelt, ist möglicherweise für die Fähigkeit, hellzusehen, verantwortlich. Denn evolutionsgeschichtlich hat sich die Zirbeldrüse bei den höheren Wirbeltieren aus dem Scheitelauge entwickelt.

„Das Scheitelauge, auch Parietalauge oder -organ, ist ein nach oben gerichtetes, zentrales Drittes Auge auf dem Scheitelbein (Os parietale) des Schädels, das bei ursprünglichen Wirbeltieren als Lichtsinnesorgan zur Wahrnehmung von Helligkeitsunterschieden dient.“

Quelle: Wikipedia.

Hellsichtige Medien leiden am ehesten unter Reizüberflutung, da sie meistens ihre spezielle Art zu sehen nicht abstellen können und so permanent Informationen über die sie umgebenden Menschen erhalten. Mit entsprechender Übung und Ausbildung ist es aber gerade ihnen möglich, Menschen auf ihrem spirituellen Weg zu helfen, da sie in der Lage sind, nicht nur den aktuellen energetischen und gesundheitlichen Zustand eines Menschen zu erfassen, sondern auch seine karmischen Hintergründe und Verabredungen zu erkennen.

Medial begabte Menschen, die entsprechend erfahren und ausgebildet sind, können aufgrund ihrer Wahrnehmungsfähigkeiten über jeden Menschen klare Aussagen treffen. Sie erkennen sofort, in welchen Chakren der Energiefluss gestört ist, in welchen Bereichen sich Wut oder Stagnation angestaut haben oder eine Krankheit droht. Für diese Menschen ist jedes Gegenüber ein „offenes Buch“, das keine Geheimnisse verbergen kann.

Je nachdem, welche Erfahrungen ein medial begabter Mensch mit seinen Gaben zu machen geplant hat, kann er seine Fähigkeiten nutzbringend für oder auch missbräuchlich gegen seine Mitmenschen einsetzen. Inkarnierte Seelenteile, die geplant haben, ihre Gabe zum Wohl aller zu nutzen, behalten diese nur, wenn sie verantwortungsvoll mit ihr umgehen; andernfalls verlassen ihre Fähigkeiten sie im Laufe der Zeit wieder.

Sollte der Seelenplan eines Menschen jedoch vorsehen, in einer Inkarnation Erfahrungen durch den manipulativen Umgang mit einer bestimmten Form der Hellwahrnehmung zu sammeln, wird er seine Kräfte natürlich zu Gunsten der Schattenseite und nicht zum Wohl aller einsetzen.

Ich möchte an diesem Punkt noch einmal klar darauf hinweisen, dass das gesamte Universum polar aufgebaut ist und es selbstverständlich auch einen dunklen „Gegenspieler" zur lichtvollen Geistigen Welt gibt. Wir brauchen uns vor diesen Kräften nicht zu fürchten, sofern wir bereit sind, unsere eigenen Schattenanteile zu bearbeiten und somit nicht in Resonanz mit dem negativen Pol gehen. Bevor wir uns aber ein weiteres Mal in eine Bewertung von „Gut" und „Böse" verstricken, sollten wir uns verdeutlichen, dass auch wir in den vergangenen Inkarnationen nicht nur auf der lichten Seite gestanden, sondern durchaus auch Erfahrungen mit der dunklen gemacht haben. Zudem kann die Sonne nicht nur wärmen, sondern auch verbrennen, und in der furchteinflößenden Dunkelheit lassen sich wunderbar die Sterne beobachten. Die Polarität in allem, was uns umgibt und ausmacht, ist unausweichlich: Alles ist in jedem Augenblick „sowohl als auch", und nur so bietet sich uns die Möglichkeit, frei zu wählen und zu entscheiden, welchen Menschen oder Themen wir uns zuwenden wollen und welchen nicht.

☆☆

Die Frequenz unseres Energiekörpers

Die Frequenz unseres Energiekörpers wird im Wesentlichen davon bestimmt, wie weit unsere Chakren geöffnet sind. Chakren ähneln optisch einem Mini-Tornado, der durch sein Wirbeln kosmische Energie in unseren Körper zieht.

Wut, Groll, Feindseligkeit, Intoleranz, Missgunst, Angst, Neid und Gier sowie eingefleischte Verhaltensmuster, Gesellschaftsprägungen und karmische Altlasten sind niederfrequente Kräfte, die die Schwingung unseres Energiefelds beeinträchtigen. Sie verlangsamen die Drehgeschwindigkeit unserer Chakren, ähnlich einem Backstein im Schleudergang einer Waschmaschine. Je langsamer aber die Chakren rotieren, umso weniger kosmische Energie kann in sie hineinfließen, sodass sie sich verkleinern, was wiederum zu einer Reduktion der Frequenz unseres Energiekörpers führt. Nach dem Gesetz der Resonanz ziehen wir immer Menschen an, die unserer eigenen Resonanz entsprechen, letztlich also an denselben Themen arbeiten wie wir.

Mit der Bearbeitung unserer Lebensthemen, unserer Ängste, Muster und Prägungen und der fortschreitenden Entwicklung unserer Herzqualitäten erhöht sich die Frequenz unseres Energiekörpers immer mehr. Bedingungslose Liebe, Mitgefühl, Urvertrauen und Eigenliebe sind sehr hochschwingend und führen dazu, dass vor allem das Herzchakra sich weitet und mehr Energie dort hineinfließt.

☆☆

Emotionale Ladung

Sie haben sicherlich schon von „Blockaden“ im Energiefluss gehört. Haben Sie sich schon einmal gefragt, wodurch Blockaden überhaupt entstehen und wie die sie erzeugenden Gefühle, energetisch gesehen, abgespeichert werden?

Für Hellsichtige stellen sich unerlöste und unbearbeitete Gefühle als emotionale Kapseln im Aurafeld dar. Ihre Schwingung ist niedriger als die Frequenz des sie umgebenden Energiefelds, sodass sie farblich dunkler erscheinen als ihre Umgebung. Von der Form her ähneln sie plattgedrückten Walnüssen. Diese Kapseln enthalten emotionale Ladungen, die meistens in der Kindheit entstanden sind oder auch karmischen Ursprungs sein können. An dem folgenden Beispiel lässt sich gut erklären, wie es sich mit diesen emotionalen Kapseln verhält:

Stellen Sie sich vor, Sie kommen als Kind mit einem „Befriedigend“ in einer Mathematik-Schulaufgabe nach Hause und sind ganz stolz, denn Mathematik ist das Fach, das Ihnen am wenigsten liegt. Sie zeigen Ihrem Vater die Arbeit, und der poltert los, beschimpft Sie, dass Ihre Leistung nicht gut genug sei und Sie sich gefälligst mehr anstrengen sollen. Wahrscheinlich schlucken Sie Ihre Enttäuschung und die Wut, die die Reaktion Ihres Vaters in Ihnen auslöst, hinunter. Sie fühlen sich ungerecht behandelt, empfinden Mangel an Wertschätzung und spüren gleichzeitig Hilflosigkeit, weil Sie es in Ihrer Position als Kind dem Vater gegenüber nicht schaffen, gegen ihn aufzubegehren. Alle diese niederfrequenten Gefühle werden in einer Art emotionaler Kapsel abgespeichert. Kommen Sie nun zu einem späteren Zeitpunkt, wenn Sie vielleicht längst erwachsen sind, in eine ähnliche Situation, gerät durch die gleichartige Schwingung die Kapsel in Resonanz. Zusätzlich zu den Emotionen, die in der aktuellen Situation erzeugt wurden, werden nun alle Gefühle, die in der damaligen Situation mit dem Vater abgespeichert wurden, zusätzlich aktiviert. Sie reagieren dementsprechend deutlich emotionaler, als wenn diese emotionale Ladung nicht in ihrem Feld abgespeichert gewesen wäre. Ihre Umwelt ist vielleicht erstaunt über Ihre heftige Reaktion, aber jeder Mensch hat mehr oder weniger emotionale Kapseln im Feld und reagiert dadurch in bestimmten Situationen extrem. Quält Sie im Nachhinein ein schlechtes Gewissen, dass Sie sich so „daneben" benommen haben, behält die Kapsel ihre Ladung und wird auch beim nächsten Mal wieder Einfluss auf ihr Verhalten nehmen.

Diese emotionalen Kapseln, die aufgrund ihres „Inhalts" in Form von Wut, Angst, Hass, Stress, Schuld usw. sehr niederschwingend sind, bilden Blockaden im Emotionalkörper, in dem sie abgespeichert wurden. Je mehr dieser emotionalen Kapseln sie in Ihrem Energiefeld tragen, umso großer ist, gemaß dem Gesetz der Resonanz, deren Magnetismus. Er zieht Ihnen Menschen und Situationen an, die der Frequenz der Kapseln entsprechen und aktivieren so die emotionale Ladung aufs Neue.

Vielleicht kennen Sie das auch: Einige Tage lang haben Sie irgendwie ein schlechtes Gefühl. Sie spüren, dass Sie nicht „in Ihrer Mitte" sind, und auch im Außen finden Sie sich plötzlich in Situationen wieder, die für Sie unangenehm oder befremdlich sind und Ihr „schlechtes Gefühl" weiter verstärken. Was ist passiert? Aufgrund eines bestimmten Auslösers, einer bestimmten Situation oder Begebenheit in Ihrem Leben, ist eine Ihrer im Emotionalkörper gespeicherten Kapseln in Resonanz gegangen. Da unser Emotionalkörper in Verbindung mit dem Morphogenetischen Feld steht, in das ständig sämtliche Gedanken und Gefühle aller Lebewesen eingehen, nehmen wir nach dem „Gesetz der Resonanz“ in den nächsten Tagen auch noch die uns umgebenden Spannungen aus dem Morphogenetischen Feld auf, was die Schwingung der Kapsel zusätzlich verstärkt.

Irgendwann kommt es dann zur Krise: Die Schwingung der Kapsel ist so hoch, dass sie „aufplatzt“ und alle negativen Gefühle sich auf einmal entladen.

Geben Sie diesen unerlösten Gefühlen nun Gelegenheit, sich zu befreien, indem Sie sie in diesem Moment voll ausleben, kann sich die Kapsel endgültig auflösen. Natürlich ist es wichtig, diese destruktiven Gefühle, die nun endlich an die Oberfläche dringen, nicht an Ihren Mitmenschen auszulassen. Optimal wäre es, in ein Kissen zu brüllen, einen Sprint hinzulegen oder auf einen Sandsack einzuschlagen und dabei alles rauszuschreien, was Ihnen gerade in den Sinn kommt.

In unserem Alltag haben wir allerdings selten die Gelegenheit, diesen negativen Gefühlen freien Lauf zu lassen, um den emotionalen Kapseln die Möglichkeit zu geben, sich zu entladen. Zu stark wirken hier unsere Gesellschaftsprägungen und Anpassungsmechanismen. Deshalb brauchen die meisten von uns einen „Aggressions- und Spannungskanal“, der es ermöglicht, die Kapseln zu aktivieren und ihren Inhalt freizusetzen. Zum Beispiel mit Hilfe der Atemarbeit. Durch die heftige Atembewegung, in Verbindung mit der Konzentration auf ein bestimmtes, emotional besetztes Thema, werden die Kapseln im Aurafeld in Schwingung versetzt. Ihre negativen oder destruktiven Inhalte werden freigesetzt und so weit im Aurafeld nach außen transportiert, dass sie keine Resonanzen mehr erzeugen. Je weiter außen sie in unserem Energiefeld liegen, umso weniger Einfluss können sie auch auf unseren physischen Körper nehmen. Wir können auch Joggen oder Boxen gehen und uns dabei auf unsere negativen Emotionen ausrichten.

Wichtig ist nur, dass unser Verstand in diesem Moment die Kontrolle aufgibt, sodass wir an unsere Gefühle herankommen, diese wahrnehmen, rauslassen und loslassen können.

Außerdem sollten wir Gedankenhygiene betreiben und uns bemühen, nicht die negativen Gefühle von damals durch die negativen Gefühle von heute zu nähren, sondern unser eigenes Verhalten selbstkritisch reflektieren, um so die abgespeicherte emotionale Ladung zu erkennen. Um der Neubildung von emotionalen Kapseln vorzubeugen, sollte jede Situation, in der Schwierigkeiten auftreten, am besten sofort geklärt werden. Erst wenn wir diesen Prozess wirklich verstanden haben, sind wir in der Lage, mittels unseres Bewusstseins aus ihm auszusteigen.

Es ist in diesem Zusammenhang noch wichtig zu wissen, dass diese niederschwingenden emotionalen Kapseln, so lange sie sich nicht entladen und aufgelöst haben, als Blockaden in unserem Energiefeld wirken und so erheblichen Einfluss auf unsere Gesundheit nehmen. Sinkt durch die niederschwingenden Blockaden die Gesamtschwingung unserer Chakren, gehen diese in Resonanz mit der niederfrequenten Energie von Krankheiten aller Art. Das ist auch der Grund, warum sich Krankheiten mit ihren Symptomen genau in dem Chakra beziehungsweise Energiekörper zeigen, in dem unsere Blockaden sitzen. Haben wir zum Beispiel ein Problem mit unserer emotionalen Kommunikation und unserem sprachlichen Selbstausdruck, entstehen in unserem Kehlkopfchakra entsprechende Blockaden in Form emotionaler Kapseln, die unsere unverarbeiteten Gefühle gespeichert haben. Bei der nächsten Erkältungswelle ist – gemäß dem Gesetz der Resonanz, das besagt, dass Gleiches Gleiches anzieht – die Wahrscheinlichkeit um ein Vielfaches erhöht, durch einen niederfrequenten Erreger an einer Mandelentzündung zu erkranken. Je höher die Frequenz unserer Energiekörper ist, je weniger niederfrequente Blockaden also in ihnen abgespeichert sind, umso besser funktioniert das, was die Mediziner unser „Immunsystem“ nennen.

☆☆

Aggression und passive Aggression

Wie geht es Ihnen, wenn Sie die Begriffe „Wut“ und „Aggression“ hören oder lesen? Denken Sie gleich an Vandalismus, Randale, Aufstände oder häusliche Gewalt? Oder fällt Ihnen sofort die Situation ein, in der Sie zuletzt Wut empfunden haben? Wie gehen Sie mit Ihren Aggressionen um? Können Sie sich diese überhaupt eingestehen? Oder gehören Sie zu den Menschen, die von sich glauben, grundsätzlich harmonisch, friedlich und pazifistisch zu sein?

Diese Fragen zu klären ist wichtig. Denn wir leben in der Polarität, in der es grundsätzlich den positiven und den negativen Pol gibt. Genau diese Polarität erzeugt Spannung in unserem Leben, ohne die wir uns nicht erfahren könnten. Unsere Wut zu leugnen führt dazu, dass sich diese in unserem Unterbewusstsein den Raum nimmt, den wir ihr im Außen nicht zugestehen. Dort wirkt sie sich nicht nur in Form von Autoaggressionen negativ auf unsere Gesundheit aus, sondern führt, je nach Kindheitsprägung, zu sogenannter „passiver Aggression“. Diese äußert sich in indifferentem, unzuverlässigem Verhalten den Mitmenschen gegenüber, in mangelnder Konflikt-, Entscheidungs- und Konkurrenzfähigkeit und ausgeprägter Angst vor Abhängigkeit. Passiv-aggressive Menschen – betroffen sind häufig Männer, die mit einem nichtpräsenten oder wenig maskulinen Vater und einer dominanten, emotional erpresserischen Mutter aufgewachsen sind – leugnen grundsätzlich jedes Problem, obwohl ihnen dieses von ihrer Partnerin oder ihren Arbeitskollegen klar darlegt wird. Sie gehen jeder Konfrontation aus dem Weg, indem sie auf Fragen unklar oder gar nicht antworten, das Thema wechseln, den Raum verlassen oder sich gänzlich zurückziehen und den Kontakt abbrechen. Sofern sie überhaupt bereit sind, für dieses Verhalten eine Erklärung abzugeben, schieben passiv-aggressive Menschen gerne ihrem Gegenüber die Schuld zu, indem sie vorgeben, sich gegen die Manipulationen und die zu hohen Erwartungen des Gegenübers wehren zu müssen. Oder sie führen Arbeitsüberlastung an und dass sie sich mit „wichtigeren Dingen" beschäftigen müssen. Sie sitzen brenzlige Situationen und Entscheidungen so lange aus, bis andere gehandelt und entschieden haben. So entziehen sie sich jeglicher Verantwortung und bleiben letztlich schuldlos.

Kennen Sie auch so eine Person? Spüren Sie Ihre eigenen Aggressionen, die dieses passiv-aggressive Verhalten in Ihnen auslöst? Falls Sie sich angesprochen fühlen, möchte ich Ihnen das Buch „Warum Männer mauern" von Scott Wetzler wärmstens empfehlen. Es hat, glaubt man den Rezensionen, schon vielen Frauen mit einem derartigen Partner den Weg zum Psychologen erspart und schon manchen Mann in die Selbsterkenntnis geführt.

Allzeit friedlich und harmonisch zu sein ist ein unnatürliches Verhalten, das in der Regel auf mangelnder Eigenliebe und der sich daraus ergebenden Angst vor Ablehnung und Zurückweisung beruht. Diese Ängste führen wiederum zu mangelnder Kritik- und Konfliktfähigkeit. Unterdrücken Sie also besser nicht die scheinbar destruktiven Elemente in sich, sondern geben Sie Ihren Aggressionen und Ihrer Wut Raum, indem Sie sich diese eingestehen und sie klar artikulieren. Suchen Sie sich einen „Aggressions- und Spannungskanal" (siehe „Emotionale Ladung", Seite 178), also einen Ort oder eine Gelegenheit, wo Sie Ihre aufgestaute Wut schadlos ausleben können. Ermutigen Sie auch Ihren Partner, Ihre Kinder, Verwandten und Arbeitskolleg(inn) en, ihre Aggressionen offen zu zeigen, damit sich auch deren Wut nicht staut und sich infolgedessen zu einem unbestimmten Zeitpunkt explosionsartig entlädt oder in Form einer Krankheit bewältigt werden muss.

Aggression ist nicht nur eine destruktive, sondern auch eine treibende Kraft. Menschen ohne Aggressionen fehlt es an Änderungswillen und Tatkraft. Sie verharren als Opfer in Stagnation und verfallen langfristig geradezu zwangsläufig in Depression. Auch Wut kann, sofern sie sich nicht destruktiv gegen Menschen oder Materie richtet, eine Antriebskraft sein, um Prozesse in Gang zu bringen und Änderungen einzuleiten.

Leugnen Sie Ihre Wut nicht, sondern analysieren Sie, in welchen Situationen sie auftritt. Was versetzt Sie in Rage, welches Verhalten oder welche Aussagen erzeugen in Ihnen Wut und Aggression? Gehen Sie das Thema an, das in Ihnen diese Gefühle erzeugt, denn sie weisen eindeutig auf eine Blockade hin, auf ein ungeklärtes Thema und unerlöste Gefühle. Erkennen Sie Ihre Erziehungs- und Gesellschaftsprägungen, dass Sie als Kind für braves, ruhiges Verhalten belohnt und für Ihre Wut und den sich daraus ergebenden Handlungen und Reaktionen bestraft wurden. Verurteilen Sie Ihre Wut nicht, sondern kanalisieren Sie ihre Energie, um sich zu erkennen und Veränderungen in Ihrem Leben einzuleiten.

☆☆

Der ganz normale Wahnsinn

Sind Sie nicht auch bislang davon ausgegangen, dass man entweder „für“ oder „gegen“ etwas ist? Dass man etwas bejaht oder verneint, gut oder schlecht heißt? Sie sind sicherlich davon überzeugt, dass Sie sich von den meisten Dingen ein Bild machen und eine klare Meinung daraus ableiten können? Wenn es bei Ihnen tatsächlich so ist: Gratulation! Meistens ist es allerdings so, dass wir eine Vielzahl unterschiedlicher Meinungen, Empfindungen und Gefühle zu ein und derselben Sache haben und so unter Umständen ständig mit uns ringen. Dieser innere Kampf verschlingt eine Unmenge an Energie, ohne dass wir uns dessen bewusst wären. Damit klarer wird, wie es vielleicht auch in Ihrem Inneren aussieht, hier ein Beispiel:

Im Rahmen einer Aufstellungsarbeit gibt es die Möglichkeit, den mentalen, den emotionalen, den spirituellen und den physischen Körper aufzustellen. Häufig ist deutlich zu erkennen, dass es innerhalb unseres energetischen Gesamtsystems, zu dem diese verschiedenen Körper gehören, keine Bereitschaft gibt, zusammenzuarbeiten. Das könnte zum Beispiel so aussehen:

Der Mentalkörper, durch Erziehung und Gesellschaft stark geprägt, fühlt sich meistens sehr mächtig und drängt auf Umsetzung des Erlernten, Aufgeprägten; er wacht darüber, dass gesellschaftliche Normen eingehalten werden. Häufig ist der Mentalkörper davon überzeugt, dass wir uns Liebe über Einsatz und Leistung verdienen müssen und keinesfalls um unser selbst willen liebenswert sind. Der Mentalkörper schützt sich durch mentale Gedankenkonstrukte, die ihm Sicherheit versprechen. Alles wird aus seiner Perspektive heraus so lange kausal erklärt, bis es richtig zu sein scheint und den äußeren Ansprüchen genügt. Kontrolle und Sicherheit sind ihm sehr wichtig. Seine

Angst, Fehler zu machen, ist sehr hoch, seine Anpassungsbereitschaft auch. Der Mentalkörper übt oft einen starken Druck auf den physischen Körper aus, zwingt ihn, sich über seine Grenzen hinaus zu belasten, und treibt zu Einsatz, Leistung und Eile, wenn der physische Körper sich längst ausruhen möchte. Erfahrungsgemäß fühlt sich der physische Körper oft vom Mentalkörper überfordert.

Auch der Emotionalkörper kann unter dem Mentalkörper leiden, wenn dieser, wie im vorigen Abschnitt beschrieben, nicht bereit ist, den Gefühlen ausreichend Raum zu geben. Der Emotionalkörper gerät durch den Mangel an Beachtung so unter Druck, dass er diesen gerne an den physischen Körper abgibt, der mit entsprechender Symptomatik, zum Beispiel Kopf- oder Rückenschmerzen, reagiert und dadurch zusätzlich belastet ist. Gerne sieht sich der Emotionalkörper auch als Opfer, dem zu wenig Aufmerksamkeit und Beachtung zuteil wird.

Der spirituelle Körper neigt gerade bei alten Seelen oft zu einer gewissen Arroganz. Er ist der Meinung, aufgrund seiner vielfältigen Erfahrungen zu wissen, was richtig ist, und ist beleidigt, dass keiner auf ihn hört. Hochmütig verweigert er die Zusammenarbeit mit allen anderen Körpern.

Das Ganze klingt für Sie vielleicht verrückt, aber tatsächlich ist eine derartig disharmonische Ausrichtung der verschiedenen Energiekörper häufig zu finden. Der Aufstellende kann im Laufe der Aufstellungsarbeit erkennen, wie viel Kraft ihm durch diese Dissonanz in seinem Inneren verlorengeht. Ziel einer Aufstellung ist es, durch das Offenlegen von Ängsten oder Beziehungsthemen die Körper so zu harmonisieren, dass alle willig sind, zusammenzuarbeiten. Dann kann die Energie harmonisch fließen, und die kraftraubenden Blockaden lösen sich auf.

Aufstellungsarbeiten sind, wenn sie kompetent angeleitet und begleitet werden, äußerst hilfreich, um unsere eigene Struktur offenzulegen und Veränderungen in unserem Verhalten einzuleiten.

☆☆

Perfektionismus

Bezeichnen wir etwas als „perfekt" (von lat. perfectum – vollendet), ist das scheinbar das höchste Lob, das wir aussprechen können. Perfekt wird definiert als: *ausgereift, einwandfrei, erstklassig, fehlerfrei, glänzend, makellos, meisterhaft, mustergültig, tadellos, vollendet, vorbildlich, ideal* oder in einem anderen Zusammenhang auch als: *richtig, einwandfrei, korrekt, fundiert, genau, gut, hundertprozentig, echt und mustergültig.*

Sind das nicht Attribute, die wir uns, unserem Tun und Verhalten, gerne zuordnen würden? Oder wäre es nicht noch besser, wenn uns Mitmenschen mit derartigen Attributen schmeicheln würden? Wurden wir doch so erzogen, dass alles, was wir tun, möglichst perfekt sein sollte. Um den Drang zu spüren und den Ehrgeiz zu entwickeln, etwas perfekt zu machen, bedarf es einer angelegten Eigenschaft: Perfektionismus. Dieser erscheint uns im ersten Moment durchaus als positiv und erstrebenswert. Erst bei näherem Hinsehen erkennt man die Nachteile. Perfektionismus macht unflexibel. Er schränkt somit die Bereitschaft, Erfahrungen zu machen, erheblich ein.

Hierzu ein Beispiel:

Stellen Sie sich vor, Sie haben eine Ausbildung als Kinesiologe absolviert. Um Erfahrungen zu sammeln, müssten Sie nun das, was Sie gelernt haben, in der Praxis anwenden, also

Menschen kinesiologisch behandeln. Ihnen ist klar, dass Sie aufgrund mangelnder Erfahrungen noch keine perfekte Behandlung zustandebringen können. Doch weil Sie ein Perfektionist sind und davon ausgehen müssen, dass Ihr Können noch nicht meisterhaft, ausgereift oder mustergültig, also nicht perfekt, ist, trauen Sie sich nicht, Menschen anzusprechen, ob sie sich von Ihnen behandeln lassen möchten. Sie befürchten, dass Ihr Tun wirkungslos bleibt, Ihre Klienten mit Ihrer Leistung unzufrieden sein könnten oder Sie gar Schaden anrichten. Aber weil Sie sich, gehemmt von Ihrem Perfektionismus, nicht trauen, Menschen zu Ihren Klienten zu machen, haben Sie keine Möglichkeit, Erfahrungen zu sammeln und Ihr Wissen zu vertiefen. Hier beißt sich die Katze in den Schwanz. Sie bleiben hängen im „Wollen", schaffen es aber nicht, zu „tun".

Perfektionismus hat auch einen negativen Einfluss auf unsere Intuition. Sind wir bereit, unserer Intuition zu folgen, also auf das zu hören, was die innere Stimme uns mitteilt, ist das Ergebnis unserer Handlung möglicherweise nicht einwandfrei, tadellos, fehlerfrei oder vorbildlich. Denn im scheinbaren Gegensatz zum mentalen erlernten „Wissen" ist es uns nicht möglich, im Vorfeld zu beurteilen, ob wir intuitiv „richtig" oder „falsch" handeln, da es für Intuition keine eindeutige, gesellschaftlich anerkannte Bewertungsgrundlage gibt, auf die wir uns im Zweifelsfall später zu unserer Rechtfertigung berufen könnten. Grundsätzlich ist es jedoch wichtig und richtig, dass wir unserer Intuition folgen. Sie steht uns als altes Wissen aus vergangenen Inkarnationen zur Verfügung und kann uns manche Lernerfahrung ersparen. Oder auch eine solche kreieren, wenn es für unser seelisches Wachstum nötig ist. Erleiden wir eine „Bruchlandung", haben wir immerhin eine Erfahrung gemacht. Vielleicht wissen wir nun genau, wie wir es nicht machen sollten, und auch das kann uns eine Lehre sein, die uns zur Erkenntnis verhilft. So gesehen war es richtig, dass wir unserer Intuition gefolgt sind.

Aus der Sicht des Perfektionisten aber bewerten wir eine „Bruchlandung" nicht als wichtige Erfahrung, sondern als Niederlage, als unser Versagen. Infolgedessen ignorieren wir fortan die Stimme unserer Intuition und setzen stattdessen auf den uns Sicherheit und Kontrolle verheißenden Verstand. Letztlich hören wir also auf die laute Stimme unseres Egos, das nicht daran interessiert ist, dass sich mit Hilfe eigener Erfahrungen eine Veränderung und Entwicklung unserer Bewusstheit in unserem Leben vollzieht. Denn je bewusster wir werden, umso größer wird für das Ego die Gefahr, vom Herrn zum Diener degradiert zu werden. Folgen wir unserem Ego, bleibt uns der Zugang zur Intuition verwehrt. Stattdessen geben wir – manipuliert von unserer Angst – unserem Verstand noch mehr Macht, als er sowieso schon hat.

Auch Kreativität wird durch Perfektionismus eingeschränkt. Gehen wir von vorneherein davon aus, dass das, was wir gestalten oder schaffen wollen, aufgrund mangelnder Kenntnisse und Fertigkeiten wohl nicht perfekt werden kann, fangen wir erst gar nicht mit der Realisierung an. Wir unterdrücken unseren kreativen Selbstausdruck und bringen uns um dieses wunderbare, harmonische Gefühl, das entsteht, wenn wir unsere Kreativität fließen lassen. Wir verhindern, dass durch das Zusammenwirken beider Hirnhälften der Verstand und das Gefühl in einem kreativen Moment ineinanderfließen, um sich gegenseitig zu regulieren. Wir entsagen auch der Befriedigung, die Kreativität in unserem Inneren erzeugt, und verzichten auf das Lob, das wir möglicherweise von unserer Umwelt für unser Schaffen ernten würden. Wir versäumen den Moment der Zentriertheit, in dem wir ganz in unserem Tun aufgehen. Und alles nur, weil unser Perfektionismus, der eindeutig dem Ego zuzurechnen ist, uns glauben macht, wir könnten unseren eigenen Ansprüchen nicht genügen.

Flexibilität und Spontaneität leiden ebenfalls unter dem Hang zur Perfektion. Flexibel und spontan zu sein bedeutet, sich sofort auf eine neue Situation einzustellen und jederzeit das Beste aus ihr zu machen. Haben wir nun aber eine fixe Idee in unserem Kopf, wie der perfekte Zustand oder das perfekte Endprodukt einer Situation oder einer Sache zu sein hat, begegnen wir den Schwierigkeiten, mit denen wir uns möglicherweise in diesem Zusammenhang konfrontiert sehen, mit Widerstand, da sie ja unsere Hoffnung auf ein einwandfreies, makelloses Ergebnis zunichte machen. Wir halten krampfhaft am alten Bild, dem ersten perfekten Entwurf unserer Idee oder unserer Vorstellung, fest und beklagen unser Leiden, statt nach Alternativen Ausschau zu halten. So verhindern wir, dass wir spontan etwas schaffen oder erschaffen, weil es jenseits der für uns vorstellbaren Möglichkeiten liegt, das aber vielleicht noch viel besser wäre als das, was wir ursprünglich angestrebt und dann fixiert haben.

Perfektionismus kann auch starken Einfluss auf unseren Selbstausdruck nehmen. Zum Beispiel dann, wenn wir uns nicht mehr trauen, ungeschminkt aus dem Haus zu gehen. Ich habe schon Männer sagen hören, dass sie die Frau, mit der sie schon lange zusammenleben, noch nie ungeschminkt gesehen hätten. Das stelle ich mir für die Frau ziemlich aufwändig vor...

Ein winziges Loch in der Hose, ein Fettfleck auf der Krawatte, eine verknitterte Bluse kann für perfektionistische Menschen zum Albtraum werden. Wenn Sie sich vom Vorgenannten angesprochen fühlen, fragen Sie sich, warum Ihnen diese Äußerlichkeiten so wichtig sind.

Beruht dieses Verhalten auf Prägungen aus Ihrer Kindheit? Weil Ihnen schon sehr früh eingebläut wurde, dass sonntags weiße Kniestrümpfe und Faltenröcke getragen werden müssen? Oder weil Sie Ihren Selbstwert von Ihrem makellosen Äußeren ableiten? Befürchten Sie, dass Ihre Mitmenschen schlecht über Sie sprechen oder sich über Sie lustig machen könnten? Welche Konsequenzen befürchten Sie letztlich?

Perfektionismus nährt die tief in uns verankerte Angst, Fehler zu machen. Als Fehler bewerten wir all unser Tun, Denken oder Sprechen, dessen Wirkung beziehungsweise Auswirkung nicht dem entspricht, was wir ursprünglichen beabsichtigt, erwartet oder uns vorgestellt haben.

Es scheint uns, als wenn wir gerade in der Kommunikation mit unseren Mitmenschen häufig Fehler machen. Nämlich dann, wenn unsere Äußerung beim anderen nicht so angekommen ist, wie wir sie verstanden haben wollten, und unser Gegenüber entsprechend verständnislos, beleidigt oder gar aufgebracht reagiert. Wir geben uns die Schuld, dass wir nicht in der Lage waren, uns perfekt, also ideal, glänzend, mustergültig zu artikulieren, und beschließen, bei nächster Gelegenheit lieber den Mund zu halten. Das schadet zum einen unserem Selbstwert und verhindert zudem, dass wir dem anderen vielleicht gerade durch das, was wir sagen, wichtige Impulse geben, die dieser für die Entwicklung seines Bewusstseins dringend benötigt.

Statt sich autoaggressiv mit der Schuldfrage zu beschäftigen, wäre es produktiver, sich in diesem Zusammenhang zwei wesentliche Punkte klarzumachen: Zum einen ist die Reaktion eines Menschen von seinem Erfahrungshintergrund, seinen Mustern und Prägungen und seinen unerlösten Gefühlen abhängig. Schon eine lapidare Randbemerkung unsererseits kann beim Gesprächspartner einen „roten Knopf drücken", der so „unter Strom steht", dass derjenige gleich einen „Schlag" bekommt und entsprechend heftig reagiert (siehe „Emotionale Ladung", Seite 178). Diese Reaktion hat also nicht zwingend mit dem zu tun, was wir gesagt haben, sondern damit, wie es unser Gegenüber berührt hat. Zum zweiten kann Kommunikation nie perfekt sein, was sich schlicht in dem Satz „Kommunikation ist das, was ankommt!" ausdrücken lässt. Sprache ist immer nur ein Versuch, das abzubilden, was wir eigentlich meinen und vermitteln möchten. Natürlich sollten wir an der Art unserer Kommunikation arbeiten und versuchen, so zu kommunizieren, dass wir das Gesagte selbst annehmen könnten, wenn es an uns herangetragen würde. Mit dieser goldenen Regel fährt man grundsätzlich gut, ohne sich aus Angst vor Fehlern ständig zurücknehmen zu müssen.

Das schlechte Gefühl, etwas nicht perfekt oder gar einen Fehler gemacht zu haben, beschleicht uns auch dann, wenn wir der Reaktion unserer Mitmenschen entnehmen müssen, dass wir mit unserem Tun oder Sagen nicht deren Erwartungen an uns entsprochen haben. Wir verurteilen uns und grübeln Stunden oder Tage problemorientiert darüber nach, was falsch gelaufen ist. Oder wir richten uns in der Opferrolle ein, indem wir fragen, wer schuld daran ist, dass wir einen vermeintlichen Fehler gemacht haben. Beide Reaktionen werden von unserer Angst, Fehler zu machen, (siehe „Illusionen von „Richtig" und „Falsch", Seite 165) erzeugt und von unserem Perfektionismus genährt. Hilfreich ist in diesem Fall eine gesunde Portion Ur- und Gottvertrauen. Wenn wir davon ausgehen, dass in der von uns erzeugten Situation Lernimpulse für alle Beteiligten stecken, erscheint uns deren Auswirkung, wenn auch unangenehm oder schmerzlich, doch grundsätzlich sinnvoll und wichtig. Hören wir auf, uns oder andere zu beschuldigen, können wir beginnen, die Situation zu analysieren und uns zu fragen, was wir aus ihr lernen können, welchen Spiegel uns unser Gegenüber vorhält und wie wir in Zukunft auf eine ähnliche Situation reagieren können. Diese gesunde Form der Selbstkritik ist sinnvoll, denn sie verhilft uns zu menschlicher Reife und seelischem Wachstum.

Perfektionismus richtet sich auch dann autoaggressiv gegen uns, wenn wir uns für unser Denken verurteilen. „Think positiv" war der Schlachtruf der 90er Jahre. Versuchen wir, dem zu folgen, bewirken wir leider häufig genau das Gegenteil des Angestrebten. Stellen wir fest, dass wir gerade mal wieder negative oder destruktive Gedanken hegen, überwältigt uns sofort das schlechte Gewissen: „Ich weiß doch, dass es falsch ist, so zu denken, ich sollte andere Gedanken haben, ich muss alles positiv sehen. Ich mache alles falsch, ich kann noch nicht mal das Richtige denken …"

Fällt Ihnen etwas auf? Wir zweifeln an uns und verurteilen uns, dass wir wieder einmal nicht positiv denken, und erzeugen gerade dadurch eine Flut negativer Gedanken. Stattdessen wäre es hilfreich, die gesamte Aufmerksamkeit auf den Augenblick zu lenken, um uns von zweifelnden, autoaggressiven Gedanken abzulenken. Nur so entziehen wir ihnen die Energie, statt sie durch die Kraft unseres Widerstands und unserer Aufmerksamkeit zu nähren.

Da Perfektionismus unsere Bereitschaft, Erfahrungen zu machen, empfindlich einschränkt (wir könnten ja einen Fehler machen), ist er ein wesentlicher Widersacher in unserem Bemühen, Urvertrauen zu entwickeln. Denn um Urvertrauen entwickeln zu können, bedarf es der Bereitschaft, Erfahrungen machen und verarbeiten zu wollen und den Mut aufzubringen, Fehler zu begehen und die sich ergebenden Konsequenzen zu tragen.

Wenn wir unseren Perfektionismus als Trumpfkarte unseres Egos erkannt haben, sind wir in der Lage, ihn in verschiedenen Situationen unseres Lebens zu erkennen und uns seinem Einfluss auf unser Verhalten bewusst zu entziehen. Ein weiterer Schritt in Richtung unserer persönlichen Freiheit.

☆☆

Abhängigkeiten

Am Thema Abhängigkeiten kann man sehr gut die Wirksamkeit des Gesetzes der Harmonie erkennen, denn es zeigt eindrücklich, wie sich ein von uns erzeugtes Ungleichgewicht in unserem Leben auswirkt. Gehe ich auf der einen Seite der Waage ins Extrem, erzeuge ich auf der anderen Seite automatisch ein Gegenextrem, das ich nur dadurch wieder ausgleichen kann, indem ich erst einmal das Gegenextrem bevorzugt beachte, um danach beide Teile im Gleichgewicht zu halten. Esse ich langfristig zu viel und nehme etliche Kilos zu, muss ich irgendwann Diät halten, um mein Körpergewicht wieder auf das Maß zu bringen, mit dem ich mich wohlfühle. Wenn ich zu viel Alkohol trinke und meiner Leber damit Schaden zufüge, darf ich eines Tages keinen Tropfen mehr trinken, wenn ich nicht meine Gesundheit ruinieren will. Versuche ich, mich den Schwierigkeiten des Alltags durch Drogen zu entziehen, sind meine Lebensbedingungen während des Entzugs und in der Zeit danach härter als zuvor.

Es gibt viele verschiedene Formen der Abhängigkeit. Sie sind so individuell wie die Menschen selbst, teils sehr offensichtlich, teils aber sehr subtil und somit auf den ersten Blick kaum wahrnehmbar. Auch der Umgang mit ihnen ist sehr unterschiedlich: Menschen mit einer ausgeprägten Angst vor Veränderung fürchten sich bei der Aussicht, sich aus ihren Abhängigkeiten zu befreien, meistens mehr vor der ungewissen Zukunft als vor ihrem desolaten, aber vertrauten gegenwärtigen Zustand. Die „Macher" hingegen, die jederzeit bereit sind, ihre Realität zu gestalten und Veränderungen zuzulassen, haben Probleme mit dem „nie mehr", zum Beispiel dann, wenn ein Alkoholiker weiß, dass er „Nie mehr" einen Tropfen Alkohol trinken darf, will er das Risiko eines Rückfalls in seine Sucht ausschließen.

Wenn ich Sie fragen würde, ob Sie sich von irgendetwas abhängig fühlen, würden die meisten von Ihnen sicherlich empört abwinken und von sich behaupten, sie seien in keiner Weise abhängig.

Wahrscheinlich fällt Ihnen in diesem Zusammenhang zuerst die bekannteste Form der Abhängigkeit ein, nämlich die Sucht nach Drogen, Tabletten, Alkohol oder Zigaretten. Sucht hat ja bekanntermaßen mit „Suche" zu tun, in der Regel handelt es sich dabei um die Suche nach der Sinnhaftigkeit der eigenen Existenz. Häufig sind die Menschen von einer Sucht betroffen, die das Alter der jungen Seele mit den Themen Geld, Macht, Kontrolle, Materie bereits durchschritten haben, aber noch nicht zur alten Seele gereift sind, die bereits an ihrem Einverstanden-Sein und der Widerstandslosigkeit in Bezug auf die herrschenden Umstände und Bedingungen arbeitet und nicht mehr in der Erwartungshaltung steht, dass ihr Leben nun etwas ganz Außergewöhnliches zu bieten haben müsse. Betroffen sind also meistens reife Seelen. Die Erfahrung, dass der Sinn des Lebens sich nicht durch die Beherrschung des eigenen Körpers, die Kontrolle über andere Menschen oder den uneingeschränkten Zugang zur Materie erschließt, ist schon gemacht und durchdrungen, das Urvertrauen aber noch nicht so weit entwickelt, dass jeder Moment des Lebens als sinnvoll und lehrreich angesehen werden kann. Diese Seelen sind auf der Suche nach dem Einzigartigen, dem Überwältigenden, dem ganz Großen, das verheißt, dem Leben die gewünschte Tiefe zu geben. Wenn diese reifen Seelen es schaffen, als Rockstar, Politiker, Wirtschaftsboss, Spitzensportler oder Schauspieler an der Spitze der Gesellschaft zu stehen und das erreicht zu haben, wovon andere nur träumen, müssen sie meistens feststellen, dass all der Ruhm und das viele Geld ihre innere Leere nicht ausfüllen und ihren seelischen Hunger nicht stillen. Drogen in jeder Form schaffen hier vordergründig scheinbar Abhilfe. Das Bedürfnis, sich wiederholt mittels Drogen der Realität und den eigenen Gefühlen zu entziehen, wächst mit jedem weiteren Konsum, bis die Drogenkarriere ihren bekannten Verlauf und allzu oft ein trauriges Ende nimmt.

Halluzinogen wirkende Drogen erzeugen Zustände, die sich massiv von der gewohnten Realitätswahrnehmung unterscheiden. Aufgrund ihrer chemischen Zusammensetzung sind psychowirksame Drogen in der der Lage, die Blut-Hirn-Schranke zu überwinden und so Einfluss auf den Stoffwechsel und die Reizverarbeitung im Gehirn zu nehmen.

Im LSD- oder Psilozybin-Rausch sind alle Sinne bis zur Überspannung hin geschärft, sämtliche Eindrücke erscheinen deutlich verstärkt. Man spricht deshalb auch von bewusstseinserweiternden Drogen. Klare Definitionen und Abgrenzungen von Gegenständen oder Geräuschen lösen sich scheinbar auf;

Tisch, Schrank, Bett und Stuhl werden nicht mehr einzeln wahrgenommen, sondern optisch zu neuen Bildern verknüpft. Das Brummen und Quietschen einer vorbeifahrenden Straßenbahn kann völlig unbekannte Klangerlebnisse erzeugen. Müdigkeit und Appetit sind vergessen.

Diese Reizüberflutung kann, je nachdem, in welchem psychischen Zustand sich der Konsument befindet, entweder ekstatische Glücksgefühle oder auch Angstzustände und Panikattacken auslösen.

Ist der Konsument spirituell noch nicht weit gereift, passiert durch den Drogenmissbrauch meistens genau das Gegenteil einer Bewusstseinserweiterung: Die durch die Drogen erzeugte halluzinogene Informationsflut an Bildern und Geräuschen kann nicht ausreichend verarbeitet werden und führt nicht selten zu langfristigen psychischen Schäden, zum Beispiel einer Psychose. Die Wahrscheinlichkeit einer Abhängigkeit ist bei dieser Art Drogen allerdings eher gering.

Ohne halluzinogene Drogen zu verherrlichen oder ihre Gefährlichkeit abtun zu wollen, muss trotzdem gesagt werden, dass ein halluzinogener Rausch bei einem spirituell erfahrenen Konsumenten durchaus eine „heilsame Verwirrung" erzeugen kann, die der Entwicklung des eigenen Bewusstseins dienlich ist. Das ist auch der Grund, warum in vielen archaischen Kulturen Rauschzustände zu bestimmten Anlässen mit Hilfe von natürlichen Giften gezielt erzeugt werden.

Das Gefühl überdurchschnittlicher Fitness und Leistungsfähigkeit, das sich beim Konsum aufputschender Drogen einstellt, spricht gerade die Ego- und Erfolgsorientierten unter den reifen Seelen an. Im Koks-Rausch scheint plötzlich alles möglich, man ist topfit, benötigt weder Schlaf noch Essen. Körperliche

Höchstleistungen sind eine Kleinigkeit. Es scheint, als wäre man auf einen Schlag mental in der Lage, alles zu erkennen und zu erfassen; der Rest der Menschheit kommt einem bedauernswert einfältig, angepasst und dumm vor. Das Ego wird von dieser Art Drogen derart „aufgeblasen", dass die Konsumenten auf einen Egotrip kommen, der sie letztlich zu sehr einsamen Menschen macht, die ständig mehr von ihrer Droge brauchen, um nicht zu erkennen, in welcher synthetischen Scheinwelt sie sich befinden und wie weit sie bereits aus dem sozialen Verband ausgeschieden sind. Zudem wirken sich diese Drogen negativ auf den physischen Körper aus, weil sie durch den von ihnen erzeugten Schlaf- und Appetitmangel zur Auszehrung führen. Dauerkonsumenten nehmen bevorzugt am Abend sogenannte „Downer" in Form von Valium oder ähnlichen dämpfend wirkenden Medikamenten ein, um überhaupt körperlich und geistig zur Ruhe zu kommen. Der Mix aus aufputschenden und beruhigenden Drogen ist pures Gift für das Herz-/Kreislauf-System.

Heroin führt den Menschen in einen Zustand, der in ihm eine Orgasmus-ähnliche Befriedigung erzeugt. Der Konsument fühlt sich einfach nur gut, entspannt, gelassen, ist mit allem einverstanden, ruht in sich selbst. Es gibt nichts zu tun, nichts stört. Die Außenwelt gerät in Vergessenheit; Armut, Hunger, Hilflosigkeit, Depressionen und Perspektivlosigkeit sind vergessen. Dieser künstlich erzeugte selige Zustand ist die perfekte Flucht aus der westlichen Konsum- und Leistungsgesellschaft, in der Erfolg, Status und Intelligenz von größter Wichtigkeit sind. Eine Gesellschaft, die von Geld, Macht und Kontrolle beherrscht wird, in der sich jeder ständig beweisen und behaupten muss und unter der Last der an ihn herangetragenen Erwartungen und Anforderungen zusammenzubrechen droht. Gerade in der scheinbaren Befreiung von dem permanenten gesellschaftlichen Druck liegt das unvergleichlich hohe psychische Suchtpotenzial, das natürlich durch die in Heroin enthaltenen Morphine auf der physischen Ebene noch radikal verstärkt wird.

Werden Opioide (also Heroin, Codein, Methadon oder Morphium) dem Körper von außen zugeführt, die alle das Alkaloid Morphin enthalten, stellt der Körper die Eigenproduktion von Endorphinen ein, da an den Opiatrezeptoren im Gehirn und im Rückenmark statt des körpereigenen Endorphins das Morphin der Opioide anbindet. Endorphine sind Neuropeptide, die in der Hypophyse und im Hypothalamus produziert werden und Empfindungen wie Schmerz und Hunger regeln. Sie sind auch für das Gefühl der Euphorie mitverantwortlich. Beim Entzug dauert es mehrere Tage, bis der Körper die Eigenproduktion von Endorphin wieder aufnimmt. Ohne entsprechende Substitutionsmittel leiden die Drogensüchtigen daher beim „kalten Entzug" unter Umständen unter einem massiven Entzugssyndrom in Form von Schmerzen, Magenkrämpfen, Brechreiz, Schweißausbrüchen, Kreislaufstörungen, Zittern, Unruhe, Angst und depressiven Verstimmungen.

Bezüglich der vorgenannten Drogen besteht das Problem für den Konsumenten nicht nur in der Beschaffungskriminalität oder die durch die Drogen erzeugten, meistens asozialen Lebensumstände und Gesundheitszustände, sondern es gibt noch ein zusätzliches, entscheidendes energetisches Problem, das durch sie erzeugt wird:

Drogen reißen Löcher in die Aura, die normalerweise wie eine hochfrequente Schutzschicht unseren physischen Körper umgibt. Diese Löcher ermöglichen es unverkörperten Seelenaspekten und Elementalen, die sich von der niederfrequenten Ausstrahlung des Konsumenten angezogen fühlen, sich an dessen Körper zu „hängen“, um ihre eigenen unerfüllten Bedürfnisse zu stillen. Das destruktive Suchtverhalten des Abhängigen wird durch die Elementale und Aspekte extrem verstärkt und verschärft die gesamte Problematik.

Ein Alkoholrausch scheint ein willkommener Ausweg für diejenigen zu sein, die den komatösen Zustand der Unbewusstheit anstreben, um ihrer Eigenverantwortung und Angst vor Veränderung zu entgehen. Alkohol lässt vergessen, er beschwichtigt uns; wirkt wie ein Weichzeichner, der auch die schwierigsten Umstände und Bedingungen noch in ein rosiges Licht taucht oder sie ganz vergessen lässt. Zudem steigert er unser Selbstwertgefühl, macht uns selbstsicher und locker im Umgang mit Menschen. Dauerhafter Alkoholkonsum schadet nicht nur der Gesundheit, sondern vor allem unserer Bewusstheit. Die Opferhaltung, auf sein Leben, Menschen und Situationen keinen Einfluss nehmen zu können, verstärkt sich durch den permanenten Selbstbetrug, die Flucht vor den eigenen Themen und die Schuldprojektion auf Mitmenschen und Umwelt, wobei die Toleranz gegenüber anders Denkenden sowie die persönliche Leistungsfähigkeit drastisch abnehmen. Die gesellschaftliche Legalisierung und Anerkennung von Alkohol und seinen Nebenwirkungen führt meistens dazu, dass Alkoholiker sehr lange brauchen, um ihre Abhängigkeit wirklich als solche zu erkennen und sich aus ihr zu befreien.

Zum Raucher werden häufig gerade die sensiblen Zeitgenossen unter uns, denn der „Blaue Dunst“ legt sich wie eine Schicht um den Kopf und verhindert den Zugang zu Intuition und geistiger Führung über das Stirn- und Kronenchakra. Rauchen macht so ein Stück unsensibler und weitet zudem durch den Einfluss von Nikotin die Gefäße, sodass wir das Gefühl haben, zu entspannen. In Wirklichkeit aber verschlechtert sich unsere nervliche Verfassung durch das Rauchen, sodass wir auch hier zu immer mehr Zigaretten greifen müssen, um uns wieder beruhigt zu fühlen. Die gesundheitlichen Risiken sind wohl jedem hinlänglich bekannt.

Rauchen und trinken Sie nicht, nehmen auch keine Drogen und/oder Tabletten, dann könnten Sie leicht von sich glauben, mit dem Thema nichts zu tun zu haben. Unsere Abhängigkeiten wirken aber sehr viel tiefer, als wir glauben. Ich möchte einige Beispiele anführen, in denen vielleicht auch Sie sich wiedererkennen.

Da ist die uns überall umgebende Technik. Handy, Laptop, Tablet-PC, SmartPhone, Computer, Fernsehen, elektrische Haushaltsgeräte; wie sollten wir ohne sie auskommen? Haben Sie schon einmal versucht, Geld bei Ihrer Bank abzuheben, wenn die Computer abgestürzt waren? Wie erging es Ihnen im Supermarkt, als der Kartenscanner defekt war, sodass eine Kartenzahlung unmöglich war, Sie aber leider kein Bargeld eingesteckt hatten? Wie viel Wert hat heutzutage eine Untersuchung bei einem Facharzt, wenn er seine Diagnose nicht mindestens durch einen seiner vielzähligen Apparaturen bestätigt sieht? Wann haben Sie sich das letzte Mal mit einem Stadtplan durch eine fremde Stadt gekämpft, weil Ihnen kein Navigationssystem und kein Handy zur Verfügung stand? Haben Sie jemals Ihre Wäsche von Hand gewaschen oder ein Feuer geschürt, um Ihr Essen zu erwärmen? Was passiert, wenn der Zentralrechner ausfällt und in einer Großstadt keine Ampel mehr funktioniert?

Oder, was noch schlimmer ist, die gesamte Strom- und somit auch die Wasserversorgung aufgrund technischer Störungen zusammenbricht? Hier führt allein unsere Bequemlichkeit und Gewohnheit zur Abhängigkeit. In Not- oder Krisenzeiten werden wir lernen müssen, uns umgehend den vorherrschenden Bedingungen anzupassen und dabei feststellen, dass das Leben zwar nicht einfacher ist, aber eine andere Qualität besitzt, wenn uns die Technik mit all ihren Errungenschaften nicht mehr uneingeschränkt zur Verfügung steht.

Wir können auch finanziell abhängig sein: von unseren Eltern, unserem Partner, unserem Arbeitgeber oder dem Staat. Auch diese Abhängigkeiten nehmen erheblichen Einfluss auf unser Leben. Unseren Geldgebern gegenüber stellen wir jegliche Art von Kritik ein, lassen uns manches Mal gegen den Strich bürsten, schaffen es nicht, uns ausreichend abzugrenzen, nur aus der Befürchtung heraus, dass uns der Geldhahn zugedreht werden könnte. Diese Abhängigkeit führt dazu, dass wir in Beziehungen oder Arbeitsverhältnissen verharren, die unseren Bedürfnissen schon lange nicht mehr entsprechen oder uns sogar schaden. Mut, Selbstvertrauen und Eigenliebe können uns helfen, den Absprung zu wagen, uns aus der Abhängigkeit zu lösen und uns den finanziellen, existentiellen Herausforderungen zu stellen.

Auch von Ruhm, Anerkennung und Wertschätzung kann unser Ego abhängig werden. Das zeigt sich in einer sprunghaften Bereitschaft, zu Lasten von Freiheit und Gesundheit dem aufgeblasenen Ego zur Befriedigung zu verhelfen, koste es, was es wolle. Diese Art von Abhängigkeit frisst unsere Zufriedenheit und die Achtsamkeit für den Augenblick auf, da unsere Wahrnehmung und Handlung nur noch auf die gewünschte Außenwirkung ausgerichtet sind. Alle moralischen und ethischen Vorstellungen werden hierbei über den Haufen geworfen, denn

„der Zweck heiligt die Mittel". Eine tragfähige emotionale Verankerung in unserer Mitte und eine gut entwickelte Eigenliebe sind der beste Schutz, um sich der Versuchung des Egos zu entziehen oder ihr gar nicht erst zu verfallen.

Vielleicht befinden wir uns auch in emotionaler Abhängigkeit von unserem Partner, unserer Partnerin, unseren Kindern, unseren Eltern oder einer anderen Person. Auch hier leidet die Abgrenzungsfähigkeit, da die Angst, zurückgewiesen oder gar verlassen zu werden, jede Handlungsbereitschaft zunichte macht. Diese Abhängigkeit kann sich bis zur Hörigkeit einem Menschen gegenüber steigern. Mit Liebe hat diese Art von Abhängigkeit wenig zu tun, oft geht es dabei um die Positionen von Opfer und Täter, von Macht und Ohnmacht.

Wir alle sind in höchstem Maß davon abhängig, von anderen geliebt zu werden. Hier wirkt eine archaische Urangst, die als klare Kopplung von „geliebt werden = überleben" in unseren Köpfen verankert ist. Wer in damaligen Zeiten von der Gesellschaft, der Gruppe oder Sippe ausgestoßen wurde, hatte kaum eine Chance, zu überleben. Natürlich ist auch hier ein Mangel an Eigenliebe die treibende Kraft, die dazu führt, dass wir uns nicht nähren können, weil wir uns nicht lieben, wertschätzen, anerkennen, achten und respektieren. Wir sind es uns nicht wert, dass es uns gutgehen darf. Um unseren Hunger nach Liebe zu stillen, gehen wir auf die Suche nach dem passenden Gegenüber, das unseren Mangel ausgleichen soll. Nach dem Gesetz der Resonanz ziehen wir aber genau die Menschen an, denen es, genau wie uns, an Eigenliebe fehlt. Zwei Hungrige können einander nicht satt machen.

Wir versuchen gerne, diesen Mangel an Eigenliebe zu kompensieren, indem wir uns Bedingungen schaffen, die, von außen betrachtet, so erstrebenswert erscheinen, dass unser Verstand uns einredet, dass wir nun zufrieden sein können. Aber mal ehrlich: Kennen Sie Menschen, die, nachdem sie ein exklusives Architektenhaus gebaut, sich ein spezielles, teures Auto angeschafft oder eine außergewöhnlich erfolgreiche Karriere gemacht haben, glücklich und zufrieden das Leben genießen? Die mit sich selbst zufrieden sind, frei von Erwartungen und Anspruchsdenken? Die sich genauso mögen, wie sie sind? Oder gar von sich behaupten, dass ihr Leben nun mit Sinn erfüllt wäre? (Natürlich gibt es einige dieser seltenen Exemplare...) Doch mit dem möglichen Verlust all dieser materiellen, glückverheißenden Äußerlichkeiten droht automatisch auch der Verlust all der von unserem Verstand definierten Befriedigung, sodass wir krampfhaft versuchen, unsere glücklichen Lebensumstände zu wahren oder unseren Wohlstand noch zu mehren. Und genau dieses Verhalten macht uns zu Abhängigen. Wir sind so beschäftigt mit Geldverdienen, Anschaffen, Erneuern und Erhalten, dass es meistens ziemlich lange dauert, bis wir an den Punkt kommen, an dem wir unserer inneren Stimme aufgrund äußerer Ereignisse in Form von Unfall, Krankheit oder Schicksalsschlag endlich zuhören und feststellen müssen, dass wir in einer schönen Scheinwelt ohne echte Tiefe leben und dabei weder dem Sinn unserer Existenz noch unserer Eigenliebe auch nur einen Schritt nähergekommen sind.

Unsere Gewohnheiten, Rituale und festen Größen im Leben können uns, wenn die Angst vor Veränderung an uns nagt, ebenfalls in die Abhängigkeit führen. Mangelnde Eigenliebe, mangelndes Urvertrauen und entsprechende Erfahrungen in der Vergangenheit lassen uns befürchten, dass sich Veränderungen negativ auf unser Leben auswirken oder wir den Veränderungen möglicherweise nicht gewachsen sind. Wir machen uns also von bestehenden Umständen abhängig. Wir erstarren, werden unflexibel und handlungsunfähig. Letztlich versinken wir in Stagnation, die in Verbindung mit mangelnder Eigenliebe und Pessimismus sogar in einer Depression und letztlich in einer autoaggressiven Krankheit enden kann.

Bemerkenswert ist sicherlich auch unsere Abhängigkeit bezüglich unserer Ernährung. Vielleicht sagen Sie jetzt: Ja, aber wir kaufen doch kaum Fertigprodukte! Quark, Sahne, Joghurt, Milch und das Brot, das wir kaufen, sind aber genaugenommen auch schon Fertigprodukte, oder wissen Sie, wie man aus Kuhmilch Quark oder saure Sahne herstellt? Wer weiß überhaupt noch, was wie angebaut, wann geerntet und wie gelagert wird? Viele von uns wissen nicht einmal mehr, wie man frische Nahrung zubereitet, gibt es doch so viel „Leckeres" im Supermarkt zu kaufen, das nur noch in der Mikrowelle erwärmt werden muss.

Viele Menschen sind auch von medizinischer Versorgung abhängig. Wer kennt sich schon so gut mit Heilpflanzen aus, dass er diese im medizinischen Ernstfall finden und sachgerecht anwenden könnte? Wer weiß noch um die Wirksamkeit von Schmalzwickeln bei Husten und Zwiebelwickeln bei Ohrenschmerzen? Die wenigsten sind noch in der Lage, sich im Fall körperlicher Beschwerden selbst zu helfen, anstatt den Arzt und/oder die Apotheke aufzusuchen. Unfälle oder schwere Krankheiten machen den Arztbesuch sogar unumgänglich.

Computer beziehungsweise Computerspiele oder Spielautomaten machen uns ebenfalls zu Abhängigen. Sie motivieren unser Gehirn, den Belohnungsstoff Dopamin auszuschütten. Mit jedem High Score, jedem neuen Level, jedem gewonnenen Euro oder auch nur einem „Gut gemacht", das aus den Computerboxen in unsere Ohren dringt, löst dieser Stoff in uns das Gefühl aus, alles gut und richtig gemacht zu haben. Eine Welt, in der Lob selten ist, in der jeder befürchtet, die eigene Position zu schwächen, wenn er sein Gegenüber durch Lob oder Anerkennung erhöht, ist das Bedürfnis nach diesem Dopamin-Rausch erheblich und führt dazu, dass Kinder und auch Erwachsene unzählige Stunden am Rechner, dem Gameboy oder der Playstation verbringen, um ihren unterentwickelten Selbstwert etwas aufzupeppen.

Man kann auch von Aufmerksamkeit abhängig werden, was Facebook-, Twitter-, SMS- und E-Mail- Abhängige bestätigen können. Denn auch hier wird unmerklich mit jeder eingehenden Nachricht unser Hirnstoffwechsel aktiviert. Je mehr wir auf Nachrichten warten und dabei unseren Selbstwert über die Menge der uns zufließenden Aufmerksamkeit definieren, umso mehr sinkt unsere Frustrationstoleranz, wenn wir einmal keine neuen Nachrichten auf unserem Smartphone oder unserer Facebook-Seite finden. Wir erwischen uns plötzlich dabei, Nachrichten und Bilder zu posten, die uns hoffen lassen, so viel positive Resonanz zu erzeugen, dass wir durch ein „Gefällt mir" von unseren Mitmenschen belohnt werden und damit wieder die gewünschte Dopamin-Ausschüttung im Hirn aktiviert wird.

Sicherlich fehlen in der vorgenannten Aufzählung viele Süchte, zum Beispiel Co-Abhängigkeiten von Süchtigen, das

Helfersyndrom und etliches mehr, aber es geht im Wesentlichen darum zu erkennen, wie weit unsere „Fernsteuerung“ durch Abhängigkeiten im Alltag bereits reicht, ungeachtet unserer unbewussten Verhaltensweisen aus alten, zum Teil auch karmischen Mustern und Prägungen. Es scheint tatsächlich gar nicht so weit her zu sein mit unserem freien Willen, und daher sollten wir uns bemühen, uns über unsere Bewusstheit im Laufe der Zeit weitestgehend, entsprechend unseren Möglichkeiten, aus Abhängigkeiten zu lösen, um ein möglichst selbstbestimmtes Leben führen zu können.

☆☆

Selbstausdruck über Kleidung und Frisur

Kleidung sagt etwas über unsere Persönlichkeit aus. Kleidungsstil, Farbwahl, Qualität und Marke lassen Rückschlüsse auf den Träger zu. Selbst wenn wir es nicht bewusst tun, fällen wir doch über den ersten Eindruck, den wir von einem Menschen gewinnen, bereits unser Urteil über ihn. Kleidung unterstützt uns in unserem Selbstausdruck und aktiviert den Solarplexus. Wir sollten ihr deshalb die nötige Beachtung schenken, ohne uns jedoch über Marken zu definieren, uns hinter ihnen zu verstecken oder sie überzubewerten. Das, was wir anziehen, sollte Ausdruck unserer Persönlichkeit sein, und es wirkt erst dann authentisch und geschmackvoll, wenn wir unseren eigenen Kleidungsstil gefunden haben, der sich frei von Zwängen und Erwartungen anderer entfaltet.

Kleidung bietet uns, im Rahmen unserer finanziellen und auch kreativen Möglichkeiten, die Chance, unserer Umwelt – entsprechend unserem kulturellen Hintergrund – Signale über unser Befinden zu geben. In unserem Kulturkreis sagt zum Beispiel farblose, schlabberige Kleidung und langes, streng zusammengebundenes Haar aus: „Bitte beachte mich nicht, ich bin eigentlich gar nicht da." Extrem gestylte Frisuren, Markenklamotten und grelle Farben signalisieren der Umwelt das Gegenteil: „Schau her, beachte mich, sprich mich an, sehe ich nicht toll aus?" Das abgerissene Outfit eines Punks zeigt an: „Ich gehöre nicht zu eurer Gesellschaft, ich bin ein Outlaw."

Eine Uniform, zum Beispiel an Schulen oder Universitäten, kann helfen, ein Gemeinschaftsgefühl zu entwickeln und soziale Unterschiede auszugleichen. Für den Arzt, einen Soldaten oder eine Stewardess ist Berufskleidung wichtig, um die nötige persönliche Distanz während der Ausübung der Tätigkeit zu wahren. Bei Polizisten und Feuerwehrleuten unterstreicht die durchaus zweckmäßige Kleidung auch das Respekt gebietende Erscheinungsbild.

Manche Menschen haben die Angewohnheit, nur schwarze Kleidung zu tragen. Wenn sie nicht gerade der Gothic-Szene angehören und so über ihr Erscheinungsbild die Zugehörigkeit zu dieser Gruppe demonstrieren wollen, ist es ein Kleidungsstil, von dem man, hat man sich einmal an ihn gewöhnt, schlecht ablassen kann. Schwarz ist, energetisch gesehen, eine Farbe, die den Informationsaustausch über den Solarplexus verhindert. Schwarz schirmt ab, lässt nichts an uns herankommen, aber es verhindert auch, dass wir etwas „herauslassen" beziehungsweise ausstrahlen können. Permanentes Tragen überwiegend schwarzer Kleidung sorgt dafür, dass wir durch den mangelnden Energieaustausch irgendwann energetisch unterversorgt sind. Viele Coaches und Therapeuten bitten deshalb ihre Klienten, während der gemeinsamen Sitzungen auf das Tragen von schwarzer Kleidung zu verzichten.

Noch schlimmer wird es, wenn wir zusätzlich beim ersten Sonnenstrahl zur dunklen Sonnenbrille greifen und damit indirekt anzeigen, dass wir nicht bereit sind, jemandem in die Augen zu schauen. Vitamin D, ein Vitamin, das, so vermutet die Forschung, in vielerlei Hinsicht für unsere Gesundheit, aber auch für unsere emotionale Ausgeglichenheit verantwortlich ist, wird zum großen Teil über den Lichteinfall der Sonne in unsere Augen gebildet. So schaden wir uns selbst, wenn wir unsere Augen ständig abschirmen.

Interessanterweise tragen manche während eines seelischen Entwicklungsprozesses unbewusst genau die Farben des Chakras, mit dessen Themen und Blockaden sie sich gerade befassen. Verspüren wir plötzlich das Verlangen nach roter oder weinroter Kleidung, sind meistens aktive Prozesse im Wurzelchakra mit den Themen Urvertrauen und Fülle im Gang. Fühlen wir uns zu orangefarbener Kleidung hingezogen, geht es um die Themen Lebensfreude und Genussfähigkeit im Sakralchakra. Gelbe Kleidung aktiviert den Solarplexus, rosa und hellgrüne das Herzchakra. Türkis und Blautöne weisen auf Prozesse im Kehlkopfchakra hin. Menschen, die sich fast ausschließlich in den Farben Grau, Braun, Beige kleiden, ohne einen farbigen Akzent zu setzen, wirken meistens in ihrer Persönlichkeit auf andere farb- und freudlos.

Wenn sich unser Kleidungsstil ändert, geht das häufig mit inneren Prozessen einher. Ein ungepflegter Künstler ist nicht in seiner Kraft, eine sehr maskulin gekleidete Frau hat häufig Probleme mit ihrem weiblichen Selbstverständnis. Stark aufgetakelten Frauen und Männern fehlt es meistens an Selbstwert und Eigenliebe, die sie durch die Aufmerksamkeit ihrer Mitmenschen zu kompensieren versuchen. Faltenrock und zugeknöpfte, glattgebügelte Blusen scheinen Frauen zu tragen, die keinen Fehler machen wollen.

Wenn dann plötzlich zu beobachten ist, dass sich eine Frau femininer kleidet, sich vielleicht sogar zu einer neuen Frisur hinreißen lässt, ein künstlerischer Mensch wieder darauf achtet, was er trägt, ein aufgestylter Mensch die Freiheit genießt, auch einmal ungeschminkt einkaufen zu gehen, die Graumäusigen plötzlich Farbe tragen, dann wissen wir, dass sich in ihrem Inneren positive, persönlichkeitsstärkende Prozesse vollzogen haben. Nicht immer ist das den Eltern oder der Umwelt recht, vor allem dann nicht, wenn sich das anpassungsfreudige, konfliktscheue Mauerblümchen zu einer echten Persönlichkeit und der brave Bub zu einem vorlauten Teenager mausert.

Es ist unglaublich, wie übergriffig viele Eltern diesbezüglich auch dann noch reagieren, wenn ihre Kinder längst erwachsen sind. Nicht wenige Männer und Frauen im Alter von 40 oder 50 Jahren versuchen immer noch, dem Kleidungs- und Frisurenstandard ihrer Eltern zu entsprechen, nur um keine Konflikte zu erzeugen. Ich selbst habe erlebt, wie eine 75-jährige Mutter beim 40. Geburtstag ihrer Tochter damit konfrontiert wurde, dass die Tochter sich die Haare von ca. 40 cm radikal auf ca. 2 cm hatte abschneiden lassen. Die Reaktion der Mutter fiel wie folgt aus: „Ich bin schockiert! Das ist hässlich! Ich hasse kurze Haare! Hättest du dir gleich eine Glatze schneiden lassen (reißt der Tochter dabei am kurzen Haar)! Das war das Schönste an dir! Wer hat dich dazu angestiftet?" Eigentlich sollte man erwarten, dass die Tochter ein derartiges Verhalten der Mutter scharf zurückweist, aber sie hat es wie einen Regenguss über sich ergehen lassen.

Sollten Sie sich angesprochen fühlen, weil Sie wissen, dass Ihre Eltern vielleicht in einer vergleichbaren Situation ähnlich reagieren würden, suchen Sie den nächsten Friseur auf und wagen Sie etwas Neues! Sie befreien sich damit nicht nur von Ihren Haaren, sondern vor allem von dem Verhaltensmuster, den Erwartungen der anderen entsprechen zu müssen. Sie haben Ihren eigenen Kopf, bestehen Sie darauf!

☆☆

Die Kinder der Neuen Zeit

Dass sich das Auftreten der Kinder und ihr Verhalten in den letzten 20 Jahren gegenüber früher merklich verändert hat, kann jeder feststellen, der beruflich mit Kindern arbeitet. Dass es gute Gründe für diesen Wandel gibt, ist mittlerweile durch eine Vielzahl entsprechender Bücher belegt. Das Wissen über die „Kinder der Neuen Zeit", über Indigo-, Kristall- und Regenbogenkinder, hat sich mittlerweile, sofern Erzieher und Pädagogen dafür offen sind, in Fachkreisen etabliert. Ich möchte hier nur kurz auf die unterschiedlichen Kindertypen eingehen, weiterführende Informationen zu diesem Thema finden Sie in entsprechenden Büchern oder Foren im Internet.

Indigokinder inkarnieren seit den 1990er Jahren vermehrt, in früheren Zeiten eher vereinzelt. Sie haben ein kämpferisches Naturell und sind bereit, sich für ihre Überzeugungen einzusetzen, egal, wie groß oder klein, jung oder alt sie sind. Sie ignorieren Autoritäten und lassen nicht locker, wenn sie sich einmal an etwas festgebissen haben. Viele Indigokinder suchen geradezu die Konfrontation mit ihrer Umwelt und provozieren gezielt Auseinandersetzungen. Durch diese Eigenart aktivieren sie bei ihren Mitmenschen meistens unbewusst vor allem den Solarplexus und rühren an tief sitzende Gesellschaftsprägungen und Glaubenssätze. Indigokinder sorgen durch ihr Verhalten innerhalb ihrer Familie für Reibung und gleichzeitig für Wachstum.

Kristallkinder haben einen ausgeprägten Gerechtigkeitssinn und eine noch ausgeprägtere Präsenz im Hier und Jetzt. Wenn Sie mit einem Dreijährigen am Tisch sitzen und das Gefühl haben, aufgrund des Selbstbewusstseins und der hellwachen Augen des Kindes einem Erwachsenen gegenüber zu sitzen, befinden Sie sich garantiert in Gesellschaft eines Kristallkindes. Diese Kinder sind körperlich meistens sehr agil, schon als Kleinkinder sprachlich gewandt und beeindruckend logisch. Ihnen kann man einfach nichts vormachen. Wenn Kristallkinder sich freuen, sind sie die reine Freude, sind sie wütend, sind sie die reine Wut. Sie sind absolut authentisch.

Regenbogenkinder sind oft Autisten und/oder Savants (Menschen mit einer Inselbegabung), da ihr Energiefeld so hochschwingend ist, dass für sie die niederfrequente Menschheit mit all ihren vermeintlichen Errungenschaften unerträglich ist. Sie ziehen sich zurück in ihre eigene, klar abgrenzte Welt und zeigen dort die erstaunlichsten Begabungen, ohne in der Lage zu sein, am gesellschaftlichen Leben teilzunehmen.

Aber warum gibt es diese Kinder-Typen heute, und warum gab es sie früher selten oder gar nicht?

Grundsätzlich geht es darum zu verstehen, warum die Kinder heute anders sind, anders sein müssen als die Generationen vor ihnen, was ihre eigentliche Aufgabe ist und warum wir unsere althergebrachte, überlieferte Sicht auf unsere Kinder und unsere gesellschaftliche Struktur ändern müssen.

Im Jahr 1986 wurde im Rahmen der „Harmonischen Konvergenz" auf höherer, geistiger Ebene beschlossen, Planet Erde vor dem Untergang zu retten, auf den sie, bedingt durch die mangelnde Bewusstheit ihrer Bewohner, unweigerlich zugesteuert wäre. Offensichtlich gab es zu diesem Zeitpunkt aber doch eine ausreichend große Zahl an hochschwingenden, bewussten Menschen, sodass Hoffnung bestand, das „Ruder herumreißen“ und die Menschheit zum Aufwachen, also zur Bewusstwerdung, bewegen zu können. Denn für das Überleben der Erde als Grundlage unserer Existenz besteht nur dann Hoffnung, wenn der Großteil der Menschheit aus der Unbewusstheit erwacht und sorgsam und liebevoll mit sich, den sie umgebenden Menschen und Tieren und der Natur umgeht.

Vielleicht haben Sie schon einmal von den durch den Wissenschaftler Rupert Sheldrake definierten „Morphogenetischen Feldern“ gehört. Sheldrake geht davon aus, dass, sobald eine „kritische Masse“ an Bewusstheit überschritten ist, diese Information auf eine große Gruppe einer Spezies überspringt. Denken Sie zum Beispiel nur daran, wie lange es in unserem Land ein Tabu war, ein uneheliches Kind zu haben oder eins zu sein. Von einem gewissen, sicherlich nicht auf ein Datum genau zu definierenden Zeitpunkt an stellte diese Tatsache gesellschaftlich kein Problem mehr dar und hatte für die Betreffenden keine negativen sozialen Auswirkungen mehr. Das Bewusstsein der Gesellschaft war an diesem Punkt so weit entwickelt, dass es automatisch auf einen Großteil der Bevölkerung, von Ausnahmen abgesehen, übersprang und zum „Normalfall“ wurde.

Um die Wahrscheinlichkeit zu erhöhen, dass die Menschheit rechtzeitig, also vor dem durch sie selbst verursachten Niedergang der Erde, diese erforderliche kritische Masse erreicht und somit sprunghaft bewusst wird, wurde von der Geistigen Welt im Rahmen der oben genannten Harmonischen Konvergenz beschlossen, dass ab Ende der 1980er Jahre nur noch reife und alte Seelen auf der Erde inkarnieren durften. Unselbstständige Baby- und Kinderseelen und materiell orientierte junge Seelen hatten seitdem keine Möglichkeit mehr, sich auf der

Erde zu verkörpern. Das heißt, dass in den letzten 25 Jahren nur noch reife und alte Seelen inkarniert sind und auch zukünftig inkarnieren werden und sich so der deutliche Überhang an jungen Seelen, die derzeit noch alle wichtigen, globalen Entscheidungen auf diesem Planeten treffen, im Laufe der Zeit ausgleichen wird. Die den jungen Seelen zu eigen gemachten Themen „Geld, Macht, Kontrolle, Materie", die so folgenschwere negative, ja, zum Teil sogar destruktive Auswirkungen auf die Erde und uns Menschen haben, werden mehr und mehr in den Hintergrund treten und den Themen der reifen und alten Seelen Platz machen. Reife Seelen beschäftigen sich im Wesentlichen mit der sozialen Gesellschaft und ihrem Platz in ihr, alte Seelen wenden sich der Innenschau und der Entwicklung eines holistischen Weltbilds zu.

In beiden Seelenaltern (siehe „Seelenzyklus", Seite 248) besteht bereits die Gewissheit oder zumindest eine Ahnung, dass alles auf diesem Planeten aus Energie besteht, miteinander verbunden ist und aufeinander einwirkt. Rein ego-, macht- oder erfolgsorientierte Geschäftsstrukturen könnten auf Grundlage dieses Bewusstseins in den kommenden Jahren und Jahrzehnten Schritt für Schritt von sozial- und umweltverträglichen Projekten abgelöst werden. Die Großindustrie würde aufgrund des technischen Fortschritts von kleineren lokalen Produktionseinheiten abgelöst werden, der bereits funktionierende 3-D-Drucker ist ein hoffnungsvoller Anfang dieser Bewegung. Da die reifen und alten Seelen aufgrund ihres höherschwingenden Energiefelds sehr gut auf feinstoffliche medizinische Intervention ansprechen, könnte die Pharmaindustrie durch den verstärkten Einsatz von naturheilkundlichen Verfahren und der Homöopathie verdrängt werden. So oder so wird das „Gesundheitssystem" in der bestehenden Form langfristig nicht mehr finanzierbar sein.

Es ist also der Auftrag der Kinder der Neuen Zeit, grundlegende Veränderungen in der Gesellschaft und den Paradigmenwechsel in den Köpfen einzuleiten. Sie wollen der Menschheit zu beschleunigtem spirituellem Wachstum verhelfen und die Herzqualitäten jedes einzelnen Individuums erwecken. Sie sind es, die neue Technologien erfinden, entdecken und entwickeln sollen, um die Ressourcen und unsere Umwelt zu schonen und die Erde auch noch für kommende Generationen erlebbar zu erhalten. Sie sind es, die in der Gesellschaft dafür sorgen, dass jeder Mensch authentisch sein und sich zu dem entwickeln kann, so, wie es vom Seelenplan gedacht war.

Das Energiefeld der Kinder der Neuen Zeit ist deutlich hochfrequenter als das unsrige. Sie sind bereits der Schwingung, die durch den Aufstieg der Erde überall vorherrscht, perfekt angepasst. Wird ihre Entwicklung nicht durch niederfrequente Einflüsse (zum Beispiel Ego Shooter-Spiele, Drogen, Impfungen) behindert, wird diesen Kindern der Zugang zur Hellwahrnehmung selbstverständlich sein. Manche sind dadurch äußerst sensibel und neigen zu allen möglichen Unverträglichkeiten in Form von Allergien und Hautkrankheiten. Man könnte meinen, sie seien gegen das ganze Leben allergisch. Schon die normale Nahrungsaufnahme gestaltet sich teilweise schwierig, weil manche dieser Kinder nur einige wenige Lebensmittel zu sich zu nehmen bereit sind und alle anderen strikt verweigern. Als Eltern müssen Sie sich deshalb nicht beunruhigen. Das System der Neuen Kinder ist so ausgerichtet, dass sie diese „Diät“ in der Regel ohne Mangelerscheinungen überstehen.

Mancher Seelenteil in diesen Kinderkörpern ist, obwohl er schon eine Vielzahl an Erfahrungen auf anderen, dualistisch strukturierten Planeten gesammelt hat, zum ersten Mal auf der Erde inkarniert. Gerade für sie ist es nicht einfach, sich über einen grobstofflichen Körper zu erleben, da ihnen die grundlegenden Erfahrungen materieller irdischer Inkarnationen fehlen. Rein physisch sind sie extrem feinfühlig, manchmal sogar übermäßig berührungsempfindlich oder kitzelig. Barfuß gehen oder mit den Händen in Sand oder Erde wühlen ist ihnen oft ein Graus.

Als erfahrene Seelen verfügen die Kinder der Neuen Zeit zum Teil über erstaunliche künstlerische und mediale Begabungen. Diese sind oft schon im Alter von zehn bis zwölf Jahren meisterlich entwickelt. Diverse Fernsehshows oder Internetclips zeugen von den unglaublichen Fähigkeiten dieser Kinder. Zudem sind die Kinder der Neuen Zeit gnadenlose Spiegel für ihre Eltern und bringen diese mit ihrer unangepassten, besserwisserischen Art oft zur Verzweiflung.

Aber es ist sicherlich auch nicht leicht für eine alte, bewusste Seele in einem Kinderkörper, wenn ihre Eltern unbewusste junge Seelen sind. Die Kinder verfügen aufgrund ihres fortgeschrittenen Seelenalters und der Vielzahl der Inkarnationen, die bereits hinter ihnen liegen, zum Teil über viel mehr Wissen und Erfahrung als ihre Eltern, Pädagogen und Erzieher, die sie erziehen wollen und sollen. Gleichzeitig sind sie Kinder, die ihr Kindsein unbewusst als Beschränkung empfinden, da ihnen in dieser Zeit noch nicht ihr ganzes Potenzial zur Verfügung steht. Das führt dazu, dass sie sich nicht mehr in strenge gesellschaftliche Muster und Normen pressen lassen. Sie erscheinen respektlos, begehren auf und können und wollen nicht mehr stundenlang still sitzen. Ihre Frustrationstoleranz ist gering, sie wollen alles auf einmal machen, und nichts geht ihnen schnell genug.

Oder sie ziehen sich gänzlich in ihre eigene Welt zurück und zeigen wenig Interesse, sich dem gesellschaftlichen Leistungsdruck zu beugen. Diese Kinder wollen und müssen eigene Erfahrungen machen, statt sich von den Erwachsenen vorschreiben zu lassen, wie sie was zu tun haben.

Doch wie reagiert die Gesellschaft auf diese Kinder der Neuen Zeit?

Anstatt die gesellschaftlichen Strukturen zu ändern, um damit den Kindern die Möglichkeit zu bieten, ihre Potenziale frei zu entfalten und den gesellschaftlich notwendigen Strukturwandel voranzutreiben, tritt die Pharmaindustrie auf den Plan. Schon kurz nach ihrer Geburt wird den Kindern dank moderner Impfroutinen das gesamte hochfrequente Energiefeld ruiniert, das mindestens sieben Jahre benötigt, um sich energetisch wieder aufzubauen, sofern keine weiteren Impfungen erfolgen. Denn die chemische Intervention des niederfrequenten Impfstoffs (der ja aus abgeschwächten Krankheitserregern besteht) verursacht eine erniedrigte Schwingung des Energiefelds der Kinder und wirkt sich so als Schwächung des Immunsystems aus. Viele Erkrankungen unserer Kinder werden also durch das Impfen nicht verhindert, sondern gerade dadurch erzeugt. Die Infekt anfälligen Kinder werden dann in aller Regel mit Antibiotika behandelt, die sich zusätzlich negativ auf ihr Energiefeld auswirken. Auch zu diesem Thema gibt es mittlerweile aussagekräftige, kritische Literatur, die man sich zu Gemüte führen sollte, bevor man sein Kind impfen lässt.

Als wenn das nicht genug wäre, ist mittlerweile aus jedem fünften Kind, vor allem in Amerika, ein Ritalin schluckender AD(H)S-Patient geworden. Die auf Anpassung geprägten Eltern tun alles, damit ihr Kind „funktioniert“, und nehmen Risiken und Nebenwirkungen der Dauermedikation häufig kritiklos in Kauf (natürlich gibt es hier auch Ausnahmen in Form bewusster Eltern, und sicher ist für eins von 100 Kindern, bei denen AD(H)S diagnostiziert wurde, Ritalin genau das richtige Mittel. Aber für die anderen 99 Kinder eben nicht). Die Ritalin verschreibenden Ärzte geben den Eltern die gewünschte Sicherheit. Sie selbst sind oft junge Seelen mit den Themen Geld, Macht, Kontrolle, Materie. Diese Themen lassen sich gerade in diesem Beruf ausgezeichnet bearbeiten. Der Körper ist die Materie, die durch die Schulmedizin kontrollierbar wird. Das Bedürfnis, mächtig zu sein, wird durch die scheinbare Macht über den Körper, über Krankheit beziehungsweise Gesundheit befriedigt. Die meisten Ärzte verdienen viel Geld, das ihnen zu weiterer Macht durch gesellschaftlichen Einfluss verhilft. Zudem lassen sich mit Hilfe des Geldes die nicht unerheblichen materiellen Wünsche erfüllen. Leider sind nicht allzu viele Eltern bereit, ihre Kinder als Spiegel ihrer eigenen Themen anzuerkennen und an sich zu arbeiten. Eher lassen sie zu, dass ihre Kinder pathologisiert werden.

Dass diese Kinder sehr anstrengend sind, liegt vor allem daran, dass die Gesellschaft ihren Bedürfnissen nicht gerecht wird. Würden sich in der Schule körperliche Bewegung in Form von Sport, Gartenarbeit, naturwissenschaftlicher Praxis, Lebensführung usw. mit intellektueller Wissensvermittlung abwechseln, wären unsere Lehrer, die durch den Lehrplan zu Anpassung und Einforderung uniformierter Leistungen genötigt werden, nur halb so oft vom Burn-out betroffen. Gäbe man den Kindern Freiräume, in denen sie sich erleben und erfahren dürfen, statt ihnen mediale Dosenkost mit eingebauten Beruhigungsmitteln zu verabreichen oder sie von ihren leistungs- und funktionsorientierten Eltern von einem Sportverein zum nächsten Sprachkurs kutschieren zu lassen, könnten uns die Kinder an ihren Erfahrungen teilhaben lassen. Damit ist nicht gemeint, dass man seine Kinder nicht fördern oder ihnen gar nach der antiautoritären Methode alles durchgehen lassen sollte. Gerade diese Kinder brauchen klare Grenzen, aber diese Grenzen müssen für sie akzeptabel sein. Akzeptieren können sie aber nur, was ihnen sinnvoll erscheint. Also muss den Kindern erklärt werden, welchen gesellschaftlichen Sinn bestimmte Regeln und Vorschriften haben, und dass sie als Teil der Gesellschaft letztlich von deren Einhaltung profitieren.

Konzentrationsgestörte und motorisch hyperaktive Kinder sind übrigens heutzutage homöopathisch sehr gut einstellbar, da ihr hochfrequentes Energiesystem bestens auf die feinstofflichen Frequenzen der homöopathischen Mittel abgestimmt ist. Leider sind die Krankenkassen häufig nicht bereit, die Kosten für eine derartige Behandlung zu übernehmen. Zu stark wirkt hier der Lobbyismus der Pharmaindustrie.

Leider hat auch die Computer- und Unterhaltungsindustrie einen übermächtigen, negativen Einfluss auf das hochschwingende Energiefeld der Kinder der Neuen Zeit. Ego Shooter- und sonstige Ballerspiele, aber auch Gewalt verherrlichende Actionfilme sind niederfrequent und führen dazu, dass die ursprünglich hohe Frequenz der Kinder beim Spielen oder Schauen permanent niedriger wird. Denn nach dem Gesetz der Harmonie gleichen sich unterschiedliche Frequenzen aus. Zudem kann unser Gehirn nicht differenzieren, ob wir einen Menschen tatsächlich oder virtuell im Rahmen eines Computerspiels ermorden, was langfristig natürlich erhebliche Auswirkungen auf die Empathiefähigkeit der Spieler hat.

Wer ein Freund von Verschwörungstheorien ist, könnte glauben, die Großindustrie geht hier gezielt gegen die Kinder vor, um den gesellschaftlichen Wandel zu verhindern. Den Kindern entsprechende Spiele und den TV-Konsum grundsätzlich zu verbieten, führt nach dem Gesetz des Ausgleichs dazu, dass sie nur noch mehr davon konsumieren wollen, wenn nötig heimlich, was dazu führt, dass die kindliche Frequenz durch das

Lügen und das Versteckspiel noch weiter absinkt. Nur Klarheit und Bewusstheit können Kinder aus dieser Falle herausführen.

Wie auch immer Ihr „Neues“ Kind geartet sein mag, hier einige wichtige Grundregeln:

- Sprechen Sie mit Ihren Kindern, erklären Sie ihnen, welche Potenziale in ihnen schlummern und dass sie selbst geplant haben, bestimmte Aufgaben in ihrem Leben zu erledigen.
- Machen Sie Kindern bewusst, wie negativ sich ein übermäßiger Computer- und Fernsehkonsum auf das Energiefeld eines Menschen auswirkt. Betonen Sie dabei, dass die in den Kindern angelegten medialen und künstlerischen Potenziale nur entwickelt werden können, wenn es ihnen gelingt, die ursprünglich hohe Frequenz zu halten.
- Ermutigen Sie Ihre Kinder, anders zu sein als die anderen. Helfen Sie ihnen und stärken Sie ihr Selbstbewusstsein, wenn sie unter ihrer eigenen Unangepasstheit und der damit einhergehenden gesellschaftlichen Ausgrenzung leiden.
- Machen Sie nicht allzu viel Aufhebens um die Ernährungsgewohnheiten Ihres Kindes, auch wenn es nur eine eng begrenzte Anzahl an Lebensmitteln zu sich nimmt. Klären Sie es über die Machenschaften von Mc Donalds und Co. auf.
- Setzen Sie Ihren Kindern klare, weit gesteckte Grenzen, innerhalb derer sie sich möglichst frei entfalten und erfahren dürfen. Erklären Sie Ihren Kindern den Sinn von Grenzen.
- Erkennen Sie in Ihren Kindern den Spiegel, der Ihnen vor die Nase gehalten wird. Häufig haben Eltern mit sehr starken Gesellschaftsprägungen Kinder, bei denen AD(H)S diagnostiziert wurde. Denn die Liebe zu einem Kind kann als starke Motivation wirken, um so die Anpassungs- und Funktionsprägungen zu überwinden.

- Befehligen und zwingen Sie Ihre Kinder nicht, es ist zwecklos. Begründen Sie Ihr Verhalten oder Ihre Entscheidungen und bleiben Sie im Zweifelsfall konsequent.
- Informieren Sie sich entsprechend, um Ihrem Kind die Computer-Nutzungszeit auf ein angemessenes Maß einzuschränken. Es gibt entsprechende, auch kostenlose Schutz- und Beschränkungsprogramme als Download im Internet.
- Übertragen Sie Ihren Kindern altersangemessene Aufgaben, an denen sie sich beweisen und mit denen sie einen wertvollen, sozialen Beitrag leisten können.
- Lieben Sie Ihr Kind bedingungslos dafür, dass es Teil einer mutigen Seele ist, die geplant hat, sich den Herausforderungen des Lebens zu stellen und dafür genau bei Ihnen inkarniert ist.
- Wir alle sollten verstehen, dass unsere Kinder Erfüllungsgehilfen sind und wie wichtig es ist, dass sie unangepasst bleiben. Sie müssen ihr eigenes Wertesystem entwickeln, um die festgefahrenen Gesellschaftsformen von Grund auf zu verändern und dadurch die Erde für die Menschen als lebenswert zu erhalten.
- Machen Sie sich, wenn es mit den Kindern Schwierigkeiten gibt, immer wieder klar, dass es nicht funktionieren kann, wenn unsere Kinder bis zur Volljährigkeit angepasste, funktionierende, brave, wohlerzogene Befehlsempfänger sind, bei denen wir am 18. Geburtstag nur einen Schalter umlegen müssen, damit sie von nun an die Welt retten.

Hier noch ein kleiner Trost für alle Eltern: Unsere Kinder sind zwar nicht mehr erziehbar, aber sie können durch uns auch nicht mehr verprägt werden. Therapeuten können ein Lied davon singen, wie viele Erwachsene noch mit unaufgelösten Elternthemen ringen, selbst dann noch, wenn die Eltern bereits gestorben sind. Heutige Kinder nehmen Prägungen und Muster nur kurzfristig auf. Sie verfügen über eine Art „Lotuseffekt“, der bewirkt, dass diese nicht als Blockaden in ihrem Energiefeld bleiben, sondern kurz- oder mittelfristig wieder aus ihrem System „entlassen“ werden.

Noch eine Anmerkung:

Sollten Sie Eltern von AD(H)S-Kindern kennen oder gar mit ihnen befreundet sein, nutzen Sie die Gelegenheit, Ihr Wissen über diese Kinder beizeiten anzubringen, aber missionieren Sie bitte nicht. Alle Kinder, auch diese, wussten im Vorfeld, auf welche Eltern sie sich einlassen. Aber die Aufgabe der Kinder ist es ja, ihren Eltern genau über diese Diagnose zu Bewusstheit und dem Ablegen überholter Gesellschaftsprägungen und Anpassungsmechanismen zu verhelfen. Sie könnten also ein wichtiger Impulsgeber für die Eltern sein und auch den Ritalin schluckenden Kindern damit das Leben leichter machen.

Wenn Sie in der Lage sind, dem Kind einer sozial schwachen Familie eine homöopathische Behandlung zu finanzieren, tun Sie ein gutes Werk für das Kind, Ihr Karma und die Gesellschaft. Wenn Sie sich dazu entschließen, dann geben Sie aus vollem Herzen, aber ohne Erwartungen im Bezug auf die Dankbarkeit der Eltern oder das Verhalten des Kindes.

☆☆☆

Leben und Tod

Vom Rotkäppchen und dem bösen Ego-Wolf

Unser Seelenplan entsteht auf Grundlage der bereits gemachten Erfahrungen und enthält die Planung für alles, was wir im Zuge unserer Erdinkarnation zu lernen gedenken. Wir entscheiden letztlich, welchen Aufgaben wir uns stellen wollen. Um unser frei gewähltes Entwicklungsziel für dieses Leben erreichen zu können, sollten wir also am besten unserem Seelenplan folgen.

Zu Beginn jeder neuen Inkarnation sind wir voller Tatendrang. Wir wollen die von uns gewählten Herausforderungen meistern und an unserer Seelenreife arbeiten. Aber es gelingt uns längst nicht immer, auf unserem geplanten Lebensweg zu bleiben. Oft ergeht es uns wie Rotkäppchen im Märchen:

Auf seinem Weg zur kranken Großmutter, der es zur Genesung Wein und Kuchen bringen soll, trifft Rotkäppchen auf den bösen Wolf. Dieser überredet es, seinen Weg zu verlassen, um tief im Wald Blumen zu pflücken, die angeblich viel schöner sind als die, die am Wegesrand wachsen. Als Rotkäppchen sich wieder auf ihre eigentliche Aufgabe besinnt und zur Großmutter eilt, hat der böse Wolf diese bereits gefressen. Der Wolf verschlingt nun auch noch das Rotkäppchen, aber ein Jäger, der am Haus der Großmutter vorbeikommt, schneidet dem schlafenden Wolf den Bauch auf und rettet das Rotkäppchen und die Großmutter. Dieses Märchen bietet Analogien für unser aller Leben, auf die ich hier näher eingehen möchte.

Der Auftrag, der Großmutter Kuchen und Wein zu bringen, entspricht unserem Seelenplan. Unser Ziel (das Haus der kranken Großmutter zu erreichen und ihr mit unseren Gaben zur Genesung zu verhelfen) ist es, uns auf unserem Lebensweg (Waldweg) zu erfahren (Blumen pflücken) und durch unsere Erkenntnisse (Blumenstrauß) letztlich zu wachsen und zu heilen (Genesung der Großmutter durch die Gaben). Das Rotkäppchen repräsentiert uns, wie wir unseren geplanten Weg gehen wollen. Der böse Wolf ist unser Ego, das uns vom rechten Weg abbringt, weil es uns glauben macht, dass im tiefen Wald (Symbol für unsere Unbewusstheit), weit ab von unserem eigentlichen (Lebens-)Weg, viel schönere „Blumen" wachsen. Die Blumen symbolisieren unser Streben nach Ruhm, Anerkennung, Geld und Erfolg, sie repräsentieren alle Äußerlichkeiten, die uns ablenken und letztlich vom rechten Weg abbringen. Wir alle verbringen viel zu viel Zeit mit „Blumen pflücken", indem wir

- Dinge anhäufen, die wir nicht brauchen,
- Freundschaften pflegen, die uns nicht nähren,
- Beziehungen führen, die schon längst ihren Sinn und ihre Liebe verloren haben,
- versuchen, Schönheit zu konservieren, die trotzdem vergänglich ist,
- uns für Karriere, Geld und Besitz aufreiben, die uns letztlich viel Stress und wenig Lebensqualität einbringen,
- im Außen statt in unserem Inneren nach Liebe suchen,
- unseren mangelnden Selbstwert durch Bestätigung von außen aufzupeppen versuchen,
- Häuser bauen, die so groß sind, dass nicht wir sie, sondern sie uns besitzen.

Aber irgendwann fällt uns zum Glück noch ein, dass wir eigentlich etwas anderes für unser Leben geplant hatten. Dass wir vom rechten Weg abgekommen sind und uns im Wald unserer Unbewusstheit verirrt haben. Wir bemühen uns, wieder auf den richtigen Weg zu kommen, müssen dann aber häufig feststellen, dass unser Ego unser Ziel bereits „verschlungen" hat (wie der Wolf die Großmutter). Zu unserem Unglück frisst uns unser Ego (der Wolf) nach dieser bitteren Erkenntnis auch noch auf (wie das Rotkäppchen), und wir finden uns als Opfer im Bauch des Wolfes mit Krankheit, Depressionen und schweren Lebenskrisen wieder. Dort ist es eng und dunkel, und es scheint keinen Ausweg zu geben.

Aber im Märchen gibt es ja noch den Jäger, der am Haus der Großmutter vorbeikommt und hört, wie der Wolf schnarcht. Er befreit das Rotkäppchen und die Großmutter. In unserer Analogie steht der Jäger für all die Erfüllungsgehilfen – Menschen, Situationen, Krankheiten und Unfälle –, die uns dabei helfen, uns von unserem Ego und unserer Unbewusstheit (dem gierigen, überfressenen, schlafenden Wolf) zu befreien. Dazu führen sie uns durch zum Teil sehr schmerzhafte Prozesse, was dem Aufschneiden des Bauches gleichzusetzen ist. Der Bauch des Wolfes steht für unsere Gefühle. In dieser Analogie heißt das, dass wir Licht in die Dunkelheit unserer Gefühle bringen müssen, bevor wir uns von unserem Ego befreien können. Nur so wird es uns gelingen, der/die zu sein, der/die wir wirklich sind. Im Märchen scheint die gerettete Großmutter heil zu sein (auch wir streben letztlich danach, zu dem zu werden, der wir wirklich sind) und sich an den Freuden des Lebens (Wein, Kuchen, Blumen) zu laben. Dem Wolf (also unserem Ego) ergeht es im Märchen schlecht, ihm wird der aufgeschnittene Bauch mit Steinen gefüllt, an denen er zugrundegeht.

Dieses Happy End im Märchen vom Rotkäppchen wünsche ich uns allen, und dass wir es letztlich trotz vieler Umwege schaffen, unseren Lebensweg zu gehen, unsere selbst geplanten seelischen Ziele zu erreichen und unser Ego zu überwinden.

☆☆

Vom „Woher" zum „Wohin"

Haben wir verstanden, dass wir uns einerseits gemäß unserem Seelenplan auf ein klar definiertes Ziel hinbewegen, gleichzeitig aber in jedem Moment der Weg unser Ziel ist, sollten wir nicht nur das Ziel ins Auge fassen, sondern auch unseren Ausgangspunkt oder unsere Ausgangssituation auf unserem Weg näher betrachten. Wollen wir eine Wanderung machen und haben die Route schon geplant, ist es sinnvoll, zuerst einmal unsere Ausrüstung zu kontrollieren. Ohne Wanderschuhe, Rucksack, Trinkflasche, Regen-/Sonnenschutz, Pflaster usw. sollten wir uns nicht auf den Weg machen. Also müssen wir zuerst einmal analysieren, was wir mitnehmen wollen, welche Ausrüstung uns zur Verfügung steht, was wir zu Hause lassen oder im Verlauf unseres Weges zurücklassen müssen, wollen wir unser Ziel erreichen. Dazu müssen wir den Rucksack öffnen, nachschauen, was sich darin befindet, auspacken, was uns unnötig belastet, und einpacken, was wir dringend benötigen.

Im übertragenen Sinn heißt das, dass wir uns erst einmal ein Bild machen müssen, welche Ängste, Muster, Prägungen und karmischen Lasten wir mit uns herumtragen. Und welche günstigen Grundvoraussetzungen – Gaben, Talente, Fähigkeiten oder äußere Umstände – uns den Weg erleichtern.

Wenn Sie sich Klarheit über den Inhalt Ihres „Rucksacks" verschaffen möchten, rate ich Ihnen zu einem einfachen Hilfsmittel:

Nehmen Sie sich etwas Zeit und setzen Sie sich intensiv mit Ihrer Vergangenheit auseinander. Es geht nicht darum, diese zu bewerten oder zu beurteilen. Was geschehen ist, ist geschehen und kann nicht mehr verändert werden, das ist klar. Es geht vielmehr darum, sich mit folgenden Fragen intensiv auseinanderzusetzen:

Welche Menschen hatten in meinem bisherigen Leben den größten Einfluss auf mich (positiv und negativ)?

Machen Sie hierzu eine Tabelle, in der Sie in der ersten Spalte die Personen, in der zweiten die schönsten und in der dritten die schlechtesten Erfahrungen notieren, die Sie mit diesen Personen gemacht haben.

Welche Ereignisse haben mich in meinem bisherigen Leben am meisten beeindruckt (positiv und negativ)?

Fertigen Sie hierzu eine zweite Liste an, in der Sie in der ersten Spalte die Ereignisse, in der zweiten die schönsten und in der dritten die schlechtesten Erfahrungen notieren, die Sie in den entsprechenden Situationen gemacht haben.

Wie haben sich die vorgenannten Personen und Ereignisse auf mein bisheriges Leben ausgewirkt (positiv und negativ)?

In dieser dritten Tabelle sollten Sie in der ersten Spalte das Ereignis oder die Person, in der zweiten die erfreulichsten und in der dritten die leidvollsten Auswirkungen auf Ihr Leben notieren. Oder fügen Sie eine weitere Spalte zu den vorgenannten Tabellen hinzu und tragen Sie dort Ihre Ergebnisse ein.

Gibt es nicht bereinigte Angelegenheiten oder ungeklärte zwischenmenschliche Beziehungen in meinem Leben?

Bitte notieren Sie die Person oder Angelegenheit und welcher Punkt nicht geklärt beziehungsweise bereinigt werden konnte.

Was sind meine Fähigkeiten und Talente, was kann ich besonders gut, was mag ich an mir?

Bitte schreiben Sie großzügig und liebevoll alle Ihre guten Seiten und die positiven Auswirkungen auf Ihr Leben auf.

Welche Seiten mag ich nicht an mir, welche Eigenschaften würde ich gerne ablegen?

*S*chreiben Sie auch hier selbstkritisch, aber nicht autoaggressiv, alle Ihre schlechten Seiten und die sich daraus ergebenden negativen Auswirkungen auf Ihr Leben auf.

Nun analysieren Sie Ihre Ergebnisse. Dabei macht es wenig Sinn, wenn Sie Begründungen oder Entschuldigungen für Ihre Verhaltensweisen oder bestimmte Geschehnisse suchen. Sie brauchen sich nicht zu rechtfertigen. Schreiben Sie nur Tatsachen auf und beschönigen Sie nichts. Schauen Sie sich ins Gesicht, seien Sie ehrlich mit sich. In einem zweiten Schritt klären Sie für sich folgende Fragen:

- Was habe ich aus einer bestimmten Situation oder von einer für mich wichtigen Person gelernt?
- Habe ich das Gelernte bereits in einer ähnlichen Situation erfolgreich anwenden können?
- Gebe ich einer bestimmen Person in meinem Leben die Schuld für das, was mir widerfahren ist; fühle ich mich als Opfer der Erfahrungen, die durch andere kreiert wurden? Oder bin ich meinen Erfüllungsgehilfen dankbar, dass ich

dank ihrer Hilfe wichtige persönliche Erfahrungen machen konnte?

- Verspüre ich Hass, Vergeltungs- oder Rachegelüste in mir?
- Belasten mich ungeklärte Angelegenheiten oder zwischenmenschliche Beziehungen? Wenn ja, was fühle ich dabei? Schuldgefühle? Reue? Schlechtes Gewissen? Wut? Angst? Trauer? Welche Gefühle steigen sonst noch in mir auf? Was erwarte ich?
- Habe ich aus einer bestimmten Situation heraus oder in Bezug auf eine wichtige Person in meinem Leben einen Glaubenssatz entwickelt, der mich schon mein Leben lang begleitet und auf dessen Grundlage ich immer wieder gleichartige Erfahrungen mache?
- Was würde ich anders machen, wen anders behandeln, wenn ich noch einmal die Gelegenheit dazu hätte?
- Gibt es Menschen oder Situationen in meinem Leben, die mir Angst machen? Wie verhalte ich mich in dem Moment, in dem ich Angst verspüre, und welche Auswirkungen hat mein Verhalten auf die Situation oder die Begegnung? Wie würde ich mich wohl verhalten und was würde passieren, wenn ich keine Angst hätte?
- Nutze ich meine Potenziale und Möglichkeiten, sofern sich die Möglichkeit dazu bietet?

Wenn Sie sich einmal die Mühe machen, die vorgenannten Fragen ausführlich zu beantworten, werden Sie Ihre Muster und Prägungen sowie daraus resultierende Verletzungen, Glaubenssätze und Verhaltensmuster klar erkennen können. Vielleicht wird Ihnen sogar bewusst, dass es einen „roten Faden" gibt, der sich durch alle Erfahrungen zieht, vor allem durch die negativen. Dieser rote Faden gibt Aufschluss darüber, welches

Hauptthema Sie in diesem Leben über Ihren Seelenplan zu bearbeiten gewählt haben. Medial begabte Menschen (bitte auf die Qualität achten, es gibt nicht viele wirklich gute Medien) oder Aufstellungsarbeiten können Ihnen helfen, Ihre Lebensthemen noch deutlicher zu erkennen (siehe Adressen im Anhang).

Um auf das anfänglich beschriebene Bild zurückzukommen, wissen Sie nun, was Ihr Rucksack enthält, über welche qualitativ hochwertige, nützliche Ausrüstung Sie verfügen, wodurch Ihr Leben erschwert wird und was deshalb im Verlauf Ihres Weges von Ihnen „ausgepackt" werden sollte. Mit dem konkreten Wissen darum, wie sich Ihre Ausgangssituation darstellt, wo Sie herkommen, wie Sie reagieren und sich verhalten (ein interessantes Wort: sagt man doch auch, dass man sich „verhalten" hat, wenn man körperlich zu lange in einer ungünstigen Position verweilt hat und sich in Folge dessen Schmerzen einstellen), ist es einfacher für Sie, zu definieren, wo Sie hinwollen und wie Sie sich selbst erleben möchten. Mit diesem klaren Ziel vor Augen können Sie sich immer wieder vorstellen, wie es sich anfühlt, wenn Sie dort angekommen sind, wo sie hin möchten und dadurch Ihren gesamten Weg positiv energetisieren.

☆☆

Der „rote Faden"

„Man lernt nicht in den guten Stunden", besagt ein Sprichwort, und tatsächlich ist es den allermeisten von uns beschieden, durch Leiden zu lernen. Denn in der Regel sind wir erst dann bereit, uns näher mit einem Thema auseinanderzusetzen, wenn es uns Schmerzen bereitet, verunsichert oder massive Schwierigkeiten in unserem Leben erzeugt. Es ist hilfreich zu wissen, dass wir für unsere Inkarnation nicht die Bearbeitung einer unendlichen Anzahl verschiedener Themen geplant haben, sondern meistens nur ein einziges Thema im Vordergrund steht, aus dem sich alle anderen ableiten. Habe ich zum Beispiel als zentrales Lebensthema für diese Inkarnation „mangelnde Eigenliebe“ gewählt, werden die Angst vor Minderwertigkeit und die Selbstsabotage meistens gleich mit aktiviert, und es besteht die Möglichkeit, auch diese aufzulösen.

So lange wir nicht erkennen können, dass sich durch die Schwierigkeiten in unserem Leben ein „roter Faden“ zieht, also ein bestimmtes, wesentliches Thema, das es zu erkennen, zu durchdringen und loszulassen gilt, haben wir immer wieder sich ähnelnde leidvolle Erlebnisse. Da sich unser Lebensthema zwar inhaltlich immer gleicht, sich uns aber in seiner Form unterschiedlich präsentiert, fällt es uns aus der persönlichen Betroffenheit heraus schwer, den „roten Faden“ zu erkennen. Erkennen wir diesen nicht, durchdringen nicht, welche Lernerfahrung in bestimmten, sich wiederholenden Situationen steckt, und sind somit nicht in der Lage, unser Bewusstsein zu erweitern, werden uns immer wieder Menschen und Situationen präsentiert, die uns unser Thema spiegeln und an denen wir so lange üben können, bis wir verstanden haben, worum es im „Spiel der Erfahrungen“ eigentlich geht.

Ist der „rote Faden“ einmal erkannt, sind alle mit ihm in Verbindung stehenden Erlebnisse verarbeitet, haben wir verstanden, was in diesem Zusammenhang von uns gelernt werden sollte, dann haben wir echte Erfahrungen gemacht und werden in der Regel nicht mehr mit gleichartigen Situationen konfrontiert. Vielleicht erleben wir noch gelegentlich kleine „Prüfungen“, in denen wir unter Beweis stellen müssen, dass wir unsere Glaubenssätze und unser Verhalten tatsächlich verändert haben. Aber selbst wenn wir noch einmal in eine ähnliche Situation geraten, schenken wir ihr aus unserer Erfahrung und dem erweiterten Bewusstsein heraus keine große Beachtung und sehen kein Problem mehr in ihr. Wenn wir einer Situation wenig Energie zuführen, sorgen wir gemäß dem geistigen Gesetz des Denkens: „Die Energie folgt der Aufmerksamkeit" dafür, dass sich die Angelegenheit schnellstmöglich auflöst.

☆☆

Sterben und Karma

Ganz offen über Tod und Sterben zu sprechen, ist für viele Menschen schwierig. So, als befürchteten sie, der Sensenmann würde nur darauf lauern, seinen Namen zu hören, um sein tödliches Werk zu vollbringen. In der modernen Gesellschaft hat der Tod keinen Platz, weil er sich unserer Kontrolle entzieht. Er ist nicht programmierbar, nicht planbar, und steigert nur begrenzt das Bruttosozialprodukt. Zu sterben scheint für unser Ego eine Art Niederlage zu sein. Der Verlust eines geliebten Menschen wird meistens als Strafe und selten als Wachstumschance gesehen.

Leben und Sterben sind untrennbar miteinander verbunden, und es ist ein Teil unserer Arbeit an unserer Bewusstwerdung, uns mit unserer physischen Endlichkeit und dem Sterben auseinanderzusetzen. Ohne die Bereitschaft, dem Tod ins Auge zu blicken, sind wir nicht in der Lage, unser Leben in vollen Zügen zu genießen. Nur aus dem Kontrast heraus, aus dem Bewusstsein, dass alles vergänglich ist und der Veränderung unterliegt, schöpfen wir die Kraft, uns ganz auf den Moment, den nächsten Atemzug, den nächsten Wimpernschlag einzulassen und dabei echte Lebensfreude zu empfinden.

Gerade die Menschen, die ihrem Leben wenig Erfreuliches abgewinnen können, die von ihren Ängsten in Schach gehalten werden und sich nicht trauen, das Leben nach ihren Vorstellungen zu gestalten, ängstigen sich sehr vor dem Tod. Denn sie wissen genau, dass vieles in ihrem Leben noch ungelebt und unerlöst ist.

Zu Beginn unserer vielzähligen Inkarnationen, also als Baby-, Kinder- und auch noch als junge Seelen, sind wir voller Lebenshunger. Ähnlich wie zu Beginn einer Wanderung sind wir noch frisch und voller Tatendrang, auch wenn wir wissen, dass noch ein langer Weg vor uns liegt. Alles scheint machbar und erreichbar zu sein, die Bereitschaft zu kämpfen ist hoch, wir besitzen einen starken Willen, der uns klar auf unsere Ziele ausrichtet. Wir beherrschen Körper und Materie und scheinen über jeden Zweifel erhaben. Die Vorstellung, dass eine höhere Macht, die nicht unserer Kontrolle unterliegt, uns um unser Leben bringen könnte, erscheint uns bedrohlich. Zu sterben bedeutet ja, dass wir in diesem Moment völlig machtlos sind und keinen Einfluss nehmen können. Und genau deshalb fürchten diese noch recht unerfahrenen Seelen den Tod so sehr, stellt er doch alles infrage, was den Sinn ihrer Existenz ausgemacht hat.

Im jungen Seelenalter sind wir im Wesentlichen mit der Bearbeitung der Themen Geld, Macht, Kontrolle und Materie beschäftigt. Das Stirnchakra, das anhand seiner Größe Aussagen über die spirituelle Reife eines Menschen zulässt und uns den Zugang zur Intuition ermöglicht, ist aufgrund unseres geringen Erfahrungshorizonts noch klein. Auch der Zugang zur geistigen Führung über das Kronenchakra ist noch nicht erschlossen. Es fehlt uns an Urvertrauen, und so glauben wir, nur ein einziges Leben zu haben, in dem wir alles erreichen müssen, was wir uns wünschen. Da wir fürchten, nicht alles erfahren zu können, was wir uns vorgenommen haben, ängstigt uns die Vorstellung, sterben zu müssen.

Im reifen Seelenalter setzen wir uns erstmalig mit dem Tod auseinander und sind bereit, auch die guten Seiten des Todes anzuerkennen. Stellen Sie sich vor, wie es auf diesem Planeten zuginge, wenn alle, die jemals gelebt haben, noch hier wären... Wiedergeboren zu werden erscheint als Möglichkeit, bleibt aber zunächst im Ungewissen.

Erst die alte Seele, mit der in ihren Energiekörpern abgespeicherten Erfahrung etlicher Tode, weiß, dass ihr Körper der Seele als Behausung für die Zeit einer irdischen Inkarnation dient und die Seele in die Astralebene zurückkehrt, wenn der Körper sich auflöst. Der Tod verliert seinen Schrecken; seinen Lebenszyklus endgültig abzuschließen, erscheint den gereiften, alten Seelen oft sogar erstrebenswert.

Die Mehrzahl der zur Zeit auf der Erde lebenden Menschen aber sind junge Seelen, die glauben, nur ein einziges Leben zur Verwirklichung ihrer Wünsche und Ziele zu haben. Dieser Glaube stellt einen fatalen Irrtum dar, der weitreichende Konsequenzen für den Zustand des Planeten Erde hat.

Wenn sich der Mensch zu jeder Zeit dessen bewusst wäre, dass das, was er tut oder auch unterlässt, in einer späteren Inkarnation als Karma wieder auf ihn zurückfällt, würden sich die meisten Menschen wohl anders verhalten. Ohne schlechtes Gewissen unsere Böden vergiften, die Meere ausbeuten, Menschen und Tiere quälen können wir nur, so lange wir der Meinung sind, diejenigen, die unter unserem Verhalten leiden, hätten aus unerfindlichem Grund nun mal gerade Pech und wir zufällig wahnsinniges Glück gehabt. Die Auswirkungen unseres Handels wollen oder können wir uns aufgrund mangelnder Bewusstheit nicht vor Augen führen, wir sind zu sehr damit beschäftigt, unser „Schäfchen ins Trockene zu bringen", koste es, was es wolle.

Bin ich mir aber bewusst, dass meine Seele auf der Astralebene zustimmen wird, die Erfahrungen, die ich anderen bereitet habe, selbst auch einmal zu erleben, werde ich mir sicher besser überlegen, ob ich die Konsequenzen meines Handelns tatsächlich tragen möchte. Zudem müssen alle Gefühle, die Grundlage und Motivation für mein Handeln in vorausgegangenen Inkarnationen waren, ebenfalls ausgeglichen werden. Denn löse ich diese Gefühle nicht auf, schaffen sie in der Inkarnation, in der ich den karmischen Ausgleich für eine vergangene lebe, wieder neues Karma, das in einem weiteren Leben wieder abgetragen werden muss. Das nennt man auch das Rad der Wiedergeburt. Oder, ganz einfach: das geistige Gesetz von Ursache und Wirkung. Noch einfacher: Eigenverantwortung. Hierzu ein Beispiel, damit der Sachverhalt klar wird:

Vielleicht haben wir über unseren Seelenplan gewählt, uns mit dem Thema „Angst vor Mangel" auseinanderzusetzen. Diese Angst führt dazu, dass wir mehr anhäufen, als wir benötigen, auf legalem oder auch illegalem Weg. Wir schaffen ein Ungleichgewicht, denn wenn wir zu viel haben, muss zwangsläufig ein anderer zu wenig haben. Bauen wir uns ein großes Haus, können wir das nur, weil wir oder unsere Vorfahren anderen Menschen keinen angemessenen Ausgleich für ihren Einsatz in unserer Firma oder unserem Projekt bezahlt haben. Produziere ich zum Beispiel als ausländischer Investor in Bangladesh Textilien, verdienen die Menschen dort in meinem Beitrieb so wenig, dass mein Gewinn beim Verkauf der Textilien durch den hier zu erzielenden marktüblichen Preis hoch ist. Die Menschen in Bangladesh leben in Wellblechhütten, während ich mir als Unternehmer durch ihre Arbeit ein großes Haus mit allem erdenklichen Luxus leisten kann. Nach meinem Ableben erkenne ich auf der Astralebene mein asoziales Verhalten und möchte unbedingt einen Ausgleich schaffen. Ich plane also möglicherweise, im Rahmen einer Umweltkatastrophe meinen gesamten Besitz zu verlieren oder mit meiner Firma bankrott zu gehen.

Meine Angst vor Mangel ist durch diese Verlusterfahrung aber nicht geheilt, sodass ich trotz der selbst geplanten schmerzlichen Erfahrungen mein gieriges Verlangen nicht unterdrücken kann. Ich werde also erneut versuchen, an Geld, Materie und Besitz zu gelangen und mir durch dieses Verhalten womöglich neues Karma schaffen. Erst wenn ich erkenne, dass ich trotz materiellen Mangels innerliche Fülle und Befriedigung erleben kann – und dass materielle Fülle nicht zwangsweise zu innerer Befriedigung führt –, kann ich die Angst vor Mangel auflösen. Nur so erschaffe ich keine neuen Ursachen, die zwangsläufig wieder Auswirkungen haben.

Ist mir das Vorgenannte jederzeit gegenwärtig und Reinkarnation nicht länger ein Glaube, sondern eine Tatsache für mich, werde ich im Rahmen meiner Möglichkeiten, Umstände und Bedingungen allezeit bemüht sein, möglichst wenig neues Karma zu erschaffen.

☆☆

Astralebene und Seelenplan

Hier ist mehrmals vom „Seelenplan“ die Rede, und so möchte ich auf diesen Begriff und auch auf den Begriff „Astralebene“ eingehen, denn genau dort haben wir den Seelenplan geschrieben, den wir in unserem jetzigen Leben verwirklichen wollen.

Nach dem Tod beginnt nicht nur unser physischer Körper, sich zu zersetzen. Auch der Ätherkörper, der alle Blaupausen und Prägemuster unseres physischen Körpers enthält, löst sich innerhalb von drei Tagen auf (siehe „Mit dem Herzen denken“, Seite 121). In manchen Kulturen ist es üblich, den Verstorbenen einige Tage aufgebahrt zu lassen, um diesen Prozess nicht zu stören. Unser Mentalkörper, der unsere Gedankenmuster und -strukturen sowie die nicht verarbeiteten Gedanken unserer Vergangenheit enthält, wie auch unser Emotionalkörper, in dem die Gesamtheit unserer Gefühlsmuster und -strukturen, unserer Begierden und nicht bewältigten Gefühle abgespeichert ist, begleiten unsere Seele „nach Hause“ auf die nicht-physische Astralebene, von der aus wir bereits viele Male inkarniert sind.

Unser Kausalkörper (auch spiritueller- oder Seelenkörper genannt), der ständig sowohl mit der Akasha, dem Hohen Selbst als auch dem Morphogenetischen Feld verbunden ist, bleibt von all dem unberührt; er bleibt stets der „Beobachter“, der die Gesamtheit aller gemachten Erfahrungen enthält. Auf der Astralebene treffen wir (als entkörperter Seelenteil) auf die ebenfalls derzeit nicht verkörperten Teile unserer Seele und werden von geistigen Helfern (der fünften Astralebene) und den Angehörigen unserer Seelenfamilie getröstet und geheilt, aber auch geschult, um uns bestmöglich auf unser nächstes Erdenleben vorzubereiten.

Die Astralebene ist in sieben Frequenzebenen untergliedert. Jeder entkörperte Seelenteil kann sich nur auf der Ebene aufhalten, die seiner Frequenz entspricht.

Die erste Astralebene ist die Ebene der Erdgebundenen. Diese Seelenteile sind sich nicht dessen bewusst, dass sie verstorben sind. Nach ihrem physischen Tod waren sie aus verschiedenen Gründen nicht in der Lage, auf die höheren Astralebenen zu wechseln, da das Ego, das sich mit dem physischen Körper auflöst, nicht bereit war, loszulassen und weiterhin an Menschen oder Materie festhält. Dazu einige Beispiele:

Ist ein Mensch zum Zeitpunkt seines Todes unbewusst und süchtig nach allem, was materiell und körperlich erfahrbar ist (z. B. Alkohol, Zigaretten, Sex oder Drogen), ist sein Anhaften in der materiellen Dreidimensionalität auch im entkörperten Zustand noch sehr stark. Aufgrund der niederen Schwingung ist er nicht in der Lage, auf eine höherschwingende Astralebene zu wechseln. Er bleibt in dem ihm entsprechenden Energiebereich, was der niederschwingenden, lichtarmen ersten Astralebene entspricht. Dieser Seelenteil wird auch nach seinem physischen Tod die Nähe von finsteren Spelunken, Bordellen und ähnlichen Etablissements suchen und diese mit seiner Anwesenheit belasten, um sich von der dort vorherrschenden niederfrequenten Energie zu ernähren, die seiner entspricht. Auf der ersten Astralebene ist dieser Seelenteil von Verstorbenen umgeben, die ebenfalls einen niederfrequenten Energiekörper haben und bei denen ähnliche Themen im Mental- und Emotionalkörper abgespeichert sind. Doch sie können sich gegenseitig nicht wahrnehmen, und so gibt es niemanden, der ihnen ihr mangelndes Bewusstsein und ihre Verhaftung am Ego spiegeln könnte.

Erdgebunden bleiben auch die Seelen, die Geld, Haus und Hof oder geliebte Menschen nicht loslassen können und meinen, sie müssten noch dafür Sorge tragen, dass zum Beispiel die hinterbliebenen Kinder gedeihen, der Bauernhof ordentlich geführt und das Geld nicht verschwendet wird. Auch gibt es Seelenteile, die aufgrund ihrer Lebensleistung davon überzeugt sind, es nicht wert zu sein, in die lichtvollen Astralebenen aufzusteigen. Sie bleiben ebenfalls in der ersten Astralebene.

Mancher, der seinem Leben selbst ein Ende gesetzt hat und der Meinung war, er habe dadurch alle Probleme hinter sich gelassen, hat sich schon auf der dunklen ersten Astralebene wiedergefunden, wenn er von dieser nach dem Gesetz der Resonanz angezogen wurde.

Die Verweildauer auf der ersten Astralebene ist relativ lang, da sie kaum Erkenntnis- und Wachstumsmöglichkeiten bietet. Aber durch die Unterstützung der geistigen Helfer, die aus der fünften Astralebene absteigen, schaffen es auch die Erdgebundenen irgendwann, ihre Ängste und Themen zu bearbeiten, ihre dreidimensionalen Verhaftungen zu überwinden, ihre Blockaden weitestgehend abzubauen und ihre Eigenfrequenz so weit zu erhöhen, dass auch sie in die dritte Astralebene wechseln können, um dort eine neue Inkarnation zu planen.

Die Erdgebundenen der ersten Astralebene werden auch von irdischen Lichtarbeitern unterstützt. Für diese Lichtarbeit sind allerdings nur Menschen geeignet, die ihre materiellen Verhaftungen komplett verarbeitet haben und in keinerlei Resonanz mehr zu der niederfrequenten Schwingung der Erdgebundenen gehen. Sonst ist für die irdischen Helfer die Gefahr hoch, als Folge ihres Aufenthalts in der ersten Astralebene Psychosen und Depressionen zu entwickeln.

Auf der zweiten Astralebene kann ein Seelenteil erfahren, dass Materie, Besitz und Karriere die Seele letztlich nicht erfüllen. Dort sind die Verstorbenen anzutreffen, die in dem Glauben die Erde verließen, etwas Entscheidendes in ihrem Leben verpasst zu haben. Mittels Gedankenkraft kann man dort alles kreieren und nachholen, was man meint, versäumt zu haben. Auch hierzu will ich ein Beispiel bringen:

Ist ein verstorbener Seelenteil der Meinung, dass er es während seiner letzten Inkarnation versäumt hat, ein Haus zu bauen, kann er sich nun nach Herzenslust Häuser kreieren und alles erleben, was in diesem Zusammenhang erfahrbar ist. Er kann auch spritzige Sportwagen fahren oder Rassepferde reiten, tolle Frauen/Männer heiraten, eine Familie gründen, berühmt werden, Karriere machen und alles andere, von dem er angenommen hat, dass es für ihn wichtig gewesen wäre. Er kann dort aber auch seine Schattenanteile erfahren, wenn ihm negative Erfahrungen in Form von Gewalt, Manipulation, Willkür usw. fehlen und er dieses aus seelischer Sicht für ein Versäumnis hält. Ab einem bestimmten Punkt wird dann die Erkenntnis in ihm reifen, dass der als so erstrebenswert angesehene Weg allein nicht zur seelischen Befriedigung führt. Er wird sich so lange mit dem scheinbar Versäumten befassen, bis alle erdenklichen Erfahrungen gemacht sind und er so weit gereift ist, dass er, wieder mit Hilfe der Geisthelfer der fünften Astralebene, auf die dritte Astralebene wechseln kann.

Auf der resignativ erschöpfenden, aber nicht gefährlichen zweiten Astralebene wird sehr viel Arbeit geleistet, um die verblendeten Seelenteile ins Bewusstsein und somit auf die nächsthöhere Astralebene zu führen. Es arbeiten dort nicht nur Geisthelfer, sondern auch verkörperte, irdische Seelenteile; entweder sehr bewusst im Zuge einer Meditation, oder auch unbewusst im Rahmen einer Astralreise während des Schlafs in der Nacht.

Haben wir unseren Seelenplan in der letzten Inkarnation weitestgehend verwirklicht (oder erfolgreich die erste oder zweite Astralebene überwunden), kehren wir entkörpert auf die dritte Astralebene, die „Ebene der Heilungstempel", zurück. Wir sind dort voller Bewusstheit, verfügen über alle *Herzqualitäten* und erfahren uns in der reinsten Form als das, was wir wirklich sind: ein Teil des Großen Ganzen und Schöpfer unserer eigenen Realität, die mit jedem Gedanken Gestalt annimmt. Und es gibt dort nichts – kein Gefühl und keinen Gedanken –, was wir vor den anderen Seelenteilen verbergen könnten oder müssten.

Die dritte Astralebene ist für unsere Seele sehr förderlich und heilsam. Dort machen wir eine Art „Bestandsaufnahme" der Inhalte unseres Mentalkörpers und unseres Emotionalkörpers. Wir prüfen, welche Erfahrungen wir bereits gemacht haben und welche uns noch fehlen. Wir schließen ab und lassen los, was wir bereits verarbeitet haben, klären, welche Gefühle und Gedanken in einer weiteren Inkarnation noch bearbeitet und durchdrungen werden sollen, und ob wir noch mit anderen Seelenteilen karmische Schulden aufzuarbeiten haben. Aufgrund der gespeicherten Inhalte in unserem Mental- und Emotionalkörper beurteilen wir selbst, ob wir einen bestimmten Aspekt gezielt noch einmal in einer Inkarnation erleben wollen, zum Beispiel dann, wenn uns starke Schuldgefühle plagen für das, was wir in einem unserer Leben angerichtet haben, und es wieder gut machen wollen.

Auf der dritten Astralebene arbeiten wir an unserem Zugang zu Urvertrauen und Fülle (Themen des Wurzelchakras), zu Lebensfreude, Genussfähigkeit, Hingabe, Vertrauen und Kreativität (Themen des Sakralchakras). Wir arbeiten an unserem Selbstausdruck und dem Erkennen der in uns angelegten Potenziale (Themen des Solarplexus), an Eigenliebe, Mitgefühl und bedingungsloser Liebe (Themen des Herzchakras) und klarer Kommunikation (Themen des Kehlkopfchakras). Wir verbessern unsere Zugänge zur Intuition (Thema des Stirnchakras) und zur Geistigen Welt (Thema des Kronenchakras). Durch den direkten Zugang zu unserem Hohen Selbst gestaltet sich das Lernen auf der Astralebene weniger über Leiden, sondern mehr über die Erkenntnis.

Haben wir alle Themen ausreichend bearbeitet, wechseln wir auf die vierte Astralebene. Diese ist die Vorstufe zur nächsten Inkarnation, wo wir mit Hilfe unserer Geisthelfer und unseres Hohen Selbst unseren Seelenplan erstellen.

Bei der Planung für unsere nächste Inkarnation haben wir jederzeit ein Mitspracherecht und stimmen letztlich unserem Seelenplan voller Bewusstheit zu. Grundsätzlich müssen aber im Laufe eines Inkarnationszyklus bestimmte Erfahrungen von jedem Seelenteil „abgearbeitet" werden. Auch unsere negativen Schattenanteile wollen erfahren und gelebt werden, aber den Zeitpunkt, an dem wir uns dieser schwierigen Aufgabe stellen, bestimmen wir selbst.

Unsere seelische Entwicklung vollzieht sich also nicht unbedingt linear vom „schlechten" hin zum „guten" Menschen. Es ist durchaus möglich, dass alte und erfahrene Seelenteile am Ende ihres Inkarnationszyklus noch einmal ein Leben voller Unbewusstheit und Schuldhaftigkeit auf sich nehmen, wenn diese Schattenanteile in den vorangegangenen Leben nicht ausreichend bearbeitet wurden. Gerade sie nehmen es auf sich, die grausamsten und furchteinflößendsten Personen der Menschheitsgeschichte zu leben, weil sie darum wissen, wie viel Erfahrung und Wachstum sie der Menschheit durch ihr negatives, destruktives oder gewaltbereites Tun bescheren. Handeln sie ihrem Seelenplan folgend und nicht aus ihrer Unbewusstheit heraus, werden sie in diesem Fall auch kein neues Karma erzeugen, das in weiteren Leben wieder abgetragen werden müsste.

Drängt sich Ihnen nicht auch manchmal die Frage auf, warum wir uns überhaupt immer wieder hinreißen lassen, ein Leben in einem physischen Körper anzutreten? Denken wir dabei an Hunger, Gewalt, Hass, Streit, Krankheit, Folter, Verlust, Krieg, Kälte, Angst und Verzweiflung, scheint es unverständlich, warum wir die harmonische, friedvolle, entkörperte Astralebene jemals wieder verlassen und das Vorgenannte riskieren. Natürlich ist die Aussicht auf Liebe, Genuss, Freude, Fülle, Erfolg, Wärme und Gesundheit ein Grund, sich erneut zu verkörpern, aber erfahrungsgemäß beinhaltet auch das anscheinend perfekteste Leben Stunden voller Gram, Zweifel, Wut und Kummer.

Vielleicht haben Sie schon einmal gehört oder in einem anderen Buch gelesen, dass es auf der vierten Astralebene eine Art „Kino" gibt, in dem man sich verschiedene Inkarnationsmöglichkeiten anschauen kann. Aber würden Sie sich im Kino einen Film anschauen wollen, in dem alles heil, friedlich, harmonisch und geordnet ist? Wohl kaum. Wir alle gehen ins Kino, um große Gefühle zu erleben. Wir wählen Filme, in denen es um Liebe und Hass, Betrug und Verrat, Lebensrettung und Mordgelüste, Hoffnung und Verzweiflung, Krankheit und Heilung, Action, Horror oder grenzenlose Phantasie geht. Wir sitzen dabei gemütlich im gepolsterten Kinosessel, trinken Cola, essen Popcorn und erfreuen uns an dem spannenden Film.

So ähnlich stelle ich mir auch unsere Lebensplanung auf der Astralebene vor. Der „Film", der uns, die wir physisch in der Dreidimensionalität leben, erstrebenswert erscheint, ist, von der Astralebene aus betrachtet, langweilig. Die Seele will Action, will sich erleben, will erfahren, erkennen, durchdringen und wachsen. Und da wir unseren Seelenplan auf der Astralebene ohne einen Bezug zu einem physischen Körper erstellen, sind wir als entkörperter Seelenteil bereit, auch die größten Schicksalsschläge, Mühen und Qualen auf uns zu nehmen, nur um die von uns gewählten Erfahrungen und die sich daraus ergebenden seelischen Wachstumsprozesse zu erleben. Wir sind also gewillt, auch negative Erfahrungen zu machen, um letztlich zu unserem Ziel zu gelangen.

Bei der Entscheidung, welche Ziele wir in der neuen Inkarnation anstreben, was wir zu lernen oder loszulassen gedenken, fließen alle in unserem Mental- und Emotionalkörper abgespeicherten Informationen mit ein und beeinflussen diese maßgeblich. Hochentwickelte Wesen stehen uns bei der Planung unserer nächsten Inkarnation hilfreich zur Seite, denn auf der Astralebene neigen wir dazu, unseren „Rucksack" so voll zu packen, dass wir ihn möglicherweise auf der Erde kaum noch tragen können.

Ist unsere Planung vollendet, halten wir auf der vierten Astralebene gezielt Ausschau nach einer biologischen Möglichkeit, zu inkarnieren. Wir wählen Eltern aus, die uns genau die Erfahrungsmöglichkeiten bieten, die wir zu machen gedenken, und beginnen eine neue Runde im Spiel des Lebens.

Alte Seelen, die die nötige Seelenreife besitzen, können, sofern alle Themen des Seelenplans abgearbeitet sind, auch auf die fünfte Astralebene überwechseln, wo sie als Geisthelfer und Geistführer den Seelenteilen auf den unteren Astralebenen zur Seite stehen und mit ihnen gemeinsam auf der vierten Astralebene den neuen Seelenplan schmieden. Dort können sie an unendlicher Geduld und bedingungsloser Liebe arbeiten. Ihnen steht frei, erneut zu inkarnieren oder nicht.

Auf der sechsten Astralebene halten sich Energiewesen auf, auch Engel genannt, die nie in einem Körper inkarniert waren. Sie leisten reine Energiearbeit und unterstützen weltweit notwendige Heilungs- und Reinigungsprozesse.

Die siebte Astralebene entspricht der göttlichen Einheit, in die wir letztlich alle zurückkehren werden.

An dieser Stelle möchte ich noch kurz den Begriff der „Lichtkörperverdichtung" erklären.

Haben wir einen Seelen- beziehungsweise Inkarnationszyklus abgeschlossen und befinden uns auf der Astralebene, müssen wir uns auch dort in Gedankenhygiene üben. Sonst verstricken wir uns – zum Beispiel als Geistführer eines auf der Erde inkarnierten Seelenteils – wieder in Bewertung und Beurteilung, und so wächst der Wunsch in uns, auf die Erde zurückzukehren, um den Menschen dort zu zeigen, wie sie es besser machen können. Dadurch treten wir erneut in das „Rad der Wiedergeburt" ein und müssen noch einmal den gesamten Seelenzyklus dreidimensionaler Erfahrungen durchleben. Dieses Mal erschaffen wir unsere Realität nicht über unsere Unwissenheit und Unerfahrenheit, sondern durch den Drang, unser Wissen weiterzugeben. So werden wir zunächst in vielen Inkarnationen mit unserer Art und Denkweise auf Unverständnis stoßen und als Folge dessen von der noch nicht erwachten Gesellschaft für verrückt oder verträumt erklärt oder gar von ihr verfolgt werden. Versuchen wir daraufhin, unser Wissen mit Gewalt durchzusetzen, erschaffen wir neues Karma, das wir in weiteren Inkarnationen auszugleichen haben. Erst als alte Seele wird es uns dann doch noch gelingen, unser Wissen mit Liebe und Weisheit weiterzugeben und so unseren Inkarnationszyklus zu beenden.

☆☆☆

Anhang

Impulsgebung

Impulsgebung ist von elementarer Wichtigkeit, damit sich Wandel und Entwicklung im Denken der Menschheit vollziehen können. Impulsgeber ist jeder Mensch, der anderen zu neuen Sichtweisen und Erkenntnissen verhilft. Wir alle, die wir auf dem spirituellen Weg sind, sind Impulsgeber für diejenigen, die noch suchen, die ihren Weg noch nicht gefunden haben, und nehmen gleichzeitig Impulse anderer Impulsgeber auf.

Wir wissen es bereits: Spiritualität öffnet das Herz, lässt uns Zusammenhänge erkennen und Verbindungen spüren, sie macht das Leben auf der Erde leichter und lebenswerter. Aber nicht jeder Mensch besitzt schon die seelische Reife, dass er sich ihr öffnen kann. Doch wir sollten uns unbedingt vor spiritueller Arroganz (siehe „Spirituelle Arroganz", Seite 64) hüten, indem wir uns verdeutlichen, dass uns erst die vielen Erfahrungen und Impulsgebungen etlicher Inkarnationen zu dem Bewusstsein verholfen haben, über das wir heute verfügen, und dass auch wir einst junge, unerfahrene Seelen waren.

Unsere Aufgabe als Impulsgeber ist es, Menschen Orientierung zu bieten, ohne sie zwangsmissionieren zu wollen. Dazu benötigen wir ein gut geöffnetes Kehlkopfchakra, um uns klar und unmissverständlich ausdrücken zu können. Wir müssen unser Ego durchschauen und zügeln, um unsere Mitmenschen durch das, was wir sagen, nicht zu manipulieren, zu verletzen oder zu bedrängen. Wir brauchen Mut, um das auszusprechen, was gesellschaftlich nicht konform ist, und auch einmal, wenn es der Wahrheit dient, in aller Klarheit das zu sagen, was unser Gegenüber nicht unbedingt hören möchte. Und wir brauchen

Liebe in unserem Herzen, von der wir etwas an andere abgeben können, ohne selbst Mangel zu erleiden, und sollten über ausreichend Eigenliebe verfügen, um die Zurückweisung derer zu ertragen, die sich unserer Impulsgebung verweigern. Wir brauchen Empathie und Mitgefühl, damit wir uns an der seelischen Entwicklung eines anderen Menschen erfreuen und ihn dort abholen können, wo er gerade steht. Wir sollten dabei authentisch unser Leben leben und beständig am eigenen Wachstum und der Entwicklung unserer Herzqualitäten arbeiten, damit wir als leuchtendes Vorbild anderen Menschen den Weg erhellen.

Äußere Impulse berühren nicht nur den Verstand, sondern auch das Gefühl desjenigen, an den sie gerichtet sind. Wir als Impulsgeber aktivieren somit, manchmal unbeabsichtigt, Gefühle im anderen, die dieser schon lange verdrängt hat und möglicherweise nicht anschauen möchte. Deswegen reagieren die „Empfänger" längst nicht immer erfreut auf unsere Denkanstöße, vor allem dann nicht, wenn die Angst vor Veränderung tief in ihren Köpfen sitzt.

Impulsgeber zu sein bedeutet also auch, genug Eigenliebe zu entwickeln, um die Ablehnung der „Impulsverweigerer" ertragen zu können. Um diese mögliche Ablehnung auch mental besser verstehen zu können, werde ich nachfolgend die Themen und Lernaufgaben der einzelnen Seelenalter detailliert beschreiben.

☆☆☆

Themen und Lernaufgaben in verschiedenen Seelenaltern

Wie schon in „Praktische Spiritualität für Ungeduldige“ beschrieben, entwickeln wir uns im Laufe vieler Inkarnationen von der Babyseele hin zur alten Seele. In jedem Seelenzyklus, der Baby-, Kinder-, jungen, reifen und alten Seele, gibt es bestimmte Themen, die zur Bearbeitung anstehen.

Im Folgenden möchte ich speziell auf die Themen eingehen, die im Seelenalter der jungen, reifen und alten Seele von uns zu bearbeiten sind. Auf den Zyklus der Baby- und Kinderseelen werde ich dabei nicht näher eingehen, da in unserer Gesellschaft kaum Seelenteile mit diesem Seelenalter inkarniert sind.

Die Darstellung der Themen ist allgemein gehalten, im Rahmen eines Chakrareadings (siehe Anhang) ist es möglich, die Bereiche herauszuarbeiten, die für Sie in diesem Moment zur Bearbeitung anstehen.

☆☆

Seelenzyklus „Junge Seele“

Sind die Zyklen der Baby- und Kinderseele abgeschlossen, tritt die Seele in das Seelenalter „junge Seele“ ein. Für dieses turbulente, kontrastreiche Seelenalter ist die intensive Beschäftigung mit den Themen „Geld, Macht, Kontrolle, Materie“ vorgesehen. Schönheit, Jugend, Erfolg, Reichtum, Sieg und Gesundheit sind die von der jungen Seele angestrebten Ziele, und sie ist davon überzeugt, diese durch Ehrgeiz, Willen und Kontrolle erreichen zu können. Größere Zusammenhänge und ihre

Zugehörigkeit zum All-Ganzen kann sie nicht erkennen, denn ihr fehlt es noch an Demut; sie leugnet geistige Führung und höhere Mächte und glaubt höchstens an „Gott Zufall".

Die junge Seele ist voller Tatendrang, sich selbst zu erleben und zu erkennen. Sie strebt selbstbestimmtes, aktives Handeln und Entscheiden an, will Macht und Einfluss ausüben. Dabei erfährt sie ihr „Ich" als von der Welt getrennt. Ihren Selbstwert und die Bestätigung ihrer eigenen Existenz zieht sie aus dem sichtbaren, äußeren Erfolg und ihrem materiellem Besitz. Sie erschafft ein „Selbstbild" von sich, dem sie durch Spiegelung und Bestätigung von außen zu entsprechen versucht. Zweifler und Kritiker werden gemieden, die junge Seele pflegt bevorzugt den Umgang mit „Ihresgleichen". Ihre Denkweise ist eher polar: Schwarz-Weiß, Gut-Böse, und sie neigt zu Fanatismus, da sie überzeugt ist, dass ihre Sichtweise die einzig richtige ist.

Die junge Seele erprobt die eigenen Kräfte und Möglichkeiten; sie lotet ihre Grenzen aus, indem sie diese überschreitet. Sie will sich und anderen beweisen, dass Unmögliches möglich ist, und trotzt dabei Widrigkeiten und Gefahren. Ihr Verhalten ist geradezu ignorant, denn da sie noch nicht um das geistige Gesetz von „Ursache und Wirkung" weiß, blendet sie die Konsequenzen ihres Handelns aus. Erfahrungen, die Menschen zu Mitgefühl und Moral führen, fehlen ihr in diesem Seelenalter noch. Naiv verstrickt sie sich in den Themen „Schuld und Sühne" als Opfer und als Täter und entwickelt dadurch ihr eigenes Wertesystem. Ihre gering entwickelten Herzqualitäten bedingen aktive Handlungs- und passive Leidenserfahrungen mit den Themen Unrecht, Rechtsmissbrauch, Grausamkeit, Lieblosigkeit, Leiden, Selbsthass, Schuldgefühle und Autoaggression. So erschafft die junge Seele zwangsläufig eine Vielzahl karmischer Ungleichgewichte, die sie in späteren Inkarnationen wieder ausgleichen muss.

Seelenzyklus „Reife Seele“

Der Seelenzyklus der reifen Seele stellt eine echte Herausforderung für die wachstumswillige Seele dar. Die Anforderungen sind hoch, denn das zentrale Thema dieses Seelenalters ist die verzweifelte Suche nach dem Sinn des Lebens. Die wachsende Erkenntnis, dass es tatsächlich eine Seele gibt, gepaart mit der wesentlichen Frage: „Wer bin ich?“, sind die ersten Schritte hin zu einem holistischen Weltbild, in dem sich die reife Seele erstmals als Teil eines größeren Ganzen erfährt.

Seelisches Wachstum und die Entwicklung einer authentischen Persönlichkeit wird nun als Notwendigkeit erkannt, aber noch beherrschen Zweifel und mangelndes Urvertrauen die reife Seele. Die Bereitschaft, die eigenen Schwächen und Schatten anzuschauen, wächst. Probleme und Schwierigkeiten werden nicht länger geleugnet oder verdrängt, sondern verstärkt ins Bewusstsein gelassen. Aber das durch die Erfahrungen der jungen Seele geprägte Ego steht noch stark im Vordergrund und erschwert der reifen Seele den Zugang zu wahrer Erkenntnis. So hat sie häufig Probleme mit Schuldgefühlen und Autoaggressionen.

Das Übungsfeld der reifen Seele ist die Gesellschaft. Hier erfährt sie innere Befriedigung und Erfülltheit durch soziales Handeln und Denken. Zudem bietet diese ihr bei der Suche nach ihrem Platz in der Gesellschaft ausreichend Reibung. In diversen Inkarnationen werden verschiedene Weltanschauungen erprobt und eine Vielzahl an Erfahrungen mit der Zugehörigkeit zu unterschiedlichen gesellschaftlichen Schichten, Kulturen und Subkulturen gesammelt. Lebensführung und Beziehung stehen in diesem Zyklus im Fordergrund. Das Thema „Verantwortung“ ist dabei von zentraler Bedeutung. Neid, Missgunst, Eifersucht, Konkurrenzdenken werden nun erlebt, erlitten, durchdrungen und verarbeitet. Karmische Ungleichgewichte mit anderen Seelenteilen, die in vergangenen Inkarnationen entstanden sind, werden in diesem Seelenzyklus bevorzugt aufgearbeitet. Die Seelenteile fungieren hier als Erfüllungsgehilfen, indem sie die reife Seele mit den vorgenannten Themen konfrontieren und ihr so bei der Bearbeitung helfen. Gleichzeitig besteht die Möglichkeit, bestehende karmische Ungleichgewichte wieder auszugleichen.

Durch die Erfahrung und Verarbeitung von eigenem Leid reifen die Herzensqualitäten der reifen Seele. Sie entwickelt Hilfsbereitschaft und Mitgefühl; ihre Liebesfähigkeit und die Bereitschaft, zu verzeihen, wächst. Sie wird zunehmend toleranter gegenüber anders lebenden oder denkenden Menschen, gegenüber Menschen mit anderer Hautfarbe oder mit fremdem kulturellem oder sozialem Hintergrund. Die reife Seele lernt im Laufe diverser Inkarnationen, ihre Mitmenschen als Spiegel und somit als Impulsgeber für das eigene Wachstum zu akzeptieren.

Die Anerkenntnis tiefer liegender Zusammenhänge weckt das Interesse für Wissenschaft und Forschung. Nun werden Wissen, Erfahrungen und Kenntnisse über die Materie gestellt; Wohlstand dient nur noch als Mittel zum Zweck. Obwohl die Themen Geld, Macht und Kontrolle nach und nach in den Hintergrund treten, entwickelt sich gleichzeitig ein stärkeres Bedürfnis nach äußerer Sicherheit und Stabilität.

Die reife Seele ist auf der Suche nach Verbundenheit über den physischen Körper hinaus. Erste Erkenntnisse über die Zusammenhänge zwischen Körper und Seele auf gesundheitlicher Ebene erwachen in ihr.

Die Begegnung mit dem Unbekannten, Numinosen, erzeugt in der reifen Seele einerseits Angst, andererseits aber eine unbezwingbare Neugierde. So entwickelt sie ihre individuelle Religiösität, hin- und hergerissen zwischen Angst, Zweifeln und Sehnsucht. Sie beginnt sich mit den Gesetzmäßigkeiten und Bedingungen jenseits ihrer bisherigen Realität auseinanderzusetzen und lenkt ihre Aufmerksamkeit immer mehr von der physischen Außenwelt auf ihre Innenwelt. Die reife Seele entwickelt so einen bewussteren Zugang zu ihrem Fühlen und Handeln. Noch aber fließen die Erfahrungsebenen der mentalen und der noch wenig bekannten spirituellen Welt nicht ineinander, sodass die reife Seele sich meistens entweder auf dem einen, oder auf dem anderen Pol bewegt. Dieses „Entweder – Oder" in Verbindung mit dem Ego führt bei der reifen Seele zu starker Verunsicherung, sodass Zweifel und die Auseinandersetzung mit diesem Spannungsfeld zur Realität der reifen Seele gehören.

☆☆

Seelenzyklus „Alte Seele"

Die alte Seele wendet sich immer stärker von der Gesellschaft und ihren äußeren Bedingungen ab, um sich ganz auf ihr Innerstes, ihr wahres Wesen zu konzentrieren. Achtsamkeit, also die Entwicklung der Präsenz im „Hier und Jetzt", wird zur täglichen Übung. Das soziale und familiäre Engagement ist in diesem Seelenalter deutlich rückläufig. Die Fähigkeit, sich abzugrenzen, wächst und schafft Freiräume für Stille, Meditation und Introspektion (Innenschau), die nun elementaren Raum in ihrem Leben einnehmen. Ihre Bereitschaft, sich von Autoritäten, Führern und Vorschriften leiten zu lassen, sinkt, da die alte Seele nur noch sich selbst verpflichtet ist.

Das Ego ist so weit überwunden, dass die alte Seele ihren Selbstwert nicht mehr über Ruhm und Erfolg definiert. Ihr Ziel ist nun die Entwicklung eines energetischen, holistischen Weltbilds. Sie strebt Erfahrungen an, die das, was sie bereits mental weiß und emotional ahnt, beweisen, nämlich dass alles mit allem verbunden und sie selbst Teil des Ganzen ist. Sie analysiert, welche Impulse sie durch Spiegelungen im Außen erhält, und ist so in der Lage, größere Zusammenhänge, Bezüge, Beziehungen und den tieferen Sinn in allem zu erkennen. Hingabe, Widerstandslosigkeit und Einverstanden-Sein müssen von der alten Seele in ihrer Bedeutung durchdrungen und im täglichen Leben umgesetzt werden.

Die alte Seele strebt die Entwicklung hin zu einer authentischen Persönlichkeit an. Sie ist bereit, an sich zu arbeiten und geradezu davon getrieben, ihre gesellschaftlichen Prägungen und eingefahrenen Verhaltensmuster zu überwinden. Selbsterkenntnis wird zur inneren Verpflichtung, und die alte Seele ist nun in der Lage, sich ihren, in verschiedenen Inkarnationen abgespaltenen Schattenanteilen zu stellen, diese zu bearbeiten und mit Hilfe der Eigenliebe wieder in ihr Gesamtsystem zu integrieren.

Sie übt sich in Eigenverantwortung und entwickelt einen gesunden Egoismus, indem sie dafür Sorge trägt, dass es ihr gut geht und sie keinem zur Last fällt. Sie achtet auf ihre Wünsche und Bedürfnisse, ohne dabei egozentrisch ihre Mitmenschen aus den Augen zu verlieren. Der Wille, Verantwortung für ihr Tun und Denken zu übernehmen, ist nun sehr ausgeprägt. Emotionale Abhängigkeiten (siehe „Abhängigkeit", Seite 194) können jetzt erkannt und aufgelöst werden.

Durch die Bearbeitung und das Loslassen ihrer niederfrequenten Muster, Blockaden und karmischen Altlasten erhöht sich die Schwingung der alten Seele zusehends. Die Verbindung zur Astralebene, zum Höheren Selbst und zur Seelenfamilie (zum Beispiel mittels Astralreisen, schamanischen Reisen oder meditativen Trancezuständen) wird praktisch erfahrbar und nimmt nun auch Einfluss auf das Alltagsbewusstsein.

Die höhere Frequenz bedingt eine gesteigerte Sensitivität und Sensibilität, die oft mit einer ausgeprägten Angst vor Verletzungen psychischer und physischer Natur einhergeht. Die alte Seele hat in vergangenen Leben schon oft erfahren, wie verletzlich sie ist. Die Entwicklung eines tragenden Urvertrauens und Gottvertrauens ist deshalb von zentraler Bedeutung. Auch die Schulung der Intuition, also der Zugang zur „innere Stimme", ist jetzt von größter Wichtigkeit. Die Auseinandersetzung mit den „geistigen Gesetzen", ihre Anerkenntnis und Umsetzung in der Realität ist nun unumgänglich.

Ein wesentliches Übungsfeld der alten Seele ist die Überwindung des spirituellen Hochmuts. Also die Erkenntnis, dass jeder Mensch in vielen Inkarnationen erst zur Bewusstheit reifen muss. Und dass auch die alte Seele einmal eine junge Seele mit den Themen Geld, Macht, Kontrolle und Materie war und entsprechend gedacht und gehandelt hat. Gerade die Auseinandersetzung mit diesem Thema hilft der alten Seele bei der Entwicklung ihrer Herzqualitäten in Form von Mitgefühl, bedingungsloser Liebe und Toleranz.

Hier möchte ich nun den Begriff „Schläfer" erläutern. Mancher Seelenteil, der auf seinem langen Weg zur alten Seele herangereift ist, hat unter Umständen bestimmte Erfahrungsbereiche ausgelassen. Ihm fehlen Erfahrungen, die er zu seiner Vervollkommnung zwingend braucht. So kann es sein, dass dieser Seelenteil geplant hat, sich in den ersten Jahrzehnten dieses Lebens mit dem einen oder anderen Thema der jungen oder reifen Seele auseinanderzusetzen. Das Kronenchakra verengt sich, sodass der Zugang zur geistigen Führung eingeschränkt wird. Das Bewusstsein eines Schläfers ist trotz seines fortgeschrittenen Seelenalters also entsprechend begrenzt, und auch das ihm innewohnende Potenzial in Form von Intuition steht ihm in dieser Zeit nicht zur Verfügung. Nur so kann er die geplanten Erfahrungen auch tatsächlich machen. Sind alle notwendigen Erfahrungen erlebt und verarbeitet, kann dieser „Schläfer" von einem Tag auf den anderen, also von jetzt auf gleich, in sein wahres Seelenalter springen. Das führt zu einer radikalen, sprunghaften Bewusstseinserweiterung und einer plötzlichen Frequenzerhöhung des gesamten Systems. Diese ist für den niederfrequenten Organismus anfänglich schwer zu verkraften, sodass körperliche Symptome in Form von massiven Konzentrations- und Schlafstörungen, veränderten Ess- und Alltagsgewohnheiten, Angstzuständen und Albträumen diesen Prozess des Aufwachens begleiten können. Diese Anpassungsphase kann einige Wochen oder Monate anhalten, geht aber auf jeden Fall vorüber, sobald sich der Organismus an die erhöhte Frequenz gewöhnt hat. Im sozialen Umfeld des Schläfers wird eine derartige Wesensveränderung meistens mit Misstrauen und Ablehnung quittiert, sodass es leicht zur Trennung bestehender partnerschaftlicher oder freundschaftlicher Beziehungen kommen kann. Aber nach dem Gesetz der Resonanz zieht der Erwachte nun Menschen in sein Feld, die seiner Frequenz entsprechen, sodass er nicht fürchten muss, langfristig vereinsamt und gesellschaftlich isoliert dazustehen.

☆☆☆

Epilog

Vielleicht hat die Lektüre dieses Buches Ihnen den einen oder anderen Impuls gegeben, Fragen aufgeworfen, Widerstand oder Zweifel geweckt oder auch Ihre Zustimmung gefunden. Vielleicht hat es Sie motiviert, sich selbst entdecken zu wollen und in die eigene seelische Tiefe vorzudringen, um von dort aus zu einer neuen Sicht auf Ihr Leben und die Hintergründe Ihrer Existenz zu gelangen. Ähnlich einem Astronauten, der auf seiner weiten und gefährlichen Reise durch den Weltraum die Erde plötzlich mit ganz anderen Augen wahrnimmt, als es ihm je zuvor möglich war.

„Man kann einem Menschen nichts beibringen, man kann ihm nur helfen, es in sich selbst zu entdecken"

Dieses Zitat von Galileo Galilei ist von weitreichender Bedeutung, denn tatsächlich ist es nicht notwendig, in diesem Leben alles zu neu erlernen. Über die Intuition verfügen wir über einen Zugang zu unserem alten Wissen und den Erfahrungen aus vergangenen Leben. Es bedarf oft nur eines äußeren Impulses, um dieses Wissen zu aktivieren und so für uns nutzbar zu machen.

So wünsche ich Ihnen für Ihre Reise viele neue Erkenntnisse, Kraft für deren Umsetzung und Lebensfreude.

Erklärungen zu den geistigen Gesetzen und den verwendeten Fachbegriffen sowie weiterführende Informationen finden Sie in meinem ersten Buch „Praktische Spiritualität für Ungeduldige" (Smaragd Verlag, 2013).

Was Sie sonst noch für sich tun können...

Falls Sie sich durch die Lektüre dieses Buches motiviert fühlen, Ihr Leben ab jetzt endgültig selbst in die Hand zu nehmen, möchte ich Ihnen nachfolgend noch weitere Hilfestellungen mit auf den Weg geben:

Wenn Sie Klarheit über Ihre Wesensessenz, Ihre Ängste und Ihr Lebensziel haben möchten, bietet sich ein Reading an. Für ein Chakrareading, das schriftliche Unterlagen und eine individuell besprochene CD beinhaltet, müssen Sie nicht persönlich anwesend zu sein, hier reicht die Bekanntgabe Ihres kompletten Namens und Ihres Geburtsdatums. Ihre eigenen Fragen fließen in das Reading ein und können in der Regel klar beantwortet werden (siehe Kontakte).

Bei einem Aurareading müssen Sie persönlich erscheinen, da Sylvia Engel oder Christian Rauch (siehe Kontakte/Anhang) Ihr Energiefeld optisch erfassen, um darin „lesen" zu können. Sie erhalten eine CD-Aufzeichnung des geführten Gesprächs.

Mit Hilfe der Akasha-Key Methode können Sie nach intensiver Vorarbeit mittels einer einzigen Rückführung einen Großteil der Sie beeinflussenden Muster und Prägungen verarbeiten und loslassen.

Tiefenatmung ist eine der besten Methoden, um in relativ kurzer Zeit Ängste und Prägungen aufzuarbeiten und diese endgültig aus Ihrem System zu entfernen. Einen Hinweis auf praktizierende Atemcoaches finden Sie bei den Kontakten.

Wenn Sie in Ihrem Haus oder Ihrer Wohnung schlecht schlafen oder auch, wenn Sie Ihr Geld von zu Hause aus verdienen, bietet sich eine energetische Haussanierung an. Mehr Hinweise dazu finden Sie auf www.Kerstin-Reichl.de.

Wenn Sie einen guten Bezug zu Edelsteinen haben, können Sie sich mittels einer speziell auf Sie abgestimmten Themenkette oder eines entsprechenden Steins in Ihren Prozessen unterstützen lassen. Christian Rauch hat sich auf diese Aufgabe spezialisiert, seine Kontaktadresse und Informationen zu seiner Homepage finden Sie nachstehend.

Auch die Kinesiologie stellt eine wirkungsvolle Methode dar, die eigenen Prozesse zu bearbeiten. Per Internet lässt sich sicher ein guter Kinesiologe in Ihrer Nähe finden. Häufig bieten Ärzte diese Leistung zusätzlich an, erfahrungsgemäß lassen sich aber bessere Wirkungen bei rein kinesiologischen Behandlungen erzielen, auch wenn die Kosten hier meistens von Ihnen selbst getragen werden müssen.

☆☆☆

Kontakte

Kerstin Reichl Chakrareading
Atemarbeit / Energetische Haussanierungen
Akasha-Key-System-Coach
Kerstin.Reichl@t-online.de
www.Kerstin-Reichl.de
Tel. 0911 - 608795

Sylvia Engel Aurareading
Tel. 09129 - 287167

Christian Rauch
Heilsteine und Themenketten
Magische Werkzeuge / Akasha-Key-System Coach
Design-/Herrenschmuck
Aurareading
www.chris-design.eu

Can Peter Küzen time2breathe
Emely Fritsch
Atemcoaches / Akasha-Key-System Coaches
Psychologischer Berater
www.cansair.com
Tel. 0160-94 600 140

Grafik und Design
ARVI Rolf Vogt
Dipl.-Designer
DieMönche©RolfVogt
www.rolfvogt.com

Kerstin Reichl
Praktische Spiritualität für Ungeduldige
224 Seiten, broschiert
ISBN 978-3-95531-009-7

Ein Buch für alle, die in ihrem Alltag wenig Zeit zum Lesen finden, aber trotzdem an ihrer Selbsterkenntnis und der Entwicklung ihrer Bewusstheit arbeiten möchten.
Es vermittelt in kurzen, klar strukturierten Texten und Bildern Inhalte, die ins Bewusstsein führen. Denn nur aus der Selbsterkenntnis heraus ist es möglich, die alte, eingefahrene Spur zu verlassen, andere, bisher unbekannte Wege zu beschreiten, neue Erfahrungen zuzulassen, das Bewusstsein aktiv zu erweitern und so am eigenen Wachstum zu arbeiten.
Es geht um Praxis, Umsetzung und Anwendung, nicht um Theorie.

Jennifer Thater
Ur-Frequenzen des Seins
272 Seiten, A5, broschiert, 4-farbig
ISBN 978-3-95531-051-6

Vieles ist in der Veränderung, und ständig kommen neue Energien, Informationen und Lichtwesen auf die Erde, um den Wandel der Neuen Zeit gemeinsam mit den Menschen voranzutreiben. In vielen Situationen des Alltags verunsichert uns das, und oft fühlen wir, wie wir aus unserer Mitte gebracht und durchgerüttelt werden. Vieles ist für uns noch nicht greifbar und auch nicht sichtbar oder verständlich. Durch Verunsicherung entsteht schnell Angst, und Angst lähmt uns.
Die Geistige Welt erklärt, warum diese Prozesse so notwendig sind und was dabei mit unserem Körper, unserer Seele und unserem Geist geschieht.
Mit wirkungsvollen Hilfsmitteln für einen lichtvollen Aufstieg.

Heidrun Siebenhofer
Die Allmächtigkeit in ihrem Ursprung
184 Seiten, A5, broschiert
ISBN 978-3-95531-062-2

Die Energien der Neuen Zeit bringen neue Heilungsmöglichkeiten hervor, und die eigenen Veranlagungen und Talente werden durch den inneren Aufstiegskanal auf das Strahlenniveau der Neuen Zeit gehoben
Die göttlichen Lichtwesen der Neuen Zeit geben uns Anregungen, wie wir unsere körpereigene Farbspirale zum Strahlen bringen können.
Durch diese noch unbekannten Farbtöne, die in die Spirale fließen und lichtvolles Wissen enthalten, werden wir auf neue Weise mit unserem Umfeld interagieren, indem wir den Prozess des Auffüllens bewusst mit unseren Gefühlen annehmen. Dadurch werden mediale Anlagen aktiviert und auf die göttliche Entfaltung des irdischen Seins abgestimmt.

Bernhard Schwendenwein
Quantensprung in eine neue, lichtvolle Zukunft
256 Seiten, A5, broschiert
ISBN 978-3-95531-057-8

Kristalline meisterliche Qualitäten schlummern seit Anbeginn der Zeit in uns und warten nur darauf, erweckt zu werden. Dank der Quantensprünge in der menschlichen Entwicklung ist der Zeitpunkt gekommen, die Meisterinnen und Meister der 12. und 13. Dimension in unser planetares Quantenbewusstsein zu integrieren..
In verschiedenen Meditationen und Durchsagen mit Energieübertragungen zu den unterschiedlichen Themen dient dieses Werk der Entdeckung des Kristallinen Quantenbewusstseins in uns. Ein Bewusstsein, das über das Erlernen der Quantenheilung hinausgeht und gleichzeitig die persönliche Entwicklung mit all ihren Facetten des Lebens einbezieht. Das kosmische Autoren-Team ergänzt die Durchsagen mit leicht verständlichen Übungen zur Heilung, Selbstfindung und Gestaltung eines glücklichen neuen Lebens auf allen Ebenen.

Britta Hirschburger
Erwecke die Gotteskraft in dir
208 Seiten, A5, broschiert
ISBN 978-3-95531-048-6

Dieses Buch handelt von dir – und von deinem Nachbarn, deinen Kindern und deinem Chef. Es handelt von dem Kern, der Kraft, die in jedem auf ihre Entfaltung wartet. Es handelt von DEM Leben, das darauf wartet, sich dir zu schenken – hin zu einer Selbstermächtigung, die keine Selbsterhöhung ist, sondern das Erfassen der eigenen inneren Größe.
Inspirierte Texte voller Weisheit, gespickt mit Anleitungen zu Erfahrungen und Übungen, denn nur so wird Gelesenes zur eigenen Wahrheit.
Viele Welten warten darauf, dass wir Menschen unsere Ohren und vor allem unser Herz (wieder) für sie öffnen – auf dass ein neues Zeitalter der gegenseitigen Achtung, des Respekts und der Zusammenarbeit zugunsten der Entfaltung des Großen Ganzen stattfinden kann.

Sarinah Aurelia
Seelenverträge Band 8
Die allumfassende Liebe verleiht Flügel
336 Seiten, A5, broschiert
ISBN 978-3-95531-050-9

Erdenengel! Dieses Wort zieht sich durch dieses Buch wie ein roter Faden.
Denn wir sind Erdenengel und tragen den Gottesfunken in uns. Sobald wir immer mehr in unsere Schöpferkraft kommen, ist es doch mehr als verständlich, dass wir den Wunsch haben, uns das zu erschaffen, was uns weiterbringt – all das, was wir im Goldenen Zeitalter so dringend brauchen. Wer dachte, dass die Transformationen nun beendet sind, war sicher überrascht, was da noch alles zum Vorschein kam. Auflösungen an sich verlaufen in der Regel sanfter als noch vor Jahren. Doch hat die Welle der inneren Reinigung uns erst einmal erfasst, gibt es nur noch einen Weg: den des Vertrauens.

Ralph Valenteano
Licht von dieser Welt
Kleine Reihe
80 Seiten, 11,5 x 16,5 cm, broschiert, 4-farbig
ISBN 978-3-95531-052-3

Seit Hermann Hesse wissen wir, dass jedem Anfang ein Zauber innewohnt. Deshalb möchte dieses Buch Sie durch die Welt der Spiritualität begleiten. Wer diese betritt, wird sich vielen Fragen gegenübersehen, die allein durch die Intuition beantwortet werden können. Auch wenn es stimmt , dass jeder Mensch die Erfahrung anzieht, die er für sein Leben braucht und die seinem momentanen spirituellen Ist-Stand entspricht, werden hier Möglichkeiten aufgezeigt, sich besser in dieser Welt, die man nicht sehen kann, die aber dennoch existiert, zurechtzufinden.
Uns Menschen ist die Möglichkeit gegeben, die eine oder andere Herdplatte auszulassen, sich nicht die Finger zu verbrennen und anstelle dessen aus dem Erfahrungsschatz anderer Nutzen ziehen. Wir müssen ja auch nicht von einem Hochhaus springen, um die Kräfte der Schwerkraft zu überprüfen...

Daniel Atreyu
Die 12 Erkenntnisse zur Inneren Meisterschaft
Der Anfang und das Ende aller Dinge
64 Seiten, 11,5 x 16,5 cm, broschiert
ISBN 978-3-95531-060-8

Zwölf Erkenntnisse hat Daniel Atreyu von einem Zusammenschluss aus Meistern empfangen, die sich ihm als „die Meister des goldenen Herzens" vorgestellt haben. Sie thematisieren grundsätzliche Gesetze, die zu tiefgreifenden Veränderungen führen können, wenn wir uns ihrer immer wieder bewusst erinnern und jeder für sich beginnt, sie im täglichen Leben zu praktizieren und umzusetzen. Das Wichtigste aber ist der erste Schritt der Bewusstwerdung, der hier in verständlicher Form dargelegt wird.